FUN的教學

圖畫書與語文教學

（第二版）

方淑貞❖著

目錄

作者簡介

方淑貞

美國馬里蘭大學課程與教學教育碩士

經歷：國立台北師範教育學院語教系兼任講師
國立台北師範教育學院初教系兼任講師
三之三國際文教機構課程顧問
三之三國際文教機構兒童文學師資培訓／課程規劃／教材開發
台北市國小教師週三深耕閱讀研習講座講師
台北縣國小教師週三深耕閱讀研習講座講師

現任：推動兒童閱讀寫作工作者
方老師工作室閱讀寫作教學師資培訓總策劃
文滔語文教室課程規劃、教學、負責人
教育部閱讀教學閱讀策略教材開發講座講師（福林國小場次）
台北市國小教師週三精進教學講座講師
台北市國小教師週三專業社群講座講師

著作：小牛頓教師寫作教材十六冊
三之三閱讀寫作教材十六冊
美國生活指南（翻譯）（自立晚報）
草葉詩人——惠特曼（翻譯）（格林）
用圖把作文課變創意了（編譯）（格林）

推薦序

打開語文教學的另一扇門

「蕭校長，我的書寫好了，可不可以幫我寫篇序……」歲末年初，接到方淑貞老師邀稿的電話，知道她已將「兒童文學師資培訓」基礎與進階班的上課內容，以及多年來投入圖畫書教學的智慧結晶彙集成冊，交由心理出版社出書。可以想像得到，當這本大家引頸翹盼許久，我們這些老學生戲稱為「圖畫書教學的葵花寶典」問世後，有多少教師，可以終結獨自摸索、盲修瞎練的困境，輕輕鬆鬆的打開語文教學的另一扇門，與孩子們快樂的徜徉在繁花似錦的圖畫書花園裡！想到這兒，就忍不住想把這個訊息，告訴所有的教育好夥伴！

由於本校試辦「九年一貫課程」，有機緣「先天下之憂而憂」，提早發現這一波課程改革所延伸的諸多問題，並逐步尋求解決策略。我們一直憂心忡忡的是：語文為溝通與學習的主要工具，在國語教學時數減半的既定教育政策下，如何提升孩子的國語文能力，為其終身學習奠基？我們幾經思索，除了延續原有班級讀書會的推廣，期盼在「書香龍海」的氣氛中，孩子們能借助大量閱讀，來彌補國語文教學時數不足的限制，涵養其主動學習的習慣外，是否還另有蹊徑？

當圖畫書紛紛湧入校園時，也正是我們引進「全語言教學」的最佳契機。這樣目標明確、邏輯架構嚴謹的研習課程，既可以讓老師學到一套完整的教學流程與技巧，在語文教學上多了好幾把刷子；又可以練就其選擇教材、組織教材和設計課程的實力。如果圖畫書能成為老師在教材上的另一種選擇，那麼，語文融入各領域教學，就不至於淪為空談。而且教師也可以逐步跳脫對審定本教科書的依賴，能夠在課堂上揮灑自如，淋漓盡致的發揮專業自主，展現個人獨特的教學風格。因著這樣的思維，我們和方老師結了不解之緣。

真的很讚嘆方老師對推廣「全語言教學」的執著與熱忱，為了能在中部地區撒播「全語言教學」的種子，情願打破自己週日不排課的原則，遠從台北舟車勞頓的下鄉來授課，讓大夥兒不必上台北，就能完成「兒童文學」師資培訓的基礎與進階課程。她不僅將多年來實際教學的寶貴經驗傾囊相授，還額外撥時間，逐篇修改每一個以圖畫書為素材的「兩性教育融入各領域教學」的教案設計。

經過一年的辛勤耕耘，我們藉著全縣性「兩性平等教育觀摩會」與友校分享研發成果。那一天，與會的教師，看到一場場生動活潑的教學活動，在笑聲不絕於耳的教室裡進行著，感受到一本本圖文並茂的圖畫書，因為精采的教案設計，活化了她的生命，深受感動。更極力讚許我們的教學情境布置，從教室延伸到整個校園，一踏入校門，觸目所及，盡是默默的訴說著「兩性平等教育」重要概念的設計。這樣的創意與精采演出，要特別感謝方老師事前的傳授錦囊秘笈。相信當天有福氣聆聽方老師精闢演講的人，一定能感受到她的魅力，也會對圖畫書進入課堂，有一番新的憧憬。

秀朗有幸成為方老師的入室（研習地點在本校圖書室）弟子，接受三十五個小時的「兒童文學」師資培訓課程，內心有很深的感觸：如果在孩提時代，能有老師使用這套教學流程，我也不會視寫作為畏途；要是師專的國語科教材教法，是這樣實用的上課內涵，我就不需要花那麼多的時間嘗試錯誤。因此，上完基礎與進階課程，意猶未盡，還興致勃勃的招兵買馬，自行組隊商請方老師繼續開研讀班的課程。

同時，基於「好東西要與好朋友分享」，積極建議方老師盡快出書，將智慧財產公諸於世，讓有心於圖畫書教學的教師，有一套完整的教學步驟可依循。才不會因市面上充斥著圖畫書教學活動單，而局限了思考方向，任由花俏的學習單，窄化了圖畫書的教學功能。如此，圖畫書才能獲得更多優秀老師的青睞，有機會陪伴著孩子學習與成長。

秀朗去年底奉准退休，剛剛結束校長生涯，準備跨出圖畫書教學的第一步，啟蒙恩師的大作在此時出版，有如及時雨般，適時滋潤著她親手播下的種子，相信它能順利的發芽、抽莖、成長、茁壯……也許，您尚無緣受教於方老師，但透過她的生花妙筆，本尊上課的風采，必然栩栩如生的躍然紙上。經由閱讀本書，您可以捕捉到她的精神，貼近她柔軟的心，很自然的引領您輕叩圖畫書教學的大門！在這裡，秀朗真誠的邀請您分享我所擁有的喜樂，也期盼您會珍視與方老師美麗的邂逅！

蕭秀朗 謹識

二○○三年二月十三日

二版序

近年來，各種國際閱讀素養或閱讀能力報告相繼出爐，透過媒體沸沸揚揚的報導，使原本就備受重視的國內學童閱讀習慣養成與能力的現象，更加矚目。這些報告明確的顯示出，台灣學童的閱讀能力與各國相較之下仍顯不足。這些閱讀素養或能力的檢測結果，讓各階層的教育相關單位，更加上緊發條，戮力於研討與開發提升學生之閱讀素養與能力的策略。因此，相對配套的講習、研討也隨之定期舉辦，讓老師們在盡心盡力努力研讀新知之餘，也有機會重新思索、考量自己的教學方向、策略與習慣，共同為提升台灣學童的閱讀能力與素養奉獻一份心力。

從多年前「製造」此本書至今，個人仍兢兢業業的堅守並活躍在語文教學的範疇中。其間將近六年的時光，我除了在工作室繼續從事兒童閱讀與寫作教學，也陸續擔任台北縣市及其他縣市國小週三、週五、寒暑假教師研習兩百多場的講師，以及出版或翻譯一些與閱讀寫作的相關書籍，期許自己的教學經驗能對第一現場教學的老師們，有些許的助益和靈感。當然，經由與各地、各校老師們的直接互動與分享，我亦從中得到熱情的回應與回饋。這股力量無形中也形成我繼續為語文教育奉獻的「甜蜜推力」，讓我多年來樂在其中無怨無悔，甘之如飴。

二〇〇九年暑假結束前，感謝總編輯敬堯先生的叮嚀與建議，促使我決定為此本書做較大幅度的修改與增訂，希望能給廣大的教師群，更多元的資訊與經驗分享，且能為國內國語文教育增添火花，點燃更多教師的教學熱誠與信心，共創豐碩的教學成果。

二版中增加的章節為清字技巧與閱讀理解、圖畫書與四格寫作重點學習單、四格寫作重點學習單範例，希望帶給老師們更多的教學資訊。

方淑貞 謹識

二〇一〇年九月

自序

一九九○年冬天赴美就學，在一個飄雪的早晨，身懷兩本精裝、雅致又厚實的課本（*Through the Eyes of a Child*、*The Riverside Anthology of Children's Literature*），踏入馬里蘭大學教育學院的大門，開始我的研究所課程。滿頭霜髮、笑容可掬的Ruth Hidelbach教授讓我接觸到第一門兒童文學的課程，從此我的生活就與兒童文學緊密相隨。

雖然大學念的是國文系，卻不曾真正接觸過兒童文學，然而在異國的天空下、文化裡，我與兒童文學有一場美麗的邂逅。喜歡Hidelbach教授的教學風格，輕鬆、溫馨、有質感，且能激盪起我們心中那股蘊藏已久，帶點思考、批判卻不失童心的文學熱誠。在她的薰陶下，我亦步亦趨，有點壓力、有點期待中享受一本又一本的兒童文學作品，一捲又一捲的兒童文學錄影帶，一招又一招的童書閱讀竅門。就這樣，我日復一日深深的沉醉在兒童文學作品中，揣摩角色心境，跨越時空背景，解析布局鋪陳，咀嚼本本或深或淺主題的兒童文學作品。

此外，對於全班唯一的外國學生而言，Hidelbach教授給予我的除了師生之情外，還有一份濃濃的親情和友情。為了幫助我早日進入情況（文化衝擊、語言適應、閱讀經驗背景），Hidelbach教授常常與我在課外見面交談，談她本身在另一個國度的求學經驗、談兒童文學、談園藝、談如何使用電腦……如果不是她這份關懷、細膩的心，兒童文學或許不會如此有生命、有意義的緊扣住我的心弦。

畢業前，為了寫論文與Hidelbach教授深談，她建議我寫與兒童文學有著深厚因緣的全語言教學，也就是所謂的whole language。為此，我開始積極投入蒐集全語言的相關資料，漸漸進入全語言的精采、多元世界，並為之著迷。雖然在盛行全語言教育理念的國家內，此一語文教學理念仍存著不少爭議觀點，但我認為任何一種理念都有其強勢點與弱勢點，加上文化背景、語文習慣、學習習慣等各種有形、無形差異性的存在，只要施教者教育理念清楚，掌握得宜，擷取其中之菁華，放諸教學之中，相信任一對學生有益之教育理念都能在時間的流逝中，映照在受教者身上。

為此，一九九二年秋季返國至今，我即開始運用全語言理念從事閱讀、寫作銜接的教學活動，尤其偏重利用圖畫書引導學生閱讀、賞析、討論，然後延伸至寫作的語文活動。期間除了撰寫利用圖畫書引導學生閱讀、寫作教學指引十六冊（三之三出版），分享圖畫書教學的理念與成果外，也定期在《中國時報》親子版、《福報》兒童天地發表一系列利用圖畫書閱讀、寫作的教學心得。回首近十年的時光內，無論是與國立台北師範學院的學生、大台北縣市、基隆市、宜蘭市、台中縣市等學校的教師，各種家長閱讀成長團體及無數可愛小孩的互動、分享中，在在都有令我驚訝、悸動、感動不已的時刻。而這一份利用圖畫書教學所產生感動的漣漪，不會隨著緣散而消失殆盡，反而隨著各個種子老師的因緣際會交流散播，不斷的擴張、延續，直到無限的邊際。

基於這樣的一份因緣與心動，在眾多校長、老師、朋友的殷殷期待與鼓勵下，我著手進行本書的寫作。基本上此書可以分為兩大部分，第一部分為淺談全語言的教學理念、各種閱讀的基本概念、圖畫書文學要素的基本認知、利用圖畫書培養學生語文能力的優勢，希望與教師們分享一些教學理論。第二部分則詳細介紹如何以圖畫書為媒介，藉著閱讀、賞析、討論的步驟，讓學生從中培養語文能力，並建立生活能力觀與價值觀。最後，藉著許多學生的作品，呈現利用圖畫書教學的多元變化。寄予此一書籍能與更多喜愛圖畫書、喜歡語文教學、愛孩子且願意與孩子分享心情的教師們，相互激盪出更多的光與熱，結合更廣的力量，讓我們的孩子有心情、有熱誠，快樂的徜徉在閱讀與寫作的自在天地裡。

最後，我將以最誠懇的心感謝協助我完成這本書的「力量與信心」來源。感謝我的父親，他讓我從小在「無憂無慮」的生活中成長、受教育，雖然在我寫書的這一段時間內，他經歷了人生中最艱困的時期，但我相信他一直在支持我、鼓勵我。感謝我的家人，因為我們一起走過人生的高低潮。感謝李惠芬老師，她陪我一路催生這本書，並協助我製作圖表與拍攝照片。感謝蔡麗玲、曾玉萱老師，她們時常傾聽我的心聲，並提醒我記得吃飯。感謝林信德校長、許素真校長、蕭秀朗校長、顧翠琴老師協助我推展圖畫書的教學理念；還有一群可愛、貼心的師訓班老師，她們多年來與我一起分享教學心得。感謝我遠方的摯友，他讓我永保一顆充滿快樂、希望的心。當然，我還要感謝各家出版社出版的優質好書，讓我教學糧食源源不斷。結語之前，衷心感謝心理出版社讓我在零壓力下完成此書，也讓我有機會將多年教學心得，與許許多多喜愛兒童文學的教師分享。

方淑貞 謹識

二○○三年三月十八日

第一章 淺談全語言

全語言（whole language）不是一個教學策略，也不是一個教學步驟，它是一種融合心理學（psychology）、哲學（philosophy）、語言學（linquistics）及教育學（education）等各方面研究所產生的一種語文學習方法。一般而言，全語言強調學習環境人性化、學習環境以小朋友為中心，而且這兩種學習主張都必須在有意義的環境中達成（Goodman, K., 1989; Goodman, Y., 1989）。除了這些大前提外，全語言還有一些特色如下：

第一節　全語言的特色

一、全語言強調「全」

全語言為何叫「全」語言，「全」的意義又是什麼呢？Kenneth Goodman 認為：全語言必須在一種「全」的前提下開始，所以每一個個體所組成的總合，它必須是一個整體，也就是所謂的「全」。換句話說，全語言強調學習語文時，聽、說、讀、寫的教學活動不宜單獨分項進行，需要統整在一個教學活動中（Goodman, K., 1989）。此外，Kenneth Goodman 也強調全語言是一種相信小朋友必須在生活中學習語文，不論是正式的學習活動，或是來自平常生活中的說話對談。因為日常生活中，語言是大家都必須運用到的溝通工具，而且是大家共同會使用的一種溝通方法，所以語文的學習是全面性的，它必須與小朋友的生活經驗相結合，才能產生意義，也才能達到語言溝通的目的。日常生活中，小朋友聽見大人說話後會加以模仿，因為他們希望得到大人的注意以滿足他們的需求；小朋友看到文字（象徵符號）會設法會意並複製，因為他們知道文字（象徵符號）的背後意義，可以讓他們得到某些食物或物品，最明顯的一個例子是英文字母"M"，對小朋友來說就是代表麥當勞。所以，小朋友在日常生活中不時的透過聽、說、讀、寫來學習語言，其實就是全語言學者堅持語言學習必須在「全」的前提下開始，才能產生結果與意義。

二、全語言强調生活中處處充滿學習教材

全語言學者主張除了學校教材之外，生活中處處都可以學習語言，例如：廣告傳單、路標、報紙、菜單、名片、招牌……都是語言與生活結合的實例，也是語言必須在有意義環境下學習的例證。全語言學者相信小朋友從小就生長在充滿文字的社會中，處處都可以意識到文字的功能，例如：食品包裝上的文字、公共場合門上的文字、商店的招牌、路牌……，小朋友明白文字可以滿足他們日常生活上的需求，也知道具有看懂文字和說話的能力，可以讓他們的生活更快樂。所以，Yatta Goodman 認為小朋友在上學之前就已經注意到文字的存在，因為小朋友知道文字是有意義的、有功能的，而且具有溝通的作用（Goodman, Y., 1980）。同樣地，Hiebert 在做一項有關閱讀的研究時，他也發現小朋友其實很清楚的知道文字和圖畫的區別（Hiebert, 1981）。所以，全語言學者主張小朋友必須在有意義，而且生活化的環境中學習，才能終身持續的學習語文。

三、全語言强調小朋友進入學校前已具有語言的基本能力

誠如前面所言，全語言學者相信語文學習必須在一種有意義的環境下才能達成，日常生活中，我們可以看到小朋友聽到故事後會設法以他們的方式表達出來，例如：自說自演、喃喃兒語、信筆塗鴉等，藉此與身邊的人們溝通。當小朋友對故事書熟悉之後，他們會以一種類似閱讀的方式（非正式閱讀行為）一讀再讀故事內容，直到他們認為自己已經掌握住文字的意義，或是了解故事內容為止。這種反反覆

覆，類似閱讀的行為，也是小朋友在正式學習閱讀之前，試著憑藉自己的感覺去修正閱讀能力，以達到類似大人閱讀的樣子。如果這樣的行為能夠持續，小朋友可以在無形中獲得閱讀的信心，也使日後正式閱讀的能力可以順利養成（Holdaway, 1982）。另外，小朋友在這種聽別人讀故事，再講故事給別人聽的過程中，他們感受到語言可以用不同的方式呈現（說出來與寫下來）。所以，小朋友在聽大人閱讀故事的同時，什麼是書名？什麼是作者？什麼是插畫等相關資訊，都可以從經驗中取得。在這種非正式的學習過程中，大人若給予鼓勵性的回饋，小朋友的語文能力會在無形中不斷的累積增強。因此，全語言學者相信小朋友的語文能力在進入學校之前，早就已經具備基本的雛型，所以，學校教學若能以小朋友的舊經驗為出發點，將會得到事半功倍的教學成果。

四、全語言強調學習必須分享

全語言學者深信學習必須分享，才能落實生根，所以小朋友在聽、說、讀、寫的活動中，隨時都必須有機會與別人分享。換句話說，小朋友學習語文的過程中，我們鼓勵小朋友說出來、畫出來、唱出來、寫出來、演出來……藉著這種與別人分享的過程，加上被鼓勵、認同的增強意念，小朋友的語文能力自然而然不斷的提升。

五、全語言的教學活動以小朋友為中心

全語言學者深信教學必須以小朋友為重心，老師扮演協助者的角色，營造創造性的學習環境，準備多元的學習教材，讓小朋友以他們自己的速度、自己的方式學習，享受學習所帶來的實質樂趣。所以，

在全語言的教室中，所有的教學活動都必須以小朋友學習目的為考量，教師不主導、不強迫學習，當小朋友有困難時，教師適時協助，替小朋友排除困難，讓他們的學習順利進行。

六、全語言與兒童文學有密切關係

全語言與兒童文學作品有密不可分的關係，因為語文的學習既然必須在生活化、有意義的環境下獲得，兒童文學作品就是一個具有親和力且輕鬆的「教材」。所以，教師若選擇合適的兒童文學作品來與小朋友分享，小朋友便會很容易的融入文學情境，享受兒童文學所帶來的樂趣。一般而言，兒童文學作品的內容與小朋友的生活息息相關，小朋友容易與之產生共鳴，輕易接受並喜愛，所以在他們聽完故事之後，通常會不厭其煩的要求一聽再聽，或是自己拿著書一翻再翻，自言自語的「讀」著內容，甚至不斷跟身旁的同伴、大人轉述故事內容而不覺得累。為此，基於全語言理念，本著小朋友對兒童文學作品的著迷喜愛，教師們若能慎選優良的兒童文學作品，將作者所希望傳達的主題，以閱讀、討論、分享的方式引導小朋友們學習，小朋友們所得到的將不只是語文能力的增強，其他如：師生關係的緊密契合，群體人際關係的互動，日常生活能力的培養，也會經由一次次的閱讀分享中逐漸累積。

七、全語言教學是意義取向的整體教學

全語言的教學是意義取向的教學，而非技巧取向的教學。假設在教師教學的過程中，教師教導小朋友學習某些技巧，通常都是配合學習內容而設計，對小朋友與老師而言，都是具有意義的活動，而非為

技巧而學技巧。再者，全語言的學習通常傾向統整的學習內容，或以主題來學習，所以當教師試圖統整數個主題或學科時，通常會以一個大主題來涵蓋內容，而不是片段的、個別的分別學習。總之，全語言的教學是運用語言的整體性以學習有意義、有目的的技巧，但是在學生學習技巧的同時，也得到技巧背後的支持概念。

了解上述全語言的特質以後，接下來，我們可以再從歷史觀點上來看一些影響全語言的語文風潮，更實際掌握全語言特質的由來。

第二節　影響全語言的語文風潮

一、語言經驗教學法

一九四三年 Dorris Lee 和 Lillian Lamoreaux 寫了一本書，書名為 "*Learning to Read Through Experience*"，在這本書出現的同時，語言經驗學習（language experience）也成為當時閱讀的教學法之一，很多幼兒教育方面的教育家，都將此一學習方法涵蓋在閱讀課程中（Heilman, Blair, & Rupley, 1990）。語言經驗教學所根據的理論是：對小朋友而言，教師用來教學的教材，如果是以他們熟悉的語言，而且符合他們的生活經驗，便是最有意義的閱讀學習（Hall, 1981）。在語言經驗學習的理論下，小朋友會接觸到廣泛的經驗學習，各種學科的內容與語言的經驗學習融合在一起，以達到教學的目的，這些經驗的學習也涵蓋戶外的教學活動（Goodman, Y., 1989）。

二、以文學作品為閱讀取向的閱讀課程

以文學作品為取向的閱讀活動（literature -based reading program）盛行於美國一九六〇年代之前，這類閱讀課程主張小朋友必須置身在廣泛的閱讀圖書中。支持以文學作品為取向的閱讀課程學者們，他們界定閱讀的定義為：小朋友必須有能力閱讀各種型態的文學作品，而且必須深入內容、了解內容，從閱讀中得到樂趣（Norton, 1992）。換句話說，當小朋友進行閱讀活動時，他們必須具備一些能力來幫助自己了解內容。因此，他對閱讀內容所做的任何回應，都屬於個人直接閱讀活動所得。

三、個別化的閱讀課程

William C. Olson 在美國一九五〇年代早期提出個別化的閱讀課程（individualized reading program），強調閱讀應滿足每一個小朋友不同的需求和興趣，小朋友應該依照自己的步調去閱讀，而且可以選擇自己需要或喜歡的閱讀題材。在閱讀的過程中，教師和小朋友都必須做記錄。此外，William C. Olson 深信小朋友若能置身在自己有選擇閱讀題材的機會下，他們成長的過程會比較愉快（Heilman, Blair, & Rupley, 1986）。

很明顯地，全語言的主張受到上述三種閱讀活動的影響，所以有其堅持的特質，這些特質包括：以文學作品為閱讀的教材；強調有意義且生活化的教材；注重個別化的差別與興趣；小朋友的舊經驗足以影響日後的正式學習；教師與小朋友在學習環境中同等重要；教師不主導；小朋友才是重心。

第三節　全語言的師生定位與角色扮演

全語言學習方式中的師生關係與一般教學情境，或是傳統中的教學模式有很大的不同點。傳統的教學活動中，教師是主角，掌控一切教學活動，小朋友是配角，被動接受教師所安排的活動。然而，全語言教學活動中，師生的定位可以從下面的定義中，明顯被區隔出來。

一、全語言的老師

(一) 教師是一個協助者

在一般教學的情境中，教師永遠是主角，是教室的重心，也是一切教學活動的掌控者。然而在全語言的教室中，教師的角色定位可能與傳統中的印象大不相同，參觀者一開始可能很難在教室裡發現教師教學的蹤影（Goodman, K., 1986）。在全語言的教室裡，教師被視為一個共同學習者、一個協助者，因為小朋友從閱讀活動中學習閱讀、從寫作中學習寫作，否則就是聚集在一起從事語文學習的整合運動。在全語言的教室中，教師必須安排一個充滿文學氣氛的環境，以便符合建立小朋友學習經驗的環境。此外，教師還必須致力於營造一個人人平等的學習環境，如同管絃樂團中的編曲者，適當安排小朋友的各種學習活動，並在與小朋友的互動過程中，協助小朋友增強本身的學習能力。

(二) 教師是一個觀察者

Duffy 和 Roehler 將教師的角色定位為「間接教導」（Duffy & Roehler, 1986）。他們認為在全語言的教室中，教師也許只是坐在裡面看著書，也許只是靜靜的觀察小朋友間的互動，但這樣的「教學」都是有目的的、有計畫的，更是教師所精心安排的教學策略。所以教師的角色是發現小朋友在做什麼，然後幫助他們去完成學習，使小朋友成為一個熟練的語言使用者（Watson, 1989）。因此，在全語言教室裡，教師必須有一個共識：學習不一定完全來自教師的教導，教師的教導有時候可能妨礙學習者的學習（Slaughter, 1988）。

(三) 教師具備直接教學與間接教學的概念

嚴格說起來，全語言教室的學習活動包含「直接教學」與「間接教學」。所謂的直接教學就是教師利用大書（Big book，一種尺寸較普通版本大的圖畫書）引導小朋友傾聽故事內容、思考故事內容的教學活動，其目的是培養小朋友具有閱讀的能力。另外，讓小朋友單獨閱讀給教師聽，也是所謂的直接教學。至於「間接教學」呢？間接教學就是教師安排、布置一個教學環境，然後讓小朋友在這個教學環境裡，以他們自己的方式、自己的速度去學習，教師只擔任協助的角色，並不刻意的引導小朋友或帶領他們學習。既然全語言包含直接與間接教學，那麼教學的方式與涉獵深淺程度，是一個全語言教師所必須具備的認知。所以，根據 Slaughter（1988）的想法，與其將重心放在直接與間接的教學方式上，身為教師最重要的是他是否能掌握語言學習的概念，然後適切的幫助小朋友銜接以往的文學經驗，以增強他們學習語文的能力，而非固著在教學形式上的直接與間接方式。

因此，全語言教室是一個充滿語文學習的環境，在這個教室中，教師必須營造一個真實的、有意義的語文環境，小朋友在這個環境中可以隨時有機會使用語文，也就是他們擁有聽、說、讀、寫學習活動的機會。因此，教師設計的活動，必須可以讓小朋友融入聽、說、讀、寫語文的學習環境為目的。全語言的學習是一個能融入實際生活的學習理念，小朋友除了學習明瞭、掌握內容主題以外，在他們享受學習的過程中，能夠體會並珍惜文學所帶給他們的內涵。

二、全語言的學生

(一) 小朋友視自己為作者

全語言教室是以小朋友為中心的教學，小朋友在教室中是主角，老師扮演協助的角色，協助小朋友學習語言、協助小朋友克服困難、協助小朋友取得需要的教材。在全語言的教室中，有些老師通常會拿出自己的作品與小朋友分享，然後告訴小朋友自己是一個作者，同時也傳達一個訊息給小朋友，那就是：你們也可以成為一個作者。當小朋友有了這樣的概念以後，他們會比較注意到什麼是「作者」，而且可以體會到教室裡日常的閱讀與寫作活動，都是人類生活的一部分，並非只是為了應付教師的功課而已。其次，他們所閱讀的圖書內容，都是個人生活體驗的結果，也是由每一個獨立的個體發揮創造力的表現。另外，根據 Hall（1987）的說法：假設小朋友知道他們閱讀圖書的活動是人生眾多活動之一，他們就能了解教室中閱讀和寫作活動的意義了。當然，教師也必須跟小朋友釐清所謂的「作者」，並非指一定要將寫作的內容製作成一本書，放在書店販賣或陳列在圖書館供人閱讀，才有資格稱為「作者」。「作者」是指將自己的經驗、心得、創意化為文字，再與人分享的過程。

當小朋友明瞭自己可以成為一個「作者」的角色後，教師必須協助小朋友磨練自己成為一個真正的作者。如果各種因素都能夠配合的話，教師可以協助小朋友帶著自己的作品到別的班上去分享，也就是讓小朋友以「作者」的身分朗讀自己的作品給別班的小朋友聽。這樣的活動能讓小朋友真正體驗到成為一個「作者」的榮耀，而且期待自己的作品能夠與別人分享。此外，這樣的一個活動也可以幫助小朋友利用觀眾回響的機會，修正自己的作品，讓自己成為「作者」的能力更趨成熟（Calkins, 1985）。

另外，教師也可以在班上舉行一個「師生座談會」。這個過程是請小朋友將自己的作品讀出來，然後藉由其他小朋友或教師對內容的提問，讓作者有機會與其他小朋友或教師溝通、討論作品的內容。在這個過程中，教師必須將自己定位為扮演一個提出問題，或是複述作者作品內容的角色，而非提出建議讓作者修正作品的指導者。通常藉由這樣的良性互動，作者會將觀眾所提出來的問題反問自己，作為下一次寫作的參考。所以，透過這樣的師生互動，可以幫助每一個小朋友成為一個有創造力和寫作技巧熟練的作者。

(二) 給作者迴響

小朋友在閱讀故事時，或多或少對圖書內容、圖書作者本身都存著一絲好奇之心。假設教師能鼓勵小朋友以讀者和作者的身分寫信給作者，無論是提出問題、表達崇拜心聲，或是請教寫作方法，對小朋友而言都是一個真實的、有意義的，而且合乎邏輯的行動。除此以外，在寫信給作者的同時，小朋友也同時學習到書信的格式，讓小朋友更進一步的體驗到，語言是可以運用在日常生活上的溝通工具。

(三) 與作者會面

讓小朋友有機會與圖書作者見面，雖然是一個難度較高的活動，但對小朋友而言，將是一個很難忘的經驗。因為，小朋友除了感到很興奮以外，也會發現作者是「真」的人物。此外，藉著這樣的會面，作者可以跟小朋友分享很多寫作的甘苦談，例如：一個故事的形成需要費很多心力、寫作活動就像在做語言實驗、嘗試各種寫作方法的心路歷程等話題，都能帶給小朋友關於寫作的真實面貌。經由這樣的機會，一個真正對寫作有興趣的小朋友，可能會因此將作家當成精神支柱，鼓勵自己達成「作家」的目標。

總之，在全語言的教室裡面，每一個小朋友都活躍在一個有意義的學習環境裡，每一個小朋友都被視為讀者和作者，他們在任何語言學習活動中都是被鼓勵的、被協助的從事適合他們程度的學習，快樂、穩定且有信心的成長。

第四節　全語言的教學活動與情境布置

全語言的教室是充滿活力的，全語言的教室是各有特色的，因為每一個教師對全語言理念的支持重心不一樣，所以全語言的教室沒有一定的布置方式。再者，因為每個學校環境不一樣，每個學校所處地區不一樣，小朋友的背景也不一樣，所以教師可以根據個人的需求、小朋友的狀況，或是社區文化背景所能提供的資源，盡心營造一個屬於自己的全語言教室。基於上述因素，全語言的教室和一般傳統的教室不同，它是充滿創造力、想像力，而且是根據幫助小朋友發展與學習的內在本質去建立的（Holdaway, 1991）。所以，全語言的教室必須營造一個讀寫的環境，教室裡處處充滿有文字的物品，如電話簿、商品目錄簿、字典、百科全書、圖書、雜誌、計畫簿、海報、電視節目單，還有任何具有文字標示的物品。其他如信箱、報夾、寫作區或是布告欄都必須充斥文字或小朋友的作品（Goodman, K., 1986）。

除了硬體的設備與布置之外，全語言的教室是一個以小朋友為中心、重視學習步驟，而且統整各種語言活動的教學環境。這些教學活動包含聽、說、讀、寫、戲劇、美術活動、思考活動和解決問題活動。這些教學活動並非全語言首創的，但在全語言的教室裡，以不同於傳統的理念呈現。下面的內容將涵蓋全語言教室布置和活動。

一、教學活動

(一) 重視「讀」的活動

「讀」一直是全語言很重視的教學步驟，換句話說，無論小朋友齊聲朗讀、小朋友聽教師讀故事、小朋友化身各種角色，以不同的聲音朗讀故事，或小朋友自己讀故事，都是「讀」的活動。所以，在全語言的教室裡，教師通常會讀文學作品給小朋友聽，而且如果時間允許的話，教師可能會進行很多次讀故事的活動。這個讀故事的活動可以在全班進行，也可以在小組進行。另外，教師也可以讓小朋友配對互讀或聽故事錄音帶。朗讀故事對小朋友而言，是一個非常有意義的活動，教師可以藉著這個活動培養小朋友傾聽、專注的能力，而且對小朋友閱讀能力的養成與提升有很大的貢獻。近幾十年來，很多教育專家都贊同朗讀活動是培養小朋友閱讀能力的重要關鍵之一，因為讀故事給小朋友聽可以同時增強小朋友口語能力和閱讀理解能力（Teale & Martinez, 1988）。另外，Anderson 也提出朗讀非常重要，他認為培養一個成熟閱讀者的單一重要關鍵是：藉著朗讀活動來建立閱讀所需要的知識（Anderson, Hiebert, Scott, & Wilkinson, 1985）。

此外，假如小朋友能常常有機會聽到教師朗讀故事給他們聽，久而久之，在他們能流暢的朗讀圖書之前，他們便能獨立閱讀熟悉的故事給自己聽，甚至讀給別人聽（Teale & Martinez, 1988）。基於這樣的理論，Teale 與 Martinez（1988）進一步建議教師應該有系統地安排課程，讓小朋友環繞在一個聽故事的環境裡，而且最好重複朗讀小朋友喜愛的故事給他們聽。他們認為教師若能將同一本書重複朗讀三次給小朋友聽，小朋友便能完全熟悉故事內容。

根據一項研究報導，研究者花費八週的時間觀察一所幼稚園的教室，幼稚園教師每天朗讀優良的文學作品給小朋友聽。這些被拿來閱讀的文學作品有小朋友非常熟悉的故事、有小朋友熟悉的故事，還有小朋友不熟悉的故事。之後，在小朋友自由閱讀時間裡，研究者發現小朋友挑選非常熟悉的故事來看的人數是挑選不熟悉故事人數的三倍，而挑選熟悉的書來閱讀的人數又是挑選不熟悉的故事書人數的二倍。由此可見，小朋友比較喜歡模仿老師的閱讀，而且喜歡挑選非常熟悉或熟悉的故事來「讀」。所以，朗讀可以促進小朋友的語文發展，而且可以讓小朋友對閱讀的態度由負面轉為正面。Trelease（1989）建議教師最好每天能安排十五分鐘的朗讀時間，讓小朋友享受聽故事樂趣的同時，也能使語文能力成長。同樣地，既然小朋友喜歡模仿大人讀故事，教師和家長如果能常常營造一個有趣且有意義的朗讀環境，小朋友視此為模範且加以學習，時間久了，閱讀的習慣與能力也會相對增加。

然而，教師朗讀故事給小朋友聽，並非唯一增進小朋友閱讀能力的方法。在教師有限的時間內，除了朗讀故事給小朋友聽以外，教師也可以指導小朋友讀故事給其他的小朋友聽。這種小朋友讀故事給小朋友聽的方式為：教師徵求高年級或中年級志願朗讀故事給低年級，甚至幼稚園小朋友聽的志願者。當然，這些小朋友必須接受一定程度的指導，才能扮演一個朗讀的好模範。這些小朋友可以每週一次或兩次利用午休時間、晨光時間，朗讀故事給其他小朋友聽。這樣的活動曾經在美國賓州（Pennsylvania）的 Pittston Area Schools 嘗試過，結果顯示出小朋友對閱讀的態度和小朋友到圖書館借書的頻率顯著成長。而且根據一年級新生家長的分享結果，他們發現自己的孩子常常模仿這些大哥哥、大姊姊的朗讀方式（Trelease, 1989），當然，無形中也累積閱讀的興趣與能力。

此外，對於一年級的小朋友，或是剛剛學習閱讀的小朋友，教師可以挑選一本主題明顯、內容有意義且程度適中、印刷精美、字體大小合宜，標點符號、書寫格式都適合拿來做示範的圖書，然後邀請小朋友和自己一起閱讀。此時，教師最好用手指指著書上的字，讓小朋友明瞭文字的走向與順序（由左到右、由右到左、由上到下）進行閱讀。教師帶領閱讀的途中，若是發現小朋友閱讀的情況不錯，教師可以悄悄地讓小朋友主導閱讀，自己則擔任傾聽、判斷小朋友是否能獨立閱讀與否的協助者，在適當時機做適度的協助與引導。這樣的方法適合小組閱讀，也適合個別閱讀。

(二) 重視「寫」的步驟

在全語言的教室中，寫的活動是小朋友必然的學習步驟之一。Graves（1983）界定寫作的程序為：一連串的運作以達成解決問題的目的。整個寫作的過程始於作者刻意的或無意的開始寫一個主題，直到作品被出版為止。一般而言，小朋友的寫作過程可以歸納為下面五個步驟：寫作之前的刺激、擬草稿、修飾草稿、定稿和分享（De Carlo, 1995）。在第一個步驟裡，教師利用腦力激盪、閱讀圖書、安排一個計畫、傾聽、分享作品的方式，鼓勵小朋友產生寫作的動機。在第二個擬草稿的步驟中，教師鼓勵小朋友將草稿內容與其他小朋友分享，或是和教師分享討論。在第三個步驟中，小朋友可以參考與同伴或教師分享過程所得到的意見，決定是否修正草稿？修正多少內容？在第四個步驟中，小朋友確實檢查內容字彙的正確性，使其成為一篇正式的文章或故事。在第五個步驟中，小朋友便可以與大家分享作品（Heald-Taylor, 1989）。

在上述五個步驟中，小朋友完成草稿與同伴分享，或是與教師分享討論的過程是一件非常重要的活動，在這個過程中，同伴或教師可以幫助小朋友在寫作時，確認內容是否掌握到主題？是否利用適當的寫作技巧？這一個活動過程，同伴與教師都扮演一個提問題的角色，讓作者從這個過程中，檢視及肯定自己所做的努力（Calkins, 1985）。另外，分享作品也是一個很重要的活動，若小朋友已深深地融入寫作的活動中，願意將自己的作品與同伴或教師分享，對小朋友而言是一件非常有意義的活動，因為它可以視自己為一個「作者」的身分。同樣地，在這個分享的活動中，其他的小朋友亦可以擔任「讀者」的角色（Calkins, 1985）。這種兩個角色互相搭配，互相輪流的扮演活動，間接影響小朋友對寫作內容的敏感性與掌握性。換句話說，當小朋友將自己的作品與另外一個小朋友分享時，他的角色是學生，另外一個小朋友是教師，反之亦然。

二、閱讀環境的營造

(一) 充沛的圖書資源

教師若希望培養小朋友的閱讀習慣與能力，教室內圖書的充沛與否，決定小朋友是否能養成閱讀習慣的重要因素之一。所以，在全語言教室中，一些專門為初學閱讀小朋友所設計，內容簡單、插圖豐富、顏色鮮明的圖書，當然是低年級小朋友教室所不可或缺的圖書。其次，文字內容漸多、主題漸深的圖書，亦被視為低年級及其他年級小朋友教室藏書多寡的根據。此外，數量多的、種類齊全的兒童文學作品也是教室圖書的收藏要件之一，例如：寓言故事（fables）、童話故事（fairy tales）、概念書（concept books）、無字書（wordless books）、詩歌（poetry）、故事書（stories）、資訊書（informational books）都能帶給小朋友無限的樂趣，並提升其語文能力（Norton, 1987）。

(二) 舒適安靜的閱讀空間

教室圖書的擺放位置，首先必須考量的因素是它最好位於教室內一個明顯的位置，而且這個位置必須是不被干擾的位置。換句話說，當小朋友在此處閱讀時，他們不會被其他的活動干擾，或是這個地區隨時會被移做他種用途。如果環境允許的話，圖書區可以鋪上小地毯，或是鋪設可以隨地而坐的軟墊，然後在上面擺放椅子，或是放置靠墊，讓小朋友能夠舒適、安靜的閱讀。教師如果有錄音機或小型音響，亦可以陳放在此區，當小朋友閱讀時，可以聽一些輕鬆的音樂，伴隨著小朋友閱讀。至於書架的選擇則以開放式書架為主，小朋友可以輕易的隨手取讀圖書或擺放圖書。教師在擺放圖書時，必須注意書櫃的穩固與安全性，避免小朋友無意中撞到或踢到而造成傷害。另外，圖書的擺放位置，教師可以依班上需求而自行安排，否則可依照圖書類別、作者姓名、筆畫順序、出版社、書名筆畫順序等方式排列。

(三) 充滿文字的環境布置

閱讀圖書區的環境布置，教師宜以與文學相關的題材為考量，例如：布告欄內的文章、圖片、訊息、作品或是牆上的海報都必須與文學作品或閱讀有關，才能給小朋友一個「閱讀」的感覺。另外，相關 DVD 或 VCD、CD、玩偶（圖書中的角色）亦可擺放在閱讀區。

第二章　圖畫書的種類與基本要素

在第一章淺談全語言的理念中，我們得知優良的兒童文學作品與全語言有著密切的關係。所以，如果想採用全語言觀念帶領小朋友學習語文、享受閱讀樂趣的教師，具備篩選優良兒童文學作品能力即成為當務之急的要件。許多研究報導（Cohen 1968; Cullinan, Jaggar, & Strickland, 1974; Eldredge & Butterfield, 1986）指出，利用文學作品指導兒童閱讀，小朋友對閱讀比較能夠保持正向的態度，且閱讀的成效較高（Eldredge & Butterfield, 1986）。其實，兒童文學作品豐碩的種類，無論是虛構的故事、非虛構的故事；無論是以詩的形式寫作，或是以不同觀點的敘述手法寫作；無論是生命、兩性、族群、環保等題材，或是自我成長、親子之愛、手足之情、同儕之互助等內容，多元的形式或精采的內容都能吸引小朋友的注意力，並對小朋友產生極大的影響。所以，坊間一本本精緻、豐富的兒童文學作品，教師都應該讓小朋友有機會接觸，以滿足不同小朋友的不同需求。一般而言，每一個小朋友都有其獨特的偏好，有的小朋友喜歡動物，有的小朋友喜歡天文。所以，無論是喜歡洋娃娃，或是喜歡汽車的小朋友，每一個人都能找到自我滿足需求的故事，或詩體形式的兒童文學作品（Harp & Brewer, 1996）。

此外，經由小朋友對閱讀的投入與喜愛，教師更可利用優良的兒童文學作品來引導小朋友寫作，也就是將閱讀與寫作互相結合。其實，一本本撰寫精緻的兒童文學作品正是寫作模式的最佳典範，如果教師能以合適的方式引導，小朋友便可從兒童文學作品中學習文章的架構、敘述的觀點，景物、人物的描寫技巧等寫作必備的能力。換句話說，小朋友可以從喜愛兒童文學作品、欣賞兒童文學作品、模仿兒童文學作品，最後學習創作、分享創作，享受創作的樂趣與成就。然而，兒童文學作品種類眾多，內容多元，為了讓討論範圍縮小，本書所指的兒童文學鎖定在近十幾年來國內蓬勃發展的圖畫書（picture books），作為討論的範疇。

第一節　何謂圖畫書

何謂圖畫書？圖畫書的定義是什麼？只要有圖畫的書都叫圖畫書嗎？其實，圖畫書是指書中的「圖畫」為整本書的一部分，而且「圖畫」在整本書中必須扮演著鮮明、活潑的角色（Averill, 1957）才叫做圖畫書。換句話說「圖畫」與「文字」一樣重要，或是「圖畫」比「文字」重要的圖畫書都叫做圖畫書（Sutherland & Hearne, 1984）。所以，圖畫書可以說是有文字、有圖畫，而且「圖」與「文」相互陪襯、相互詮釋的書。它不僅讓讀者用視覺解讀，也讓讀者用文字詮釋，所以，圖畫書是很多小朋友不可或缺的良伴，也是許多大人兒時溫馨記憶中的一個角落。一般而言，雖然大部分圖畫書的圖畫與文字維持著一定的比例，相得益彰且吸引讀者，但也有些圖畫書僅有圖畫，沒有文字，我們稱這樣的書為無字書（wordless books）。這樣的圖畫書，雖然沒有文字的陪襯或註解，卻絲毫不遜色，一樣有不少經典之作。

既然，圖畫書如此重要，那麼圖畫書有哪些種類？我們該如何選擇「好」的圖畫書？作為與小朋友閱讀、賞析、討論的媒介，以達到培養小朋友語文能力、生活處事能力，還有終身受用無窮的閱讀習慣呢？接下來，本書將會一一呈現這方面的訊息。

第二節　圖畫書的種類

一、鵝媽媽童謠集

鵝媽媽童謠集（mother goose books）是兒童最早接觸的兒童文學作品，這種有押韻的文學作品，如同兒歌、童謠一樣，深深吸引小朋友的注意力，尤其是年紀愈小的小朋友。至於鵝媽媽一詞從哪裡來呢？鵝媽媽又是誰呢？此一問題的答案眾說紛紜，有人說是出自法國作家Charles Perrault，他參考一位養鵝的老太太說話的韻律（rhymes），然後在一六九七年完成鵝媽媽故事集。也有一些人說，鵝媽媽是一位住在波士頓的婦女，她的名字叫作Elizabeth Goose，她是一七一九年在波士頓出版《兒童的鵝媽媽旋律》（*Mother Goose Melodies for Children*）的人的繼母（墨高君譯，1996）。雖然這些說法只能作為參考，但鵝媽媽的故事深深吸引小朋友的眼光卻是無庸置疑。鵝媽媽的故事之所以吸引年幼的小朋友，最主要的原因是其故事內容多半詼諧、有趣，很討小朋友的歡心，而且其內容所使用的文字簡單、生活化，與小朋友日常熟悉的語言類似，所以很多小朋友聽一遍便可以朗朗上口，一點都不覺得費力。再者，鵝媽媽的故事慣用重複性的文句，小朋友很容易學習。這種文句重複性高、文字內容簡單、生活化的鵝媽媽故事，在小朋友朗朗上口後，無形中也促成他們的語言發展。所以，若是說鵝媽媽故事是小朋友最早接觸而且喜愛的兒童文學作品，也是幫助小朋友語言發展的重要「教材」，可是一點都不為過。

二、玩具書

顧名思義，玩具書（toy books）是具有玩具特質的書，除了供小朋友閱讀以外，還可以讓小朋友從圖書中領略到「玩」的樂趣，例如：可以「摸」到類似真實事物的東西；可以「拉」書中的人物或物品，使其產生變化；可以「翻」書中的小道具，呈現意外的驚喜；可以「磨一磨」書面，使書中的物品或人物改變造型，或產生特殊的效果；可以帶到浴缸「讀」，卻不會損壞的書……。這些具有特殊功能的書很容易吸引小朋友的眼光，小朋友也因為喜歡「玩」的感覺，間接進入圖書文字層面。所以，玩具書可以啟發小朋友字彙、數數、辨別顏色或與大人互動的能力。此外，玩具書也可以刺激小朋友語言、認知、個人與社會上一些制約的學習與發展。對小朋友而言，玩具書可以說是寓教於樂的閱讀圖書。玩具書的種類繁多，它包含硬皮書、立體書、翻翻書、布書、塑膠書（Norton, 1987），每一種書都各有特色，啟發孩子不同層面的認知。接下來，將一一簡單介紹。

(一) 硬皮書

硬皮書（board books）通常是針對年紀幼小的小朋友所設計的書，它所用的紙比一般的紙厚，有一點像厚紙板。硬皮書的內容淺顯易讀，沒有複雜的故事線，也沒有複雜的布局，內容大多圍繞在小朋友必須認識的一些基本概念，如：顏色、形狀、生活物品、數字、字母、交通工具等訊息。硬皮書的內容字體多半較大，插畫顏色鮮豔而單純，不會導致小朋友眼花撩亂。再者，因為硬皮書所用的材質較厚，所以書本的尺寸多半較小，以減輕小朋友攜帶或翻閱上的負擔。一般書店可以看到的硬皮書多半是翻印英國 DK 出版社（Dorling Kingdersley Ltd.）很多以「我的第一本……書」為訴求點的硬皮書，如：《我的第一本恐龍書》（*My first dinosaur book*）、《我的第一本農場書》（*My first farm book*）、《我的第一本時間書》（*My first time book*）等（上人文化，貓頭鷹出版社）。另外，許多小朋友熟悉的圖畫故事書，也有硬皮書的版本，例如：上誼出版小北極熊系列的《小北極熊》、格林甜蜜小老鼠系列的《好愛好愛你》、台灣麥克精選優良圖書的《彩虹魚》。

(二) 立體書

立體書（pop-up books）是一種非常受小朋友喜愛的圖書，因為作者運用巧思設計一些立體的畫頁，讓小朋友沉浸在故事的同時，也能享受「視覺」與「觸覺」所帶來的喜悅與滿足，例如：《迷糊的小企鵝》中那隻傻呼呼的小企鵝，造型很討人喜愛，雖然一開始主角本身不是立體的，但牠尋找答案過程中，所遇到的各種動物都是立體的，給孩子相當大的震撼，其中又以「殺人鯨」和最後結局篇幅頗大的「小企鵝」立體畫頁，不但小朋友看了印象深刻，大人也拍案叫絕。這本書不但好「看」、好「玩」，也帶給孩子語文、自然、藝術等跨科目學習的認知。

(三) 翻翻書

翻翻書（flap books）是作者創作圖書時，利用小朋友好奇的天性，刻意在內容中製造玄機，將許多情節（有答案部分）隱藏起來，讓小朋友運用觀察、想像、預測的能力，猜測答案後再翻出隱藏的答案。這樣的閱讀過程，小朋友在一次又一次的猜測、驗證、尋找、揭曉謎底的過程中，驚嘆連連，學習情緒被帶至最高點。例如：《忙碌的寶寶》，書中那位可愛的寶寶，以各種姿勢、動作隱藏在媽媽的肚子中，小朋友隨著情節的變化，一步步打開書中媽媽的肚皮，為自己的猜測做解答。小朋友在聽故事、找答案的過程中，無形中與即將出生的寶寶建立起一份特殊的感情，相對地或許也減少一分對新生寶寶的排斥與恐懼。

(四) 布書、塑膠書（cloth books, plastic books）

這兩類的圖書可以刺激小朋友的語言發展，因為此兩類圖書可以幫助小朋友辨識顏色、聲音和日常生活中的物品，讓小朋友從不同材質的書中，享受不同的樂趣。因為這類圖書大部分用布或塑膠做成，所以也稱為 Touch and Feel Books，例如英國 DK 出版社的“*Puppy*”、“*Pet*”、“*Home*” 等書中，小朋友可以憑著觸覺感受實際物品。另外，塑膠書也稱為 Baby Bath Book，因為小朋友可以將這一類的書帶到浴室，一邊洗澡，一邊玩，一邊讀，例如：“*Rainbow Fish and Friends Splish, Splash!*”、“*Splash Peter Rabbit*”、“*Little Polar Bear*”等。這些書籍雖然歸屬的名稱不同，但都能帶給小朋友視覺、觸覺的愉快感受。

三、字母書

字母書（alphabet books）就是介紹基本文字的書，對英文來說是認識 A, B, C, D……，這一類的圖畫書看似簡單，但是啟發性的功能卻不可忽視。當小朋友開始學習文字時，他必須先認識字母，有了字母發音作為基本之後，小朋友才能延伸學習文字。所以，如何將字母的發音與他們日常生活中熟悉物品做一結合，使得小朋友能「辨」物「讀」音，其實是需要作者費心設計的。所以，假設一本字母書的目的是要讓小朋友能夠獨立閱讀的話，書中與每一個字母對照的圖畫就必須單一、單純，且要與小朋友的生活經驗語言結合，才不至於混淆小朋友的發音（Norton, 1987）。另外，字母和對照圖片最好放在同一頁上，圖片印刷應清晰易辨，才能讓小朋友容易學習（墨高君譯，1996）。

四、數數書

數數書（counting books）和字母書一樣，它是一種具有特殊目的的圖畫書，它的功能從最簡單的讓小朋友認識數字形狀（例如：6）、數字的代表意義（例如：6 顆蘋果），到數字的排列順序（1, 2, 3, 4……），或是數字的加法（5 ＋ 1）和減法（5 － 1）都有。所以，選擇數數書時，必須先考量小朋友的年齡層和需求，才能達到教育的功能。一般而言，數數書的數字和應對的物品必須在同一頁，而且要非常清楚，若是需要連帶認識文字，則可以將數字（6）、物品（6 顆蘋果）、文字（six 或六）跨頁排列（書本展開時的左右兩頁）（Norton, 1987）。另外，數數書還有兩點必須要特別注意的事項：一是作者用來與數字應對認知的物品，最好運用日常生活中的實際物品，讓小朋友容易建立概念。二是作者選擇物品時，也需考量到物品的單純性，例如：楊桃切片後成五角形，不宜拿來示範數目字，否則本意為「1」片楊桃的設計（數字「1」），孩子可能看到的是「5」個角（數字「5」）。

五、概念書

提到概念書（concept books）就不能忽略一些抽象的概念，換句話說，概念書設計的目的就是幫助小朋友認識日常生活中許多抽象的概念。在我們日常生活中，最簡單的概念如顏色、形狀，複雜一點的概念如快、慢、高、低、大、小，或是在……之上、在……之下，這些抽象或相對的概念都必須靠作者精巧的設計，才能讓小朋友從中得到具體的學習。所以，概念書的設計必須掌握一個特質，作者用來傳達概念的物品或圖像必須精確，不能有所偏差，以免造成小朋友概念的混淆。

六、無字書

無字書（wordless picture books）是一種沒有文字的圖畫書，整本圖畫書只見圖畫，沒有任何文字，但娛樂性與教育性卻絲毫不加減損。一本創意十足，精心營運的無字圖畫書，不但能直接激發小朋友的想像空間，也能在間接中培養小朋友的口語能力和寫作能力。無字書沒有文字，讀者可以擔任「作者」的角色，以自己的生活經驗或是發揮想像力的空間，無拘無束的根據圖畫詮釋故事。閱讀無字書時，「作者」可以用口頭方式與別人分享故事，或是用文字寫下故事內容再與他人分享。但無論何種方式，無字書已經很成功的扮演小朋友閱讀或寫作的媒介。此外，因為無字書的內容就是圖畫，所以無論是任何年齡層或是任何閱讀能力的小朋友，都能無負擔的共享一本書，沒有所謂的「門檻」限制。

一般而言，無字書除了可以開拓小朋友的想像創造空間以外，大都負有培養小朋友口語能力的目的，所以一本優良的無字書，必須具備：圖畫的呈現合乎邏輯、故事情節的前後銜接有次序性、圖畫本身必須精緻、詳細，才能擔負起培養孩子語言發展的功能。為此，下面列舉一些條件作為選擇無字書的考量標準（Norton, 1987）。

1. 圖畫的情節是否很有次序性的組織起來，足以提供給初學組織技巧的小朋友一個很好的架構示範？
2. 圖畫書細節的難易度是否適合各個年齡層的小朋友？（如果鎖定幼兒，圖畫是否過於複雜？如果鎖定高年級的小朋友，圖畫是否過於簡單而使得小朋友感到無聊？）
3. 圖畫書內容是否能符合小朋友的生活經驗？小朋友是否能夠了解圖畫，並且詮釋圖畫？小朋友是否能獨立閱讀或是需要大人從旁協助？
4. 書的大小尺寸是否適合閱讀的目的？（若是團體閱讀的圖畫書則需要使用大書）
5. 圖畫書的主題是否吸引小朋友？

七、圖畫故事書

前面所提到的圖畫書，如：字母書、數數書、概念書和無字書，一般而言都是以圖畫為主，內容呈現方式大都沒有延續性的故事線。這些書籍內容比較強調群體營造（如：概念書），或經由一定的排列順序（如：數字書、字母書），目的只是讓小朋友獲得知識或技能。然而，圖畫故事書（picture storybooks）卻有不同的目的。圖畫故事書的圖畫與文字相輔相成，重要性相當，藉以傳達主題。另外，圖畫故事書有明顯的故事線（故事從頭到尾發展的情形）、精心營造的情節、刻畫細膩的角色特質、明顯描述的時空地點，每一個構成要素都足以緊扣讀者的心，讓讀者儘管走過童年歲月，仍然有些許的記憶在心中，久久無法忘懷。圖畫故事書既然如此精緻且令讀者喜愛，接下來的內容將介紹圖畫故事書的組成要素（elements in picture storybooks），以便對圖畫故事書有更深一層的認識（為了配合一般大眾習慣，以下內容所指的圖畫書即是圖畫故事書）。

第三節　圖畫書的文學要素

誠如其他文學作品一樣，圖畫書亦包含情節（plot）、角色（characterization）、時空背景（setting）、主題（theme）、寫作觀點（point of view）等基本要素，它雖然是「童」書，但內容的精采度與醒世度卻與「成人」書有異曲同工之妙。身為教師，我們該如何去了解這些文學要素，才能精確運用圖畫書來激發小朋友的閱讀興趣，培養小朋友的語文能力呢？接下來，本書將針對每一項文學要素，詳細地界定與舉例，希望教師在閱讀此章之後，更能得心應手地與小朋友們一起共享圖畫書的花花世界。

一、情節

情節的定義，簡單來說就是一個故事從開始到結尾的內容，也是一個故事之所以能夠成為故事的重要因素。一個故事若是沒有情節的鋪陳，故事的可閱讀性將大大降低。然而，情節該如何鋪陳呢？基本上，一個故事的情節是由許多主要事件，加上一個高潮事件組成的（McCarthy, 1997）。這些主要事件緊密銜接，環環相扣，最後經由高潮事件所造成的一個結果，故事才能接近尾聲，進入結局。所以構成情節的每一個事件，作者必須以合乎邏輯性的思考角度去安排，才能使故事內容完整且一氣呵成，也才能帶領讀者融入其間，享受劇情變化所帶來的起起伏伏，直到故事的結局才鬆一口氣。而，故事的情節無論令讀者感到緊張，例如：《美女還是老虎？》；感到刺激，例如：《我要來抓你啦！》；充滿溫馨感人，例如：《跟著爺爺看》；充滿懸疑，例如：《三隻小豬的真實故事》；或充滿詼諧，例如：《我想養寵物》，每位作家各自有一套鋪敘手法，而且擁有各自吸引讀者的魅力。

一般而言，小朋友的專注能力比較弱，所以圖畫書的情節必須簡單、明確的發展出來，而且必須緊湊的進行（Norton, 1987）。換句話說，無論是幻想故事或是根據真實故事改編，在故事開始進行時，作者就必須明確的介紹角色出場，並進入故事的主要事件，這樣才能讓讀者的情緒很快的融入劇情。讀者一旦融入情節，很快的便會被情節吸引住，然後隨著一個個事件的發展，直到故事的尾聲。例如《巫婆與黑貓》，故事一開始就呈現主要角色巫婆沉迷黑色的個性，她的住家無論是外表，或是家中所有的擺設都是黑色，偏偏她的寵物貓咪也是黑色。所以，整個故事情節就由巫婆和黑貓之間的衝突、矛盾展開出來。接著，巫婆多次改變黑貓的顏色，以減少災害發生，雖然災害解除了，卻也導致巫婆與黑貓各自過著孤單、寂寞的生活。整個故事發展至此，讀者必定希望有結論出現，所以故事結局之前，巫婆做了一個決定，這個決定把故事帶到最高潮，因為她將自己的房子和屋內的設備改變成彩色，不再一謂的只想到改變黑貓的毛色。從此，巫婆、黑貓相安無事生活在一起，形成大喜劇收場。整個故事情節簡單明朗，插畫色彩鮮明，很容易吸引小朋友的注意力，故事的結局也帶給小朋友快樂的微笑。又例如《我想養寵物》一書，作者第一句話就敘述主角（小女孩）想養寵物的心願，然後進入故事的中心——小女孩因為想養寵物所遇到的層層阻礙。這些阻礙包括爺爺、奶奶的想法，爸爸、媽媽的顧忌，一個個事件組成這本有趣的圖畫書。故事最後以小女孩選擇一顆未知的蛋作為寵物來結束故事，留給小朋友無限想像的空間。此書內容文字簡短易懂，詼諧有趣卻又蘊含幾分哲理，小女孩造型可愛，很容易被讀者接受。另外，圖畫書插畫顏色鮮亮，筆觸乾淨俐落，完全圍繞在小女孩與寵物之間的相處情形。

雖然上面內容提及圖畫書的劇情必須簡單、明確，但作者若只是為了合乎此一原則而草率布局，情節平鋪直敘、淡而無味，必定不能吸引讀者，所以作者在營造情節時，必須加入衝突、矛盾，讓整個故事的所有事件緊緊扣住讀者心弦，使讀者一旦投入情節便欲罷不能，直到最後的紓解、嘆息、感動或在心中徘徊數日，久久無法揮散。既然如此，故事中的衝突、矛盾要如安排，衝突的源頭又來自哪裡呢？一般說來，它可以來自下列方向：

1. 角色與角色間的衝突：故事中角色與角色間衝突，衝突的來源有：

   (1) 觀點不同。例如：《旅館的那一夜》書中，舒瓦與陌生人對小孩的觀點不同。例如：《好事成雙》書中，爸爸與媽媽對各種生活方式上觀點的不同。

   (2) 外觀上的不同。例如：《小貓玫瑰》書中，玫瑰的毛色與黑貓嶺上其他的貓不同。例如：《被嘲笑的瑞奇》書中兔子瑞奇的耳朵形狀與其他的兔子不同。

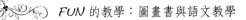

   (3) 立場不同。例如：《我是貓也》書中黑貓黑金與僕人在大小姐

家的立場不同。

2. 角色與世俗觀點的衝突，衝突來自：

(1) 刻板印象。例如：《頑皮公主不出嫁》中的公主與傳統中美麗、溫柔、被動的形象大大不同。

(2) 傳統價值。例如：《美女還是老虎？》中的公主（貴族）不能與年輕人（平民）結婚。

3. 人與環境的衝突，衝突來自：

(1) 艱困環境。例如：《種樹的男人》中的艾爾則阿・布非耶與惡劣環境抗爭的衝突。

(2) 破壞生態。例如：《圓仔山》書中，村民與半屏山的微妙關係。

4. 角色本身與角色本身的衝突，衝突來自：

(1) 取捨。例如：《巨人與春天》書中的巨人（擁有春天或分享春天？）；例如：《保羅的超級計畫》書中的保羅（爸媽離婚後，跟隨爸爸或跟隨媽媽）。

(2) 自我認定。例如：《我是貓也》 書中貓咪黑金是否要繼續當一隻貓？例如：《天才大笨貓》書中，咪咪要當一隻天才貓或一隻笨貓？

(3) 挑戰困難。例如：《紅公雞》書中紅公雞是一隻公雞，但礙於現實觀點，牠必須學習如何孵蛋？

這些不同的對象、不同層面的衝突，縱橫交錯架構，成為吸引讀者注意力的要素，也是讓故事高潮迭起、扣人心弦的原因。基於這樣的一個理論，教師若能引導小朋友討論故事中，各種衝突點的原因及解決衝突的方法，除了將文學作品做精緻的閱讀探討外，也能幫助小朋友建立處理日常生活中衝突事件的能力。這些能力的獲得，無論是參考圖畫書角色的解決方法，或是引以為鑑，都能讓小朋友在輕鬆、無壓力的狀況下培養處理日常生活衝突或避免衝突的能力。此外，故事事件的安排順序，無論是順敘法、倒敘法、插敘法；故事結尾無論是封閉式的結局或開放式的結局，只要作者匠心獨運，讀者的情緒都能起起伏伏、轉轉彎彎，沉浸在閱讀的樂趣中。

二、角色

在所有文學要素當中，角色可以說是最能引起小朋友注意力的要素之一，也是吸引小朋友進入閱讀世界最直接的管道。一個出色的作者營造角色時，憑藉著豐富的想像力，還有自身的生活經驗，一下筆便能產生一個個栩栩如生的角色，讓讀者很清楚的知道這些角色的個性，或是這些角色與寵物、兄弟姊妹、父母、同儕、旁人等之間的各種關係。此外，作者流暢的技巧，讓讀者可以了解書中角色的願望、恐懼、悲傷或快樂，甚至是聯想到自己生活中所接觸的人物，或是從角色中找到自己的影子。所以，當讀者一旦進入圖畫書內容，接觸到角色，感受到角色的特質，知道他喜歡什麼？不喜歡什麼？做了些什麼事？有了些什麼樣的想法……點點滴滴的細節後，自然而然會隨著角色心境的變化而牽動心情，為角色高興，為角色生氣，或是緊張、抱屈、遺憾……直至故事結束才能鬆一口氣。然而，角色的一舉一動為什麼會牽引讀者的注意力直到最後呢？因為讀者希望知道書中角色最後會面臨什麼樣的結果，這個結果是否如他們所預期的。舉個例子來說，當看到《你很特別》這本書中的主角胖哥被大家貼上灰點貼紙時，小朋友心中不禁為胖哥感到難過與生氣。於是「他們怎麼可以這樣？」、「亂貼！他又沒看到胖哥做錯什麼事？」不同的想法便此起彼落的從閱讀群中產生。另外，當看到胖哥為了證明自己是「好」木頭人，努力表現自己卻又因為失敗落得被貼上更多灰點貼紙時，小朋友心中頓時充滿心疼與不捨。最後，胖哥聽了木匠依萊的建議，心中充滿自信，相信自己的未來一定會更順利的那一瞬間，原本貼在自己身上的一張灰色圓點貼紙，居然自動脫落時，小朋友的心才得以釋懷，臉上也才露出微笑。由此可見小朋友將大部分的專注力放在角色身上，因此教師在與小朋友進行閱讀討論活動時，可以將小朋友注意力引導至故事角色的身上，藉著內容的提問活動，讓小朋友了解書中角色的想法與做法。教師提問時以你覺得＋「**角色**」＋為什麼＋「**角色在圖畫書中的行動**」（或想法、說的話、決定）……的句子協助小朋友思考，例如：《野獸國》一書中，教師可以問：「你覺得阿奇為什麼想去野獸國呢（行動）？」例如：《小貓玫瑰》一書中，教師可以問：「你覺得關老爺為什麼說：『家裡出了一隻紅貓，人家會怎麼說呢（說的話）？』例如：《再見人漁》書中，教師可以問：「你覺得小女孩為什麼要緊抓著鑰匙（動作）？」這樣的提問方式可以讓小朋友的思考方向集中，抓到重點思考，而非如大海撈針，不知從何種角度思考角色特質。另外，透過這個角度的提問，小朋友可以深度了解角色之間的各種關係，間接的也掌握圖畫書的內容。

接下來，教師可以換一個角度提出問題，就是讓小朋友設身處地以圖畫書角色自居，想像自己在面臨同樣狀況時，可能的想法、做法？此時教師則以假如（如果）你是＋「**角色**」＋「**狀況**」，你會……的句子」，讓小朋友進入當事人的處境，提出自己可能的應對方法。例如：《野獸國》書中，教師可以問：「假如你是阿奇，當你被媽媽罵的時候，你會如何？」《小貓玫瑰》書中，教師可以問：「如果你是關老爺，你會如何看待家中的小貓玫瑰？」《再見人漁》書中，教師可以問：「如果你是小女孩，當阿海走向窗邊時，你會怎麼辦？」如此角度的提問，希望小朋友真正體驗書中角色面臨的問題，設想自己如果是書中的角色，可能會如何解決問題，或以什麼樣的態度面對問題。藉著上述兩種角度的思考方向，小朋友可以潛移默化的累積生活能力，作為處理日常生活事物的參考。

上述以兩種不同角度探討角色特質的活動，教師若能做長期性的規劃與經營，並帶動班上討論氣氛，讓小朋友踴躍發言、分享，與同儕之間做一個良性的互動，假以時日，小朋友在處理日常生活事物的能力，必定多一分客觀性，多一分智慧。一般而言，每一個小朋友看待事情的角度，因為受家庭背景、教養方式的影響，很明顯的會有固定的模式，所以，教師以提問、討論、分享的方式討論圖畫書內容，正是培養小朋友具有遇事多元、多層次思考的最佳活動。

三、時空背景

簡單來說，「時空背景」就是圖畫書故事發生的時代背景，也就是圖畫書中角色發生故事的時間和地方。例如：《種樹的男人》故事發生在第一次世界大戰期間，阿爾卑斯山下的普羅旺斯高原。例如：《圓仔山》故事發生在現代高雄的半屏山。例如：《爛皮兒踩高蹻皮兒》故事發生在很久很久以前的一個森林裡。圖畫書內容中的時空背景非常重要，因為它能凸顯角色的想法、做法；它能詮釋角色內心的掙扎、無奈、興奮，讓讀者深深了解圖畫書中角色的所作所為，進而在閱讀接近尾聲之時，或為之感動，或為之釋懷。誠如兒童文學家Norton所敘述的，時空背景可以讓我們感受到書中角色看到什麼？聽到什麼？聞到什麼？或接觸到什麼？相對地也幫助讀者對角色面臨的衝突，角色的價值觀或角色的所作所為更為理解（Norton, 1987）。舉個例子來說，《美女還是老虎？》中的公主若不是生長在封建時代中的皇族，她可能不必承受年輕人（平民）因為愛上她，而必須接受生死一線間做選擇的殘酷場面。當讀者了解故事背景後，對於書中作者描述公主的痛苦、無奈、嫉妒等情緒反應，便可以深深理解。又例如：《旅館的那一夜》中的舒瓦，讀者從故事背景中，可以理解他為什麼願意委曲求全，與陌生人在旅館中同處一室，因為當時的舒瓦，全心全意只想為自己心愛的兒子做一件事。還有，當舒瓦聽到陌生人說他的計畫是在欺騙孩子時，心裡覺得很氣憤，因為他精心計畫的一個行動，卻落入旁人「欺騙」的結論，對他而言實在是很難接受。

其實，故事裡的時空背景，小至氣候、大至風俗、文化背景都會影響書中角色的看法與做法（McCarthy, 1997）。教師可以藉圖畫書內容中不同的時空背景，無論是中古世紀、未來世界，無論是中國、歐洲，甚至於不知名的城堡，無法交代的年代，與小朋友做深度閱讀，讓小朋友了解時空背景與角色、情節都是構成一篇好故事的重要要素。另外，當作者建構不同的故事時，時空背景的營造必須費一番心思，因為不同的故事背景有不同的要求。若是故事的背景牽涉到很明顯的歷史年代，或是很清楚的地點，作者就必須詳加考證再落筆，否則對讀者而言，將會造成很大的影響，因為他們可能無法了解內容（Norton, 1987）。但若是童話故事、幻想故事，作者就不需刻意做考證，重心可以放在創意上。所以，只要作者營造時空背景得宜，讓讀者以間接的、直接的方式進入圖畫書世界，感受故事的精采情節，感受書中角色的內心世界，就算是一部好的文學作品了。

四、主題

什麼是圖畫書的「主題」呢？這個專有名詞可能有點深奧，但如果換個詞彙，如「啟示」，意義可能就清楚簡單多了。「主題」就是當讀者看了一本書以後，可以從書上得到的一些訊息，這些訊息可以做為讀者為人處事的參考，或是用來鼓勵讀者本身的一種精神支柱。無庸置疑的，主題是文學作品的靈魂，它在文學要素中占有很重要的位置。任何一個作者用心經營一本書，除了希望讀者得到閱讀的樂趣外，也試著傳達一些觀點或訊息給讀者。這樣的一個訊息，可能是作者本身生活歷練所得，可能是作者長期觀察人群生態的領悟、見解，也可能是作者有計畫研究的結果。所以，作者希望藉著文學作品將主題傳達出來，除了尋求知音以外，也希望提供讀者一個不同的思考方向，讓大家都能更容易地掌握生活、享受生活的最高品質。所以，我們也可以這樣說，讀者若能從文學作品的「主題」上得到生活的體認、生活的智慧或觀念的釐清、是非判斷的準則等實質上或精神上的收穫，也算是作者給予讀者的最大回饋。這樣一個觀點與 Walter 和 Diana 在《與文學一起成長》（*Growing up with literature*）書中提到：主題通常都會顯示出作者寫這本書的目的，有的作者希望幫助讀者理解一些事物或問題；有的作者希望啟發讀者學習某種知識或技能的觀點是一樣的道理（Sawyer & Comer, 1991）。

有鑑於此，教師若是希望利用文學作品教學，必須明確的掌握作者想傳達的訊息，然後以問題提問的方式，協助小朋友經由發表、討論、統整、轉化的層層階段，建立起小朋友個人的生活 IQ 與 EQ 能力。然而，小朋友掌握文學作品主題後，教師必須再進一步做延伸提問，協助小朋友將從圖畫書主題得到的概念、態度、價值觀運用在日常生活上，使他們更有效的面對生活、自理生活，以積極的生命態度，吸收、調整，再吸收、再調整，直到穩定成長為止。

大體而言，兒童文學作品的主題涵蓋頗廣，教師若能有系統的從個人觀點、社會觀點、世界觀點、環境觀點、人類觀點，做廣度與深度的蒐集、整理，再循序漸進，有計畫的與小朋友分享，小朋友必能有系統的建立起個人的價值觀、道德觀與生活觀。換句話說，小朋友閱讀過文學作品後，能夠將文學作品中所吸收到的概念、經驗，轉化成處理自己生活上事件的能力，讓自己的人生更快樂、更有智慧。

五、寫作觀點

寫作觀點就是作者以什麼樣的「立場」寫故事，作者所持的立場不同，敘述故事的角度也就跟著不同。一般而言，作者若是以「第一人稱觀點」（the first person-point of view）寫作，那麼作者通常用「我」的人稱將事件一一和盤托出。換句話說，作者必須選定書中的一個角色，然後從頭到尾都是以這個人（我）的口氣、態度敘述故事，雖然故事中的「我」不一定是作者本身，但作者以「我」的立場寫作，可以拉近作者與讀者之間的距離，讓讀者很清楚的掌握角色的想法、做法。舉個例子來說：《種樹的男人》故事中的「我」就是指發現種樹的男人艾爾則阿．布非耶。另外，作者若是以「限定性第三人稱觀點」（the third person limited point of view）的立場敘寫故事，通常表示敘述故事者以「旁觀者」的立場帶領讀者進入故事中，與讀者一起感受故事。雖然是「旁觀者」的身分，但主要還是以故事中主角的觀點寫作，所以透過「限定性第三人稱觀點」寫作方法，讀者可以知道主角的想法、做法。一般說來，這種寫作手法，作者會讓主角以特定的名字出現。例如：《約瑟夫的院子》故事中，我們了解約瑟夫的寂寞，約瑟夫如何種樹？如何保護樹？約瑟夫的失落與領悟。另外，還有一種寫作觀點叫做「全知觀點」（the all-knowing point of view: an omniscient point of view）。這種寫作手法即是說故事的人知道所有角色的想法、做法。換句話說，說故事的人分飾很多角色，完全掌控故事的進行。例如：《培培點燈》故事中，說故事的人是培培，因為我們知道培培找了很多工作，知道培培找到點燈的工作，卻被爸爸奚落的心情，此外我們也知道爸爸經常看不起培培的工作，知道姊姊妮娜一直在為培培打氣。

總之，無論是第一人稱、第三人稱或全知人稱的寫作手法，教師若能引導小朋友判斷、欣賞，對於小朋友的寫作能力或閱讀能力都可以耳濡目染的日漸提升。當然，小朋友若能掌握作家的寫作觀點，對於圖畫書內容的理解，也更多一分把握。

第四節　圖畫書的選擇要件

了解圖畫書的文學要素之後，接下來要考慮的問題是：什麼樣的圖畫書才是一本「好」的圖畫書呢？這實在是一個很難界定，也很難有「標準」答案的問題，因為圖畫書本身並沒有好壞，它之所以有好有壞，完全在乎個人或眾多專家學者約定俗成的主觀意識，所以，教師可以掌握一些通則作為選擇優良圖畫書的參考，然後再從圖畫書中挑選適合教學的主題，作為教學的教材。

一、選擇圖畫書的大原則

一般而言，圖畫書的內容主題正確，使用的文字適當，內容敘述明暢，插畫風格明朗不灰暗，能夠幫助小朋友學習語文，或是培養其生活能力、建立價值、道德觀，且不落入嚴肅說教內容或混淆是非的圖畫書，都可以稱得上是適合小朋友閱讀的圖畫書。另外，印刷精美、裝訂堅實、內容字體大小適中等因素，都是界定一本優良圖畫書的相關要素。下面提供的選擇要點，可以協助教師更明確的分項考核，選擇適當的圖畫書（Norton, 1987）。

1. 插畫內容是否正確，是否能與故事內容互相呼應？
2. 插畫是否能補充故事內容中對時空背景、情節和氣氛敘述的不足？

3. 插畫是否能增強讀者對角色的認識？
4. 插畫與文字內容是否擺脫刻板印象，或是對性別與種族的歧視？
5. 圖畫書內容一開始的情節是否就能吸引小朋友？
6. 圖畫書主題是否值得被傳達？
7. 當讀者想把這個故事與大家分享，或是將這本書推薦出去時，讀者是否知道圖畫書的目的是什麼？
8. 作者寫作的風格、使用的語言是否適合小朋友的年齡？是否能吸引小朋友？
9. 整本圖畫書的內容、插畫、格式、印刷是否協調一致。

二、圖畫書的主題與教學

根據上述的觀點，教師對如何挑選一本優良的圖畫書有了基本的認知以後，接下來他必須考量的因素是主題的篩選與運用。主題是圖畫書的靈魂，它是作者回饋讀者的一項禮物，也是作者希望藉著圖畫書主題的傳達，提供讀者參考或引以為鑑，使自身的生活能力增強，並從中建立屬於自己的價值觀與道德觀，讓自己愈來愈容易掌握自己、掌握生活，生命因此更愉快而充實。所以，教師如果希望利用圖畫書的優勢魅力，將圖畫書主題運用在語文教學上，使小朋友在享受閱讀之餘，也能寫出一篇文章，將是一舉數得的教學活動（情意、認知、技巧三方面）。

然而，並非每一本圖畫書都適合教學，有些意境很深的圖畫書，若是強求小朋友寫文章，反而失去閱讀的教育性與趣味性，所以教師必須以小朋友的舊經驗為考量，選擇適合的主題，利用閱讀、討論的活動，逐步將主題引出，然後將主題延伸到日常生活經驗的分享，便可以成為一篇有感而發的作文。關於閱讀與寫作的結合，本書後面章節將會有深入的探討，接下來的內容，將先以《美女還是老虎？》一書做簡單的示範，說明如何利用主題引導小朋友做閱讀與寫作的銜接。

(一) 圖畫書主題教學

《美女還是老虎？》是頗受小朋友喜歡的一本圖畫書。這本書的主題之一是「選擇」。圖書中的公主愛上一個不該愛的年輕人（貴族與平民不可以相愛），年輕人也因為愛上公主而必須接受法律的制裁。對這個國家而言，法律的制裁方式為：犯人必須在圓形競技場上的兩扇門中（一扇門內是老虎，一扇門內是美女），選擇一扇門作為他應得的制裁。公主因為身分特殊，所以事先知道那兩扇門後的安排。雖然公主不必接受懲罰，但她知道年輕人會聽從她的暗示做選擇。換句話說，年輕人的生死大權操縱在公主的手中。這個做選擇的動作，讓她內心交戰、掙扎，反反覆覆苦思多日才有了結論。同樣地，書中的年輕人，也因為愛上公主而必須面臨生與死的選擇。而這個生死選擇的機會，他可以自行掌握，也可以按照公主的暗示。故事中，他選擇聽從公主的暗示，把生死之權交給公主。

在這個故事中，無論是公主或是年輕人，他們都必須做「選擇」，而且他們在做「選擇」之前，都事先將各種可能的結果「思考」再三，所以當他們面臨任何一種結局時，他們都必須自己「承擔」或「負責」。這個「思考─選擇─承擔」主題的前後延伸觀點，就是教師藉著圖畫書閱讀、討論的活動水到渠成的傳達給小朋友們的，讓他們在享受文學作品及學習語文的同時，也能建立自我的價值觀。小朋友建立「思考─選擇─承擔」的觀點後，教師可以請小朋友從日常生活中彼此經驗分享，無論是快樂的選擇或慘痛的選擇，都可以發抒為文。

(二) 利用圖畫書主題寫作

作品示範——「一個正確的選擇」（見附錄一）。

第三章 圖畫書的優點與教學運用

前一章提及圖畫書的種類繁多，豐富小朋友的生活與認知。圖文並茂的圖畫書吸引小朋友的眼光，使小朋友對很多事物產生學習的動機，讓他們的成長過程更富意義。當然，圖畫書也帶給小朋友無止盡的快樂時光和回憶。所以，大人有義務引導或製造機會給小朋友，讓他們喜愛圖畫書，愉悅的融入圖畫書的文學世界。這樣的一個理念，誠如 Bernice E. Cullinan 所建議的：對年幼的小朋友而言，圖畫書扮演他們生活上一個很重要的角色，但這種影響若是希望持續下去，大人必須負起責任，提供小朋友閱讀的環境與資源，讓文學可以傳承下去（Cullinan, 1977）。

然而，為小朋友寫的圖畫書到底

有哪些重要性，為何需要傳承下去呢？一般而言，不同的圖畫書對於小朋友有不同的影響，不同的圖畫書對於不同年齡層的小朋友，也有不同的作用。不過，一本優良圖畫書大致上都有協助小朋友語言發展、認知發展、人格發展，還有社會發展的功能。所以，教師若能慎選文學作品，對小朋友各方面的發展將有莫大的幫助。因此，本章將接續前面的內容，以圖畫書為討論的主軸，將上述圖畫書對各方面的發展分項逐一敘述。

第一節　圖畫書的優點

一、拓展生活層面

一般而言，小朋友的生活層面比較單純，除了上學、上才藝班、家庭生活、郊遊旅行、玩玩具外，生活模式大抵趨向穩定。然而，人類生活豐富、變化多端，因人因事而異，並沒有一定的模式可循。但是，隨著小朋友的年齡漸增，他們有機會碰到各種生活狀況，這些狀況有時候與人有關、有時候與事件、物品或環境有關，假設小朋友生活經驗不足，或許無法面對、無法解決，甚至陷入困難、害怕的情況中。舉個例子來說，小朋友在路上碰到陌生人問路，碰到班上同學的父母離婚，碰到自己的親人罹患癌症，碰到親人死亡，碰到自己青春期的變化等問題或狀況，可能會產生疑惑或適應不良。假如，這個小朋友的成長背景有很多文學作品為伴，迷惑的情況可能會減低，因為教師或關心小朋友的大人可以利用相關圖畫書來引導小朋友面對各種狀況，例如：《你很快就會長高》、《有什麼毛病？》兩本書皆以輕鬆的故事帶領小朋友認識青春期身體的變化。例如：《祝你生日快樂》敘述一個得癌症的小孩，如何在母親的巧思下樂觀的面對死亡。《爺爺有沒有穿西裝》、《想念奶奶》都是探討親人死亡問題。《怪叔叔》描述幾隻可愛的豬寶寶如何保護自己。《保羅的超級計畫》、《媽媽爸爸不住在一起了》分別以幽默、多層角度思考方式探討父母離婚的問題。藉著這些精緻圖畫書的閱讀與分享討論，教師或長輩可以幫助小朋友彌補自身經驗之不足，幫助他們作為處理日常生活事物的參考，以減少遇到問題的茫然感。同樣地，小朋友也能藉著圖畫書的閱讀、討論，了解他人的感受，當一個善解人意、人際溝通良好的小朋友。

二、刺激創造、想像空間

創造力與想像力是小朋友的天生利器，他們經常天馬行空、胡思亂想，小小腦袋中有一千個、一萬個為什麼。這種好奇的習慣，經常弄得大人舉雙手投降，或是找個理由搪塞然後逃之夭夭。但，不可諱言的，小朋友們的想像力與創造力常常會隨著大人們的「教導」而漸漸失去，所以為了保有他們的想像力、刺激他們的想像空間，圖畫書是一項很方便的工具。誠如Norton所說：「毫無疑問的，文學作品可以豐富和擴大小朋友的想像空間，圖畫書帶領小朋友進入想像的世界」（Norton, 1987）。教師在引導小朋友閱讀時，可以利用有文字的圖畫書，一邊朗讀內容給小朋友聽，一邊請小朋友預測接下來的情節，當然這種能力需要經驗的累積，不斷的給予機會，小朋友的想像空間才會愈來愈靈活。例如：《美女還是老虎？》這本書小朋友可以隨著故事情節猜測公主的決定、猜測年輕人的命運。例如：《星月》這本書，小朋友除了喜歡星月這隻蝙蝠以外，也關心牠下一步會面臨什麼樣的命運。此外，教師也可以利用無字書來培養小朋友的想像創造空間，無字書沒有文字，完全需要小朋友發揮想像力，想像故事可能的前因後果，然後創造出屬於自己的故事。例如：《發現小錫兵》中的小錫兵與芭比娃娃一場意外邂逅，顯示出文明世界與第三世界價值觀的差異。例如：《流浪狗之歌》，小朋友隨著作者嘉貝麗·文生筆下安排小孩和狗的相遇，猜測他們相遇之後的發展。例如：《下雨了》，小朋友除了可以了解天氣的變化情形外，也可以加入角色，編織屬於自己的故事。

三、提供情緒認同與紓解的管道

情緒管理是大人世界的熱門話題，也是小朋友必須學習的生活能力。情緒這種心理狀況，若要仔細分類，恐怕很難一一列舉，假設只用二分法則來簡化分類，情緒可涵蓋正面與負面兩種情緒。身為教師，我們希望小朋友遇到任何挫折、困難、委屈時，都能以正面的情緒鼓勵自己、表達自己，讓自己勇於承擔，勇於面對、勇於轉變，然後期待新的生機或轉機。例如：《野獸國》中的阿奇、《菲菲生氣了》中的菲菲，都是生氣的小孩，他們如何讓心中的「氣」消失？例如：《被嘲笑的瑞奇》中的瑞奇、《箭靶小牛》中的小牛如何克服心中被嘲笑的感傷？這些圖畫書無論是採直接或間接的敘述方式，都提供給小朋友關於人際間的相處觀念。如果讀者也是被欺負的人、會生氣的人，閱讀圖書時，他們會大大的鬆了一口氣，了解自己原來不是唯一孤獨的，不是唯一有情緒的小朋友。另外，當讀者是嘲笑別人的小朋友，無形中也會有所警惕。所以，無論從何種角度，圖畫書的確是提供小朋友情緒認同的管道，也有紓解小朋友心情的效果。

四、培養兒童善良、關懷的心

溫馨和樂，充滿愛的和平世界是人類的希望，雖然目前為止，人類歷史與紛爭、戰爭都脫離不了關係，但是充滿愛與和平的世界仍是可以期待的。以小朋友成熟度的觀點論之，他們或許無法理解戰爭的因素，也無法改變戰爭的事實，但是人與人相處的最基本點——善良、關懷都是小朋友可以在生活中培養的。學校的道德教育、家庭長輩的訓示，可以讓小朋友明瞭擁有一顆善良的心、關懷周遭的人的重要性，圖畫書的內容也可以達到潛移默化的功能。例如：《不要地雷只要花》、《鐵絲網上的小花》兩本書的內容雖然描寫的是戰爭的殘酷面，但是經由作家及插畫家的巧思，小朋友閱讀此書以後，沒有蒙上戰爭的陰影，反而感受到希望與關懷。例如：《威威找記憶》、《小駝背》兩本書雖給讀者不同的感受，一則是溫馨的故事，一則是有點感傷，但都能讓小朋友體認「關懷」周遭的人，可以帶給旁人無限的生機與幸福。

五、提供寫作技巧的潛移默化

圖畫書除了上述優點外，也具有培養小朋友語文能力的功用。一本優良的圖畫書，作者必定花費很多心血去營造。所以，無論情節的鋪陳、時空背景的描繪、角色的塑造、主題的掌握、遣詞造句、寫作觀點等技巧的運用都是小朋友學習寫作的最佳參考。而且，各個作家的風格不同，各種主題的撰寫技巧與題材也不盡相同，正是小朋友學習模仿、刺激創作的好典範。此外，教師引導小朋友寫作技巧時，若是為技巧而教技巧，教學過程必定枯燥無味，興趣索然。反之，教師若是利用圖畫書或其他的文學作品作為賞析、學習的教材，小朋友學習意願和效果必然相對增強。

六、閱讀習慣的養成、享受閱讀

雖然圖畫書的優點非常多，教師可以利用它作為教學的教材，但若將圖畫書的功能歸到原點，還是希望小朋友能藉此養成閱讀的習慣，享受閱讀所帶來的樂趣。因為閱讀不但是知識的來源，更是生活目標、生活價值取向的源頭之一。假設閱讀不能帶給人類更好的生活，圖畫書就不會源源不斷的成為人類生活的一部分，也不會有無數的經典名作世代流傳下來了。

此外，圖畫書除了語文與人生認知的潛移默化功能以外，它在藝術方面的影響力也是無庸置疑的。一本本精緻的圖畫書，因為插畫者使用不同的素材、不同的表現手法，將不同的故事描繪出來，不但凸顯插畫者的才華，也呈現出世界各國文化的多元性。當然，不同插畫作品的呈現也豐碩小朋友的視野與藝術內涵。另外，藉由插畫的引導欣賞，教師可相對培養小朋友日常生活中的觀察力與詮釋人、事、物的敏銳力。

第二節　圖畫書主題的探討

如同前一章所言，圖畫書中的主題影響小朋友的語文與生活層面頗深，那麼主題究竟是什麼？教師要如何掌握主題？主題又該如何具體化、生活化呢？身為一位教學工作者，如何掌握圖畫書的主題，然後以何種教學活動將主題傳達給小朋友，使教學過程不至於流於教化的刻板印象，小朋友也能在輕鬆、無負擔下，將圖畫書中的主題吸收、轉化成為處理自己生活上的能力，或是待人處事的應對方法呢？根據筆者多年來以圖畫書教學的經驗，教師可用提問的方式來引出主題。換句話說，教師根據故事內容提出一些問題，然後請小朋友個別回答，或是藉由小組討論分享以確定主題。教師提問題的目的是先讓小朋友從了解故事內容作為基礎，進而掌握故事的主題。當教師將問題拋給小朋友時，小朋友透過思考，醞釀自己的觀點或想法，然後分享出來與同儕討論或溝通。經由這個過程，小朋友可以直接或間接了解圖畫書中的主題，以作為建立個人價值、生活觀的參考。

既然，圖畫書主題的提問如此重要，教師在提問前，必須先掌握「主題」的意義，然後才能根據主題提出問題與小朋友討論。所以，下面的內容將以：(1)主題的涵義；(2)主題的提問技巧；(3)掌握主題的提問範圍。分別詮釋主題的重要性。最後再以《喬爺爺的花園》作為主題提問技巧的示範。

一、主題的涵義

(一) 主題是一個可以傳達的概念

主題是一個可以傳達的概念。換句話說，主題可以用一個或數個句子來敘述。例如：《元元的發財夢》主題為：真正的友誼不可以因個人私利而出賣朋友。例如：《祝你生日快樂》主題為：樂觀面對人生的低潮或不幸，心中時時存著希望。例如：《一片披薩一塊錢》主題為：人生有夢、築夢踏實，心動也要行動，成功才能顯現。

(二) 主題適合以「隱而不顯」的方式呈現

圖畫書的主題不宜在內容中過於直接陳述，宜讓讀者細細品味，經由自身的體認或分享的過程中，了解圖畫書內容所傳達的訊息，也就是所謂的主題，再透過時間的沉澱，漸漸類化成為自己生活中一個行事的觀點或原則。例如：閱讀過《小貓玫瑰》這本圖畫書後，雖然作者並沒有明白的寫出主題，但讀者可以從故事內容中體會到：憑藉外貌去評估一個人的價值是不公平的。例如：《小罐頭》，讀者可以體會到的主題為：重視自我的特質，才能做一個有信心的人，羨慕別人或模仿別人，只能短暫的得到外表的認同，終究必須面對自我的本質。這兩本圖畫書都是藉著書中情節、人物、時空背景的襯托，吸引讀者進入圖畫書內容，進而體會主題的涵義。反之，若是在圖畫書的結語，以很明顯的教化方式告知讀者主題，例如：假設在《小貓玫瑰》這本圖畫書的結尾寫出：關老爺與黑貓嶺上的黑貓終於知道，他們不可以以貌取人……。或在《小罐頭》這本書後面加上：菜心罐頭終於明白對自己要有信心，不要只是羨慕別人……。這種赤裸裸點出主題的方式，不但讓讀者失去挑戰性，也失去品味文學的樂趣。

(三) 幫助讀者建立價值觀與培養生活能力

理想的主題必須能幫助小朋友建立價值觀，還有培養小朋友建立生活能力。例如：《森林大熊》告訴讀者尋找自己的定位。例如：《三個我去旅行》告訴讀者了解自己的不同個性，適時的搭配互補，讓自己活得更自在。

(四) 主題可以有不同層面的解讀

圖畫書的主題可以有不同層面的解讀，讀者可依自身經驗或背景去做適當的詮釋，但無論何種層面的解讀，皆能讓讀者受益無窮。例如：《小罐頭》主題可以是：接受自己，才能顯現自己的特色；亦可以是：羨慕別人，模仿別人，永遠是別人的影子。例如：《天空在腳下》主題可以是：勇敢走出自己的陰影，才有新的生機；亦可以是：當別人需要幫助時，我們可以及時伸出援手幫助別人，別人心中無限的感激，亦是自己心中無限的快樂。

二、主題的提問技巧

(一) 避免提問預設立場如：答案為「是」與「不是」、「要」與「不要」、「好」與「不好」的問題

教師利用圖畫書引導小朋友探討主題時，盡可能避免提問封閉性答案的問題，因為這樣的提問方式流於道德觀、價值觀的直接灌輸，無法讓小朋友獨立思考，或是經由團體的討論尋求了解與認知。舉個例子來說，教師引導小朋友探討《王子與椅子》這本書時，問小朋友：「我們要不要像王子一樣驕傲？」（小朋友當然回答「不要」）。或是閱讀完《銀河玩具島》的故事後問小朋友：「我們不要像巴比一樣破壞玩具，對不對？」（小朋友當然回答「對」），這種直接以「教化」的方式提供某些價值觀給小朋友的方式，會讓他們失去思考、判斷的能力。小朋友當然沒有辦法將很多價值觀落實在現實生活中。反之，針對《王子與椅子》這本書，教師若以：「如果你是國王，你會如何面對驕寵的王子，為什麼？」「如果你是王子，當你發現自己無家可歸時，你會怎麼辦？」……。針對《銀河玩具島》這本書，教師可以問：「巴比為什麼會有這麼多的玩具？」「你覺得巴比為什麼要跟著玩具到銀河玩具島？」等問題，小朋友才有機會思考、判斷，並

從經驗中漸漸累積生活應對能力。

(二) 避免提問圖畫書中「既定」的或是「記憶性」的問題

除非問題的本身與主題有直接或間接的關係，教師應避免提問圖畫書中「既定」的內容，或是「記憶性」的問題。因為圖畫書的價值在於培養小朋友閱讀的興趣，在於幫助小朋友建立價值觀、道德觀與生活觀，而非記憶背誦內容。舉個例子來說：針對《巨人與春天》內容，詢問小朋友：「巨人最後有沒有放走春天？」「春天看到巨人做給他的木馬後，心情高不高興？」例如：針對《種樹的男人》的內容提出「艾爾則阿．布非耶在高原上種的樹成不成功？」或「艾爾則阿．布非耶活到幾歲？」實在不能帶給小朋友任何幫助。反之，教師若換一個角度問小朋友：「巨人最後為何放走春天？」「艾爾則阿．布非耶為何能堅持在貧瘠的高地上種樹？」小朋友可以透過分享、討論了解到：巨人明白春天唯有回歸大地，才會得到真正的快樂，或是領悟出：分享才是快樂的來源。或是：艾爾則阿．布非耶深信唯有堅持種樹才是他快樂的來源，而且能為大地留下印記。所以，非「記憶」性的提問內容，才能使小朋友領略主題，或是幫助他們建立「分享」、「無私」的生活觀。

三、掌握主題的提問範圍

(一) 第一層次：了解圖畫書內容為目的的提問

此一層次的提問是為了讓小朋友將圖畫書內容做深度的閱讀，以真正了解故事的內容。例如：故事中有哪些角色？故事的時空背景？書中角色面臨的問題？角色與角色之間的衝突、矛盾？衝突或問題最後的解決方法？教師若能利用這些問題來協助小朋友了解故事內容，也間接幫助小朋友掌握故事的主題。舉個例子來說：《威威找記憶》這本溫馨的圖畫書中，威威和一群老人院的老人為鄰，他的日常生活和這些老人息息相關，也和這些人建立起深厚的感情。威威為了幫助其中的一位老人司徒奶奶恢復記憶，他做了很多事情來幫助司徒奶奶。教師提問時，可以問：「威威為什麼問所有的老人同樣的問題？」「威威為什麼拿雞蛋來幫助司徒奶奶恢復記憶？」「司徒奶奶最後為什麼開心的笑了？」……這些問題都能幫助小朋友了解故事中有哪些角色、角色與角色之間的相互關係、主要角色所要面對的問題，以及最後解決問題的方法。

(二) 第二層次：引出個人想法、觀點目的的提問

教師藉著提問的問題，讓小朋友設身處地去體會圖畫書中角色所面臨的問題，面臨問題時的心情、感受，以及解決問題的方法等情況。這時，教師可用「假如你是……」「如果你是……」的開頭問句來讓孩子「進入」圖畫書中角色的世界，實際思考自己在同樣的狀況下，可能產生的情緒，或是可能尋求解決處理問題的方法。此一層次的提問，教師希望能引導小朋友真正「融入」角色的情境，「感受」角色的想法及做法。舉個例子來說：《星月》這本書中，內容描述一隻原本與媽媽一起在星空中尋找食物的小蝙蝠星月，因為遭受到貓頭鷹的攻擊，不幸與媽媽失散了。星月不小心掉到鳥巢裡，好心的鳥媽媽收留了星月，並將牠與自己的小寶寶放在一起照顧，鳥媽媽這樣的一個動作，使得有趣、溫馨的故事就從這裡開始。然而，星月是一隻蝙蝠，牠為了遵守與鳥媽媽的約定（不准倒掛），心中時時充滿著矛盾與衝突。所以，教師可以如此提問：「如果你是星月，當鳥媽媽給你小蟲吃時，你會怎麼辦？」「如果你是星月，當鳥媽媽告訴你不可以倒掛

時，你的心情如何？你會如何做呢？」「如果你是星月，當你在學習小鳥飛行，而又屢次失敗時，你的感受如何？」「如果你是星月，當你碰到其他蝙蝠，其他蝙蝠對你說：『蝙蝠應該要倒掛時』，你心中會有疑問嗎？」……透過這些問題，小朋友在無形中已把自己當成「蝙蝠」，實際的體會出星月矛盾的心態。

經過前面兩個層次的提問，圖畫書內容的主題便呼之欲出了，教師可趁機做一個歸納，讓小朋友確切的掌握圖畫書的主題，並且試著以一、兩個句子表達出主題的涵義。此時，教師可以問小朋友：「對於剛剛閱讀過的故事、討論的內容，你們有什麼想法？」或「你們覺得這個故事在傳達什麼樣的訊息給我們？」教師請小朋友發表想法，若是小朋友很快就掌握住主題，教師則可進行下一層次的提問。但若小朋友一時之間，無法用很具體的概念表達主題，教師可以協助小朋友將他們了解的概念，用具體化的句子來結語，讓小朋友確切掌握主題後，再進行下一層次的問題提問。

(三) 第三層次：請小朋友根據主題所傳達的觀念，從日常生活中舉出類似的情境與事件

有了前兩個層次的提問，小朋友已經學習從不同的角度去了解故事內容，接下來的活動，教師盡量鼓勵小朋友說出自己類似書中的情境或與主題相關的事件，並將自己當時的情緒反應、心中想法，及最後的結果，與同學分享或討論。這個層次提問的目的是希望小朋友能夠將從圖畫書中得到的概念，應用到日常生活上，讓自己更有智慧的生活。舉個例子來說：《銀河玩具島》這本圖畫書的主題是：珍惜身邊的幸福，愛惜玩具，視它為朋友。所以，針對此一層次提問，下面的一些問題，可以作為教師的參考：「你有沒有心愛的玩具？」「這些玩具怎麼來的？」「平常你都跟誰一起玩玩具？」「玩玩具會帶給

你什麼樣的樂趣？」「玩過玩具，你會收拾嗎？如何收拾？」「當你心情不好時，你會拿出玩具來嗎？拿出玩具做什麼？」……這一連串的問題，都是希望幫助小朋友能從容的處理日常生活中的事件，在學習中成長。

透過這三個層次的提問，教師可以有條有理、循序漸進的與小朋友們分享一本本精采的圖畫書，小朋友們也可以在愉快氣氛下與同學們交換想法與經驗。所以，教師若能常常營造這種和樂的閱讀討論氣氛，小朋友在面對人際關係中所使用的溝通、表達，理解、包容等技巧或情緒，相對地也得到比較多的成就感與成長。當然，小朋友在成長過程中所需要學習、釐清、建立的價值觀與道德觀，亦可以藉此機會而累積。此外，這種閱讀、賞析、討論圖書的方式，也使圖畫書作品的主題功能，發揮到最大的效能。

第三節　圖畫書主題提問技巧示例

一、示範圖書：《喬爺爺的花園》

喬爺爺有一個很「隨性」的花園，他的花園裡面沒有奇珍異草，沒有特殊的園藝設計，但是喬爺爺很細心的照顧著花園中的花草樹木，所以花園中的花草樹木，甚至動物們都能感受到喬爺爺的溫情。

有一天，喬爺爺在好奇心的驅使下，一邊攀著梯架趴在牆頭上望著隔壁的花園，一邊不禁對著自己園裡的花說著：「隔壁的花園裡有嬌豔的玫瑰花、高貴的百合、莊嚴的飛燕草……好美的花園呀！」望著隔壁花園的美景，園丁喬爺爺驚訝的對自己花園中的花草、樹木及小動物們說出心中的讚嘆。雖然如此，他還是很滿意自己的小花園——那個亂中有序、和樂溫馨的小花園。但，小雛菊可不這麼想，原本快樂知足的她，自從聽了喬爺爺的話以後，平靜的心開始盪漾不已，開始羨慕起隔壁的花兒，她不再滿足於自身的環境，甚至嫌棄身旁的花草朋友是雜草。

終於，在善解人意的喬爺爺安排下，小雛菊如願置身在隔壁美麗的花園中。起初，她有點兒驚喜，有點害怕。最後，當她鼓起勇氣向四周花兒打招呼後，難堪、落寞、孤單、後悔等複雜情緒全部湧上她的心頭，因為不但沒有一朵花兒理會她，她還被花園主人當作雜草，一把拔起，丟到肥料堆裡去。最後，好心的夜鶯飛過牆去，把小雛菊叼回來，喬爺爺趕緊將小雛菊種回土中，漸漸地小雛菊展開花瓣重新回到喬爺爺的懷抱中了。

閱讀過《喬爺爺的花園》這本書後，很明顯地，這本圖畫書的主題是：珍惜身邊的幸福、知足常樂，或是：包容、原諒我們的朋友，讓他們找到自己的定位。教師掌握《喬爺爺的花園》這本圖畫書的主題後，便可以提問的方式引導小朋友討論，協助小朋友體會圖畫書的主題，然後做進一步的語文延伸學習活動。

二、問題提問示範

(一) 第一層次問題

1. 喬爺爺為什麼喜歡自己的花園？
2. 花兒為什麼覺得身在喬爺爺的花園裡很幸福？
3. 聽了喬爺爺形容隔壁的花園後，小雛菊為什麼不快樂？
4. 喬爺爺為什麼把小雛菊移植到隔壁花園裡？

5. 喬爺爺把小雛菊移植到隔壁花園，而且種在花園正中央，除了可以看到所有花兒以外，還有別的目的嗎？
6. 送走小雛菊後，喬爺爺心情怎樣？
7. 小雛菊被移植到隔壁花園後，其他的花兒怎麼想？
8. 小雛菊睜開眼睛，發現自己身在隔壁大花園中，心裡有什麼想法？
9. 隔壁花園的花兒並不理會小雛菊，為什麼呢？
10. 小雛菊發現沒有人理她後，她心中的感受如何？
11. 當小雛菊聽到隔壁主人說她是「雜草」時，她心中有何想法？
12. 夜鶯為何要幫助小雛菊？
13. 小雛菊再次回到喬爺爺的花園，心中有何感想？
14. 小雛菊再次回到喬爺爺的花園時，其他的花兒對她有什麼想法？

(二) 第二層次問題

1. 如果你是小雛菊，聽到喬爺爺的話後，你會希望到隔壁的花園去嗎？
2. 如果你是喬爺爺，你會將隔壁花園的情況告訴自己花園的花兒嗎？
3. 如果你是喬爺爺，你會將小雛菊移植到隔壁的花園嗎？
4. 如果你是小雛菊的朋友，你會在乎被她稱做「雜草」嗎？
5. 如果你是小雛菊，當你發現自己身在隔壁花園時，心中有何想法？
6. 如果你是小雛菊，你發現隔壁美麗的花兒都不理你時，你覺得如何？
7. 如果你是小雛菊，當你聽到隔壁主人稱呼你為「雜草」時，你心中的想法是什麼？
8. 如果你是小雛菊，當你身在雜草堆奄奄一息時，你心中想到什麼？
9. 如果你是小雛菊，看到夜鶯不顧危險救你回去時，你有何想法？
10. 如果你是小雛菊，喬爺爺見到你後，馬上把你種回土裡，你心中的想法是什麼？

11. 如果你是小雛菊，再次回到喬爺爺身旁，你想對喬爺爺或身邊的朋友說什麼？

(三) 第三層次問題

1. 在日常生活中，你曾經羨慕過別人什麼？
2. 當你羨慕別人擁有自己沒有的東西時？你會有什麼反應或想法？
3. 你曾經因為父母親無法完成你的心願而抱怨他們嗎？
4. 你如何克服自己羨慕別人的心態？
5. 在日常生活中，別人羨慕過你嗎？你被羨慕的原因是什麼？
6. 當別人告訴你說，你是他羨慕的對象時，你會有什麼感覺？
7. 如果在短時間內，你無法達到或擁有你羨慕別人的標準或物品時，你心中會有什麼想法？

第四節　圖畫書與閱讀寫作銜接

閱讀與寫作的銜接是一個理想的組合，因為透過閱讀後的討論活動，也就是教師利用第一層次、第二層次和第三層次問題的提問，引導小朋友做深度閱讀，讓小朋友對圖書內容、主題涵義或主題延伸出來的生活經驗分享，有具體且落實的認知。換句話說，從圖畫書討論的活動中，小朋友得到一些感動、得到一些想法，這些想法與感動並非憑空得來的，而是透過圖畫書內容的閱讀、討論與分享累積而來的，這些也是寫作活動中最需要的靈感與題材。所以，教師若能將寫作與閱讀做一個銜接，小朋友便能將口所讀（圖書內容）、耳所聞（同儕討論分享的心得）、心所感（自己的感受與體驗）的點點滴滴賦之為文，寫作將不再是一件痛苦的事情。另外，談到寫作活動的要領，大致上可以分為兩部分來敘述。一是寫作內容的範圍，一是寫作大綱的編擬，這兩部分都可以從閱讀而來。接下來的內容，將從這兩方面做仔細的介紹。

一、寫作內容的範圍可以涵蓋

(一) 利用圖畫書內容的角色寫作

針對圖畫書中主要角色的所作所為，提出重點式的摘要，然後加上自己的想法或建議。另外，也可以從圖畫書中的角色去聯想身邊的人物（或是本身），抒發自己的感受。

(二) 利用主題寫作

將主題闡述的重點敘述出來，並提出自己的看法，或是寫出主題觀點帶給自己的影響和生活體驗。

(三) 分析布局的結構

針對作者撰寫故事的技巧，做一番分析或敘述，並表達自己對作者布局的想法。

(四) 討論時空背景的營造

敘述作者對時空背景的描述是否生動？是否吸引人？作者用了哪些技巧或詞彙讓故事背景栩栩如生，或是幫助讀者了解故事內容？

(五) 主題所延伸出來的生活經驗或感受

這部分的內容與前面部分有點區隔，它比較類似所謂的「作文」，也就是說內容的結構比較完整，像一篇正式的文章。所以，教師必須事先將第三層次的問題做一番規劃，以符合寫作的需求。換句話說，教師利用第三層次問題討論的結果，作為寫作題材的依據，讓小朋友在反觀自己過往經驗的同時，也同時吸收其他小朋友的經驗談，這些不同層面的材料都可以成為小朋友寫作素材的來源。透過這樣的經驗建立，小朋友面對作文題材的蒐集時，可以減輕一些挫折感與無奈感。

二、寫作大綱的編擬方式

寫作大綱的編擬，對小朋友而言是非常重要的一個寫作輔助要領，因為小朋友即使對前面的閱讀討論分享活動非常有興趣，但是要求他們將自己的心得、感想或經驗寫出來，需要一些組織技巧或邏輯方式將內容統整或串聯，才能使他們的寫作內容言之有物，而且結構達到一個基本的要求。所以，下列的方法可以幫助小朋友統整內容：

1. 列點式：將第三層次的問題轉換成作文大綱，作為寫作內容的題材。列點的方式又可分為：
   (1) 答案式：將第三層次的問題，以摘要方式條列成寫作大綱，作為寫作的依據，也就是寫作內容的提示。
   (2) 問題式：將第三層次問題的答案，以摘要方式條列成寫作大綱，作為寫作題材的提示。
2. 圖畫式：針對低年級的小朋友（尤其是一年級的小朋友），在他們尚未確實掌握文字敘述技巧的階段，教師可以圖畫與文字的結合，讓小朋友將寫作大綱表現出來，作為寫作題材的依據，小朋友較能達成寫作的目標。

3. 織網式：教師以織網的方式培養小朋友組織題材，讓小朋友可以依此寫作。網狀組織圖表是一個很好的視覺學習圖表，小朋友可以按圖索驥，循序將寫作題材組織成一篇文章。

列點式、圖畫式、織網式都是架構寫作大綱的方式，教師引導小朋友做閱讀、賞析、討論的活動，若想進一步的做閱讀與寫作的銜接活動，可依照不同的圖書、不同的教學目標，靈活採用其中一種方式作為指導小朋友寫作的教學方式，讓小朋友順利的寫作。其實，小朋友如果能在教師的引導下靈活運用這三種方式，除了寫作題材充沛外，間接的也被培養出組織能力與邏輯思考能力。

三、寫作大綱編擬與作品示範

為了讓教師有具體的概念，接下來所呈現的內容將根據不同的圖書作為擬定寫作大綱的示範。

(一) 問題式寫作大綱

1. 示範圖書：《喬爺爺的花園》。
2. 圖畫書大意：略（同上）。
3. 寫作重點：小雛菊的心情篇（角色）。
4. 寫作大綱：
   (1) 小雛菊的生長背景？
   (2) 小雛菊在喬爺爺花園的情形？
   (3) 小雛菊羨慕隔壁花兒的原因？
   (4) 小雛菊達成心願後的感受？
   (5) 小雛菊受到冷落的心情？

(6) 小雛菊再回到喬爺爺花園中的心情？

5. 示範作品：「小雛菊的心聲」（見附錄二）。

(二) 答案式寫作大綱

1. 示範圖書：《床底下的怪物》。
2. 圖畫書大意：安安和小魯聽完爺爺說的怪物故事以後，準備上床睡覺了。但，兩個人一直睡不著，因為他們一直聽到各種不同的怪聲音。剛開始，安安和小魯還能為各種聲音解釋，然而，他們最後還是忍不住心中的害怕，跑到爺爺房間求救了。爺爺知道原因以後，對他們說了一個自己小時候經歷過的害怕經驗。隨著爺爺的故事，小魯和安安一邊猜測爺爺害怕的原因，一邊將爺爺小時候誤認為怪物的東西說出來，在這一問一答的溫馨時刻中，安安和小魯的害怕悄悄溜走了。那一夜，他們就在冰淇淋的甜蜜下，安穩的進入夢鄉了。
3. 寫作重點：害怕。
4. 寫作大綱：

   (1) 地震、小偷、蚊子（你曾經害怕過什麼？）。

   (2) 死亡、沒錢、不舒服（害怕的原因？）。

   (3) 預防、監視器、關緊門窗（如何消除這些害怕？）。

   (4) 了解（對害怕的想法？）。
5. 示範作品：「『害怕』不見了」（見附錄三）。

(三) 圖畫式寫作大綱

1. 示範圖書：《三隻小熊》。
2. 圖畫書大意：三隻小熊彼此是好朋友，牠們約好一起去爬山，一路上高高興興的唱著歌，向山上前進。牠們走到山腳下時碰到兩條岔路，三隻小熊的其中兩隻熊各有主張，分別選左、右兩條路往山上走，第三隻小熊無法決定該往哪裡走？牠一會兒跟在第一隻小熊後面，一會跟在第二隻小熊後面，可是當牠發現左、右兩條路都有危險時，牠就退回原點了。第一隻和第二隻小熊雖然分別在山上遇到危險（老虎和大野狼），但牠們都一一克服，最後居然在山頂重逢，一起欣賞美麗的風景。牠們在山頂上欣賞風景之時，心中有一個共同的願望，那就是幫助第三隻小熊上山，牠們便可以一起欣賞風景。

3. 寫作重點：克服學習過程中的困難。
4. 寫作大綱：
   (1) 學習的項目。
   (2) 遇到的困難。
   (3) 遇到困難的心情。
   (4) 解決方法。
   (5) 克服困難後的心情。
5. 示範作品：「學游泳」（見附錄四）。

(四) 織網式寫作大綱

1. 示範圖書：《狗兒小丑魯巴》。
2. 圖畫書大意：小丑查大海和他的小狗魯巴感情非常好，查大海每天練習把戲時，魯巴都在旁邊拍手叫好，牠希望自己有一天也能跟主人一樣，當一個很好的小丑。聖誕節的前夕，查大海送魯巴一樣禮物，這樣特別的禮物就是讓牠在聖誕節時出場表演，魯巴興奮得不得了。果然，魯巴的所有表演項目轟動全場觀眾，大家都非常喜歡牠的表演，這份禮物讓魯巴難以忘懷。
3. 寫作重點：藉著分析狗兒魯巴的個性，小朋友聯想自己身邊的人的特質，然後將這個人與自己的關係，或是對自己的影響寫出來。

4. 寫作大綱：

(1) 寫出自己是一個什麼樣的人？

(2) 寫出別人眼中的我。

(3) 我是誰？

(4) 我不喜歡別人說我……

5. 示範作品：「我」（見附錄五）。

第四章　圖畫書的閱讀、賞析、討論

圖畫書既然具有培養小朋友語文能力，以及建立小朋友生活觀、價值觀的重要性，除了前面所提過篩選主題、確立主題、善用提問技巧，及深入了解文學作品基本內涵外，整個教學活動要如何進行？讀與寫的結合又該如何安排、引導，才能讓小朋友閱讀有感（感知、感動、感謝），討論有得（表達、溝通、價值觀的建立），寫作有心（靈感的心、創作的心、分享的心）？相信這是大部分教師所關心的要點，也是筆者想將多年來的教學心得與教師們分享的原因。

首先，教師可從下頁的圖中獲得一個基本的概念，了解如何運用圖畫書培養小朋友聽（傾聽）、說（表達）、讀（體會文字之美）、寫（寫作）的語文能力；尊重、溝通、分享的討論態度；統整、思考、判斷的生活能力。此外，藉著整個圖畫書閱讀、討論過程，小朋友的閱讀能力興趣亦可從中培養。

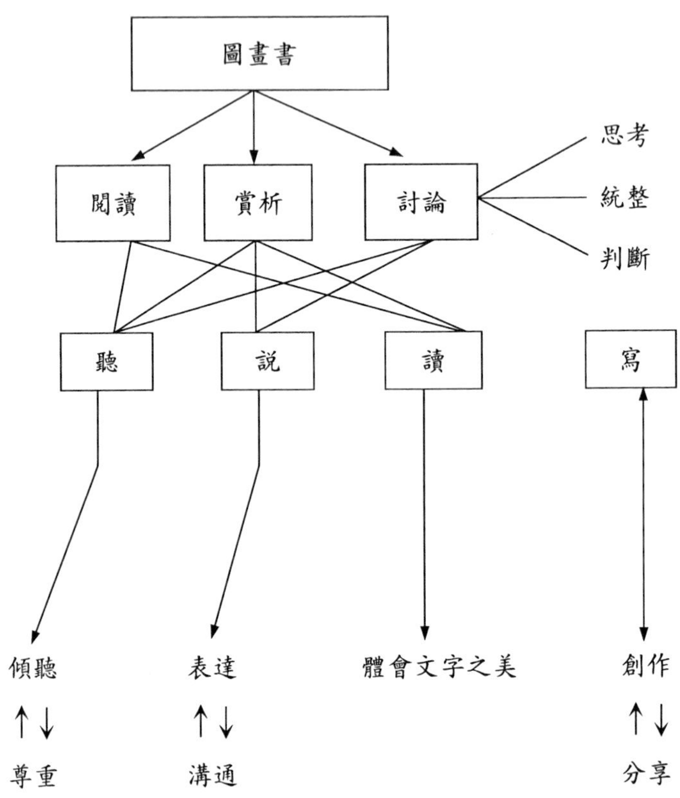

圖畫書的教學活動與功能

簡單說來，首先，教師必須挑選一本圖畫書，然後引導小朋友進入閱讀、賞析、討論的活動。透過上述活動，教師能夠培養小朋友具有聽、說、讀、寫的語文能力。此外，經由上述的教學過程，教師也希望利用討論圖畫書主題內容的機會，培養小朋友溝通與表達的技巧，養成傾聽與尊重的態度，以建立人際互動的良好關係。另外，小朋友藉著討論圖畫書內容角色面臨衝突的情況，或預測劇情，或設身處地推判，這些過程都有助於養成小朋友遇事分析各種狀況，統整資訊，最後下一個合理、客觀判斷的能力。這種分析、統整、判斷的處事能力，也是圖畫書的功能之一。當然，享受閱讀，分享閱讀心情的樂趣，更是閱讀活動提供給讀者的終身回饋。

所以，為了讓讀者更深入了解上頁圖的含意，並將圖畫書生活化、人性化的融入教學之中，下面的內容將按圖索驥一一說明。

第一節　挑選圖畫書

利用圖畫書引導小朋友閱讀和寫作，可以帶給小朋友樂趣，也可以使教師的教學成效事半功倍。然而，坊間每日出版的新書不少，身為教師如果想在有限的時間與精力下挑選適合教學的圖畫書，除非本身具有專業素養，實在需要借助一些外在的資訊，才能在惠而不費的情況下，選擇一本本與小朋友共讀共賞的圖畫書。

網路世界神通廣大，只要教師稍加費心，電腦一開，指頭一動，輸入「繪本」關鍵字，立即獲得很多相關資訊。另外，國內幾家頗富盛名的出版社，都有自己的專屬網頁，教師可以從中搜尋自己教學所需要的任何資源。除了圖書公司的專屬網頁外，文建會兒童文化館為行政院文建會為兒童所建置之網站，內容豐富，資訊充足，值得教師定期瀏覽。

挑選準則

(一) 教學目的

教師挑選教學用的圖畫書，下面的問題可以用來作為判斷的標準（Harp & Brewer, 1996）。

1. 圖畫書是否可以作為全班朗讀之用？圖畫的大小是否可以讓大部分的小朋友看得清楚？如果圖畫書的本身有「大書」版本，教師可以利用此類圖畫書來教學，讓小朋友的閱讀興趣更為提高。
2. 圖畫書是否能引起小朋友的興趣？內容主題是否適合教學？小朋友接受主題的能力與成熟度均為考量的要件之一。
3. 圖畫書是否適合做閱讀與寫作教學的結合？有些圖畫書趣味十足，但只適合欣賞，不適合當做教學之用。
4. 圖畫書內容是否含有角色間的對話及動作，讓小朋友能聽得津津有味？純敘述性或隱喻性過多的圖畫書內容，不適合用來做閱讀活動。
5. 圖畫書的閱讀程度是否稍稍高於全班的平均閱讀程度之上，才不會造成小朋友興趣索然？

(二) 符合文學要素標準

1. 圖畫書主題必須值得小朋友學習。一般而言，我們希望小朋友們能藉著圖畫書內容，直接或間接的學習到與個人修養有關的態度及觀念，例如：堅持、誠實、勇氣、自信等。掌握人際關係，例如：互助、互信、互諒、關懷、溝通等。另外，人類生活的目的，對生命的緣起與消失的體認，環境與保育等題材都能作為教師教學規劃的內容。

2. 時空背景的敘述必須讓讀者能順暢的進行閱讀。尤其是故事內容牽涉到歷史的背景，作者若是不加以解釋，或是在內容中交代清楚，讀者可能會因為無法了解內容而中斷或放棄閱讀。

3. 故事情節必須是生動的、緊湊的。大部分的小朋友喜歡生動、緊湊情節的故事，這樣的故事內容能夠持續吸引小朋友的閱讀興趣。

4. 故事內容角色的塑造必須讓小朋友感覺到真實性，小朋友比較能掌握角色的特質，並藉以了解故事的情節和角色間的所作所為。

5. 寫作風格必須鮮明，作者使用的敘述手法、使用的詞彙能夠讓故事內容流暢的進行，太深的詞彙，或是太繞口的句子都會影響小朋友的閱讀速度與意願。

綜合言之，上列的特點都是針對一般兒童文學作品的大原則而設定的，教師可依實際教學需求、小朋友的程度，自行設計一套適合自己教學思維的課程。掌握大方向之後，教師可依不同的主題、選擇不同深度的圖畫書，循序漸進的引導小朋友做閱讀、寫作的語文活動。此一概念若能持續進行，假以時日，小朋友必定受益匪淺，養成良好的閱讀習慣，且提升本身的語文能力。

第二節　閱讀圖畫書

教師挑選適合教學的圖畫書之後，接下來的活動便是閱讀圖畫書，也是帶領小朋友進入圖畫書世界的重要關鍵。為了讓小朋友閱讀過程有意義，教師必須進行下列步驟：

一、暖身活動

此部分的活動就是所謂的「引起動機」，教師必須運用教學技巧激起小朋友的學習意願與興趣，讓小朋友懷著一顆好奇、積極的心，希望更進一步的學習。教師教學的暖身活動有下列數種方式可以選擇，教師可依據本身教學需要（如：配合教科書單元主題、地區性特色，班級讀書計畫……），作為考量的標準：

(一) 書名解讀

這是一個最輕鬆、簡便又不費工夫的活動，教師只需將事先挑選的圖畫書展示出來（拿在手上或放在畫架上），請小朋友觀看封面與封底，然後推論、猜測書名所蘊藏的故事內容。換句話說，教師讓小朋友閱讀書名後，請他們試著聯想故事的內容，並發表出來與大家分享。例如：《天才大笨貓》是關於一隻天才貓，還是一隻大笨貓的故事？又例如：《銀河玩具島》故事的內容是一個孩子擁有很多玩具，玩具多的如同一條銀河一般，還是有一個專門賣玩具的島嶼叫銀河玩具島？此一活動過程，除了培養小朋友的想像能力外，亦可增強他們的學習樂趣。因為在猜測的過程中，同儕之間一個出人意料之外、不按牌理出牌的「答案」，可能是另一個很有創意的聯想，而這個聯想常常又可以激發出更多有創意的聯想與樂趣。

書名解讀示範——天才大笨貓

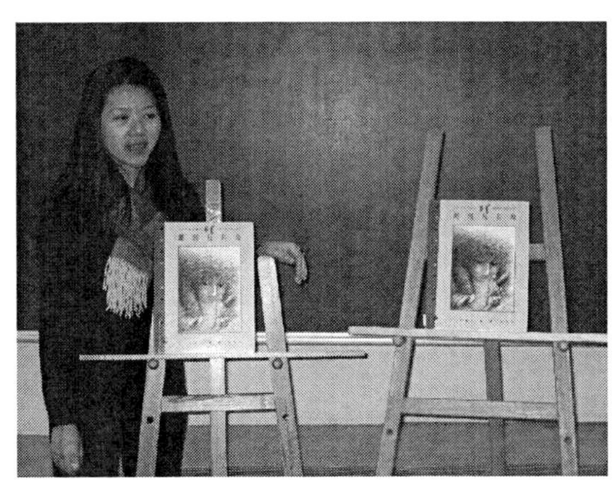

書名解讀示範——銀河玩具島

(二) 遊戲活動

教師根據選定圖畫書的主題，策劃一個小小的趣味活動，讓小朋友在遊戲中，與圖畫書內容預先做一輕鬆的接觸。例如：《驚喜》一書，教師可預先製作一個「驚喜」箱，讓小朋友在教室中，發現屬於自己的驚喜，並且體驗驚喜的感覺。等待遊戲活動結束之後，教師再正式進入圖畫書閱讀活動。

教師展示「驚喜」箱

小朋友體驗驚喜的感覺

(三) 插圖索引

這是一個「以小觀大」的活動，教師讓小朋友閱讀圖畫書書名以後，隨意翻閱圖畫書的任何一頁（具想像、挑戰空間的畫頁），讓小朋友猜測故事內容。例如：《天空在腳下》一書，教師將圖書翻閱至倒數第二、三頁（小女孩與莫里尼在星空下走鋼索的畫面），讓小朋友根據觀察此頁插圖後所得的靈感，想像故事的相關內容。

插圖索引示範圖書封面——天空在腳下

插圖索引示範圖書內頁

(四) 情境布置

教師事先營造與圖畫書主題有關的閱讀環境，讓小朋友置身其間後，猜猜即將閱讀的圖畫書內容與什麼主題有關？小朋友發表之後，教師再將圖畫書展示出來，他們便能很快的進入教學情境。例如：《銀河玩具島》一書，教師可事先將教室的一個角落布置成充滿玩具的空間（若是資源豐富，整間教室都擺放玩具亦無妨），小朋友便能愉快的進入圖書主題世界。

情境布置

二、朗讀圖畫書

(一) 規劃閱讀區

教師進行暖身活動後，便可與小朋友一起進行閱讀圖畫書活動。為了營造氣氛，也為了養成小朋友的閱讀習慣，建議教師在教室內規劃一個閱讀角落（地上可放地墊或小地毯），讓小朋友圍坐在一起，輕鬆的享受閱讀。

閱讀角落(一)

閱讀角落(二)

(二) 展示圖畫書

接著，教師將圖畫書放置在畫架上（畫架是一個非常實用的閱讀輔助道具，它可以依據小朋友的年齡來調整高度，讓小朋友比較能清楚的看到圖畫書內容），然後與小朋友進行閱讀圖畫書內容的活動。

教師除了利用閱讀角落展示圖書外，也可以使用教室的視聽設備，讓小朋友從大銀幕欣賞圖書，增加閱讀的樂趣。不過，建議教師「節制」使用單槍放映圖畫書，避免小朋友過度依賴大銀幕，失去對圖書本身的親和力。

利用大銀幕欣賞圖書

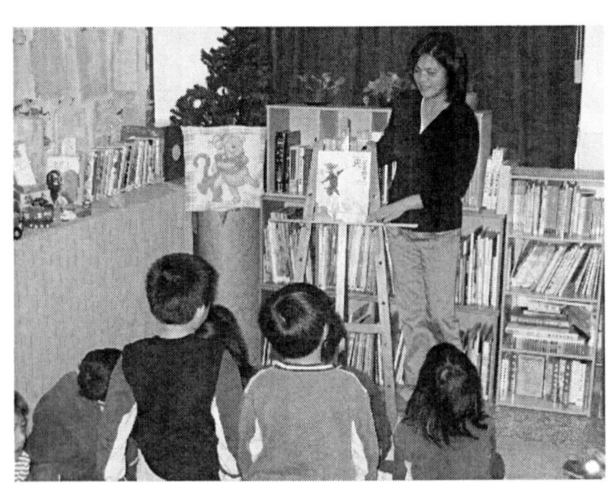

教師將圖畫書展示在畫架上

(三) 圖畫書基本資料介紹

教師將圖畫書名稱、作者、插畫者或譯者的姓名告知小朋友，使小朋友得到一般性的概念。若有熟悉作者出現，教師亦可與小朋友做舊經驗的銜接，協助小朋友掌握每一個作家的特色。

(四) 教師進行閱讀圖畫書活動

此一步驟教師可運用的方式有下列五種，教師可有計畫的將這五種方式交替運用（例如：一個月一種方式），藉此培養小朋友不同的能力。

1. 方法一：閱讀圖畫書文字 → 欣賞圖畫書插畫。

閱讀文字 → 欣賞插畫

教師先將圖畫書內容從頭至尾讀出來（低年級由教師閱讀，中高年級可由教師閱讀或指定小朋友閱讀），再一頁頁展示插畫。這個先「聽」後「看」的過程可以培養小朋友的傾聽能力和想像力。一般而言，人際間的互動大都是透過「聽」的能力，此一步驟正可培養小朋友「有聽有到，聽而有感」的能力。此外，透過傾聽圖畫書內容的理解力，再將文字轉化成畫面的過程，小朋友的想像能力可因此而被培養出來。

2. 方法二：欣賞圖畫書插畫 → 閱讀圖畫書文字。

欣賞插畫 → 閱讀文字

教師先展示圖畫書插畫內容（從頭到尾），再閱讀文字內容，此一步驟目的在於培養小朋友的觀察能力和想像能力。日常生活中，我們的環境隨時在變遷，人們的表情、態度也千變萬化，這些變化豐富我們的生活，也豐富了我們的生命。透過圖畫書的種種插畫風格、技巧，小朋友在教師技巧的引導下，試著從插畫背景的細節、顏色，角色的表情、動作去揣摩故事的內容。此一賞析插畫步驟，除了豐富小朋友想像能力外，接下來閱讀文字內容步驟，使小朋友的觀察能力透過文字的詮釋而被肯定、確認。所以，這種敏銳觀察力的獲得，可以幫助小朋友在任何生活情境下，都能「身」在其中、「心」在其間，用感官解讀所處的生活環境。

3. 方法三：圖文一起欣賞。

圖畫書的文字與插畫一起呈現，教師將圖畫書打開放在畫架上，調整（或協調）小朋友座位，盡量讓坐在每一個角度的小朋友，都能看到圖畫書的插畫。接著，教師一邊閱讀圖畫書內容，一邊展示插畫。對於中高年級的教師而言，假設班上有閱讀能力很強的小朋友，教師可請他們來閱讀內容，自己則擔任翻閱書頁或處理偶發事件的角色

（如：小朋友站起來擋在前面、小朋友喊看不見……）。此一圖文共賞的優點是：小朋友一邊觀賞插畫，一邊傾聽閱讀者的聲音，比較容易專心，也比較容易了解圖畫書的內容（Harp & Brewer, 1996）。換句話說，這一種文字內容、插圖同時呈現的閱讀方法，可以培養小朋友統整的能力，也可以提高小朋友閱讀圖畫書的興趣。另外，圖像與文字都是記錄人類各項生活的工具之一，小朋友若能明瞭其間的相容性與差異性，自可培養本身對不同環境中人、事、物的詮釋方法與能力，有智慧的與人或環境做溝通。

圖文一起欣賞(一)

圖文一起欣賞(二)

4. 方法四：以說故事方式再轉化其他閱讀方式。

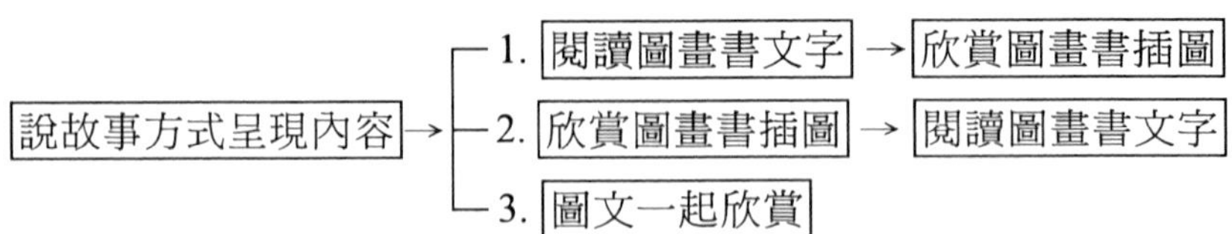

教師先以說故事方式呈現圖畫書內容，接下來再從 1、2、3 三種方法中（前面已說明過），任選一種方式進行閱讀活動。此一方法可以讓小朋友了解口語與文字表達方法的差別性外，也可以培養小朋友表達與敘寫的能力。此一閱讀圖畫書的方法最適合用於注意力無法持久或是年紀小的小朋友吸引他們進入閱讀的世界。

5. 方法五：以錄音（影）帶方式呈現圖畫書內容再轉化其他閱讀方式。

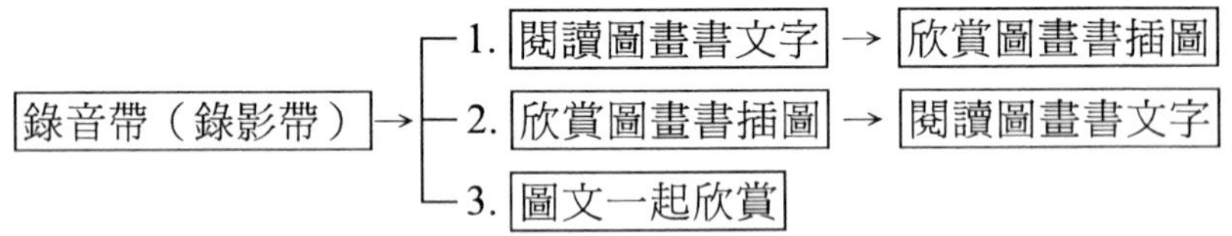

教師以錄音帶或錄影帶方式呈現故事內容，再從前面所提三種方式（1、2、3）擇一進行閱讀活動，培養小朋友認識文學內容的多元呈現方式。當今科技的進步帶給人類生活上的便利，也帶給教學上相當多的輔助工具。為了滿足不同需求的小朋友（視覺型、聽覺型……），也為了刺激小朋友不同潛能的啟發，錄音帶、錄影帶、VCD、DVD 都是很實用的教學媒體，讓小朋友享受感官的刺激。但是，建議教師勿過度使用媒體刺激，因為小朋友一旦過度依賴聲光效果後，將無法回歸欣賞文字、插圖之美的能力與耐心。

三、賞析活動

教師進行圖畫書內容與插畫初步導覽之後，接下來再與小朋友做插畫與內容的進一步賞析，例如：生動詞句的加強閱讀、內容語詞的解釋、插畫表現手法的解析、文字與插畫之間的相互關係、印象最深刻的文字敘述、最喜愛的插畫等活動，讓小朋友在閱讀一本圖畫書之時，能夠進一步的了解圖畫書內容的整體性。

四、討論活動

閱讀與賞析之後，教師便可進入圖畫書教學重心部分——討論活動。藉著教師的提問（前一章已討論過，本章不再贅述），小朋友可以了解圖畫書主題，並將主題所呈現的觀念、態度作為培養自己生活能力、建立道德價值觀的一種參考。此一步驟的活動也是培養小朋友建立人際關係、溝通、發表能力的一個最佳時刻。因為，藉著討論活動的遊戲規則，例如：不評估別人的意見、不做人身攻擊、時刻以「我認為……」「我的想法是……」「我覺得……」作為發言的開頭，與同伴、教師做建設性的討論分享，達到享受討論閱讀的樂趣。此外，藉著這種良性的討論時刻，小朋友有機會從各種角度看事件，突破自己生長背景、教養習慣的單一層面，讓小朋友對於日常生活所面對的人、事、物多一份寬容，多一份圓融，也多一份理性與智慧。

討論活動是提供小朋友培養深度閱讀的機會，也是文學作品主題價值存在的理由之一，因為它所呈現的理想境界是與人有關、與生活有關，所以，教師必須善用提問技巧，讓小朋友的閱讀有深度、有生命力。然而，在目前學校教學情境中，教師如何突破人數的限制，提供小朋友一個有效的討論活動呢？以下的方法可以提供給教師做一個參考。

(一) 師生討論

教師提出問題，小朋友自由發表意見，這個方式的優點是小朋友彼此刺激想像空間，雖然可能會造成某些小朋友成為發言的中心，但是對於從來不願思考的小朋友而言，未嘗不是一個刺激想像的機會。為了培養每一個小朋友都有表達意見的權利與義務，教師可以事先發給小朋友一張資料卡，然後從三個層次問題中，挑選一些關鍵性的問題提問（例如：解決問題的方法？解決問題的想法？……），讓小朋友寫下自己的想法，待所有的題目都提問完後，教師收回資料卡，然後請少數小朋友分享自己的想法（自願者），作為討論的總結活動。這樣的方法雖然不能讓每一個小朋友都有發表的機會，但小朋友至少已用文字表達個人想法了。

小朋友踴躍提出想法

(二) 小組討論

這是一個在大班教學情境中，可以兼顧時間上與培養小朋友發表能力考量因素下，一個理想可行的方法。教師將事先擬好的問題寫在黑板上，或是給每一組小朋友一張題目單，問題的來源可從第三章所述三個層次中擷取，教師教學的重點若是想讓小朋友了解圖畫書內容，可以從第一或第二層次問題中擷取，若是想讓小朋友尋找寫作的靈感或題材，則可以從第三層的問題中擷取。教師提示問題之後，接下來最重要的是告知小朋友討論的規則，例如：

1. 討論時間：告知小朋友討論時間的範圍，小朋友才能在規定時間內做有效的討論。
2. 發言權利與義務：告知每一個小朋友，他們必須發表自己的意見，也必須尊重別人的發言權，如此的討論方式才能達到小組討論的目的。
3. 統整與協調：告知小朋友，他們必須輪流擔任小組長，在討論結束之前，將組員的意見做一番協調、統整，作為小組討論的結果。
4. 發表方式：教師事先告知討論結果發表方式，若是由組員之一代表發言，小組必須協調由誰代表發言。若是整組組員必須一起上台發表，小組成員必須在上台發表之前演練發表方式。

在教師整學期課程規劃中，為了培養小朋友發表的能力或小組討論應有的態度，教師可以安排適當的機會，讓小朋友多多練習小組討論的模式。

第五章　圖畫書於寫作教學的靈活運用

對一般小朋友而言，寫作是一件很辛苦又很沒有成就感的工作，一則沒有靈感，二則沒有方法，加上學校課程時間的限制、師資養成過程的不足，寫作成了應付、交差的工作，也成了小朋友不愛（寫）、老師不喜（改）的工作。

其實，針對寫作的兩大方向——內容和技巧而言，技巧方面算是比較容易讓小朋友學習的，因為它有一定的模式、公式，只要教師不厭其煩的一教再教，小朋友很認命的一練再練，寫作技巧的獲得並非一件難事。所以，真正讓小朋友覺得困難，有挫折感且無從下筆的是作文的內容部分。套句小朋友常說的話：「要寫什麼？」「爸媽又不常帶我去玩，我要寫什麼？」「接下來怎麼寫？」「然後呢？」……諸如此類的問題層出不窮，弄得小朋友愁眉苦臉，老師、家長疲於應對。

作文的內容到底要寫些什麼呢？記敘文——寫日常生活中的所見、所聞，或是敘述一些現象；抒情文——寫自身在生活中得到的感動，或表達對人、事、物的特殊情懷；論說文——寫本身對某種觀念的見解、評論或闡述某種觀念對人類社會的影響。綜觀這三種基本的文體，可以歸納一個基本原則，那就是作文的內容與生活經驗有著密切的關係。生活經驗？小朋友天天生活，怎麼會沒有經驗呢？嚴格說來，大部分的小朋友雖然物質生活無所匱乏，但精神層面卻諸多缺乏，因為身處在忙碌、聲光媒體充斥、學業壓力大的現今環境中，小朋友無暇體驗真實的生活，更沒有太多的機會與閒情對周遭的人、事、物付出關心而獲得感動，所以他們沒有靈感寫作文，不知如何下筆。再者，有些父母親雖想製造機會，讓小朋友體驗各種不同的生活，但礙於現實生活眾多因素的影響下，常常心有餘而力不足，小朋友也因此無法洞悉生活的全貌，缺乏信手拈來的靈感。

為此，一本本精采的圖畫書是充實小朋友精神層面、生活經驗的補充包，隨時隨地給予補充。假設此一精神食糧能不斷的累積、焠鍊，假以時日，或多或少，我們都可以在小朋友身上找到經營的痕跡。所以，教師只要協助小朋友，將他們在閱讀、討論所得到的感動、想法，做有系統的整理、歸納，具體化成寫作大綱，然後再引導小朋友運用寫作技巧將感動、想法以文字表達出來，一篇篇完整、真實、有生命的作文就指日可待了。這種透過閱讀、討論再寫作的經驗，如果能不斷的累積、練習，小朋友除了享受閱讀，從閱讀中建立自我的價值觀，培養與同儕間的溝通、表達能力外，更能將閱讀、討論所得到的靈感，信心十足且言之有物的以文字方式呈現。如此的教學循環過程，相信可以帶給教師和小朋友雙方愉快的學習經驗。

第一節　圖畫書主題示範教學

接下來，我將以圖畫書主題方式舉例示範整個教學過程，包括：(1)圖畫書內容提要與選擇此書的想法；(2)掌握圖畫書主題的三個層次提問；(3)寫作大綱索引與題目的擬定；(4)作文示例。希望藉著此部分的完整呈現，與教師分享利用圖畫書教學的方法，也希望激起更多對圖畫書擁有熱情的教師參與其中。

一、圖畫書內容提要與選擇此書的想法

(一) 圖畫書名稱

《銀河玩具島》是一本與小朋友生活經驗很貼近的圖畫書，適合運用在低年級的教學中。

圖畫書：銀河玩具島

(二) 內容提要

巴比是個非常幸福的小孩，他擁有很多玩具，這些玩具的數量、價值都不是一般小孩所能比擬的，也因此造成巴比任性、驕縱的特質。有一次，他利用玩具玩遊戲的過程中，因為不滿意玩具小錫兵的表現，一氣之下把小錫兵的腿砍斷了。當天晚上，巴比在朦朧睡意中，發現小錫兵帶著家裡受傷的玩具從窗口出去。巴比好奇的跟著那些玩具，搭乘火車出發。最後火車來到一座叫做銀河玩具島的島嶼，一座專門為所有受傷的玩具而存在的島嶼。所有受傷的玩具只要來到這個島上，就會恢復到跟新的一樣好。此外，當這些玩具被修好以後，它們擁有主導權可以選擇新的主人，跟新的主人回家，也可以繼續留在島上。至於島上的小孩呢？他們在每個月月圓的時候，必須被送到銀河玩具店，讓玩具選為新的主人，沒有被選中的小孩，必須回到銀河玩具醫院，繼續學習修理玩具的技巧，直到有玩具選擇他當新的主人才能回家。

一段時間後，因為沒有玩具願意選擇他當新主人，巴比只好留在島上。有一天，有個沒有人修得好的玩具送到巴比手中，巴比一看正是獨腳的小錫兵，他內心百感交集，全心全意想修復小錫兵的腳。最後，他終於把小錫兵的腳修復。小錫兵的腳被修復後的第一個月圓時候，他與巴比在銀河玩具島碰面了。小錫兵會選擇新的主人？還是再次選巴比當他的主人？故事的最後有著圓滿的結局。

(三) 選擇此本圖畫書動機

這是一本非常感人且富創意的圖畫書，故事的題材與小朋友的生活息息相關，所以很能引起小朋友的共鳴。藉著此本圖畫書的閱讀、討論，筆者希望小朋友能感受到玩具與他們一樣，有著一份生命，也需要被尊重、愛護。另外，筆者也希望小朋友體會真誠的悔過是可以被原諒的。

二、掌握圖畫書主題的三個層次提問

(一) 第一層次（了解圖畫書中角色的想法）

1. 巴比為什麼喜歡玩攻打的遊戲？
2. 玩具兵團已經盡力了，巴比為何還要生氣？
3. 巴比為什麼想坐上星光號的火車？
4. 貨架上，哪一個小朋友是巴比？你怎麼知道？
5. 醫院為什麼需要裝填科？縫補科？機械科？電腦科？
6. 小兵為什麼還要選巴比當主人？
7. 小兵繼續選擇巴比當主人，巴比心中的感受是什麼？
8. 你覺得巴比真心改過了嗎？為什麼？

(二) 第二層次（將自己投置故事中去體會真實情況）

1. 如果你是巴比，你會坐上銀河星光號嗎？
2. 如果你是巴比，沒有玩具要選你，你的感覺是什麼？為什麼？
3. 如果你是巴比，看見小兵在你的手上時，心中的感覺是什麼？
4. 如果你是小兵，你會做什麼樣的選擇？
5. 如果你是巴比，看見小兵願意再選你當主人，心中有何感想？

(三) 第三層次（生活中與主題相關事件的聯想）

1. 你有哪些玩具？其中你最喜歡哪一個玩具？
2. 你平常什麼時候玩玩具？跟誰玩？
3. 玩具帶給你什麼樣的感覺與樂趣？

4. 玩過玩具之後，如何收拾玩具？

5. 已經不適合你年齡層玩的玩具，你要如何處理？

6. 玩具如果被破壞了，你的心情如何？如何修補？

三、寫作大綱索引與題目的擬定

(一) 寫作大綱

1. 你最喜歡的玩具是什麼？
2. 這個玩具怎麼來的？
3. 這個玩具的特色？
4. 玩玩具的樂趣？
5. 如何照顧、收拾玩具？
6. 對玩具的想法或期望？

(二) 寫作題目

1. 我最喜歡的玩具
2. 玩具總動員
3. 玩具王國

四、作文示例：「我的玩具」（見附錄六）

從上述的內容與示例，小朋友大概可以掌握寫作的內容，如果教師可以隨時引導小朋友，或是製造機會給小朋友練習，小朋友藉由經驗的累積，假以時日一定不再視寫作為畏途，雖然不一定每個小朋友都成為寫作高手，但是至少能表達內心的想法。

接下來的內容將回歸到寫作的機械層面，就是前面所提到的寫作技巧。寫作技巧千變萬化，實非簡短一、兩個章節所能涵蓋。所以本書只從一個作文的整體架構來著手討論。換句話說，教師可以利用圖畫書來引導小朋友學習一篇文章的基本架構，而一篇文章的基本架構涵蓋哪些因素呢？其實就是所謂的文學基本要素：角色、情節、時空背景、主題等要素。

第二節　文學基本要素教學應用

構成圖畫書的文學基本要素（角色、時空背景、情節、主題、寫作觀點）讓圖畫書雋永、膾炙人口，深深烙印在讀者心中，甚至影響讀者的思維與人生的重要性，在本書第二章已有詳細的介紹，所以本章不再重複敘述。既然這些文學基本要素如此重要，身為教師，如果希望小朋友在欣賞、了解這些文學要素之餘，也能將這些要素運用在他們日常的寫作上，閱讀圖畫書的影響就更具實用性了。反之，當小朋友學習如何將這些要素運用在寫作上時，他們也能更深刻的體會作家在創造作品時所付出的心力與巧思。這兩種不同層面的認知，可謂相輔相成，互相映照，而且帶給小朋友完整的學習觀點。

然而，對於小學生而言，要求他們如同文學作家一般，熟練的塑造角色、建構情節、營造時空背景、選擇寫作觀點，並使作品蘊含主題，實非一件容易的事。教師若是將重心放在「培養」一個作家，勢必面臨專業及時間因素的挑戰，因為一則小朋友的生活經驗、人生歷練不足，二則教師本身的學養或許不足以承擔此一工作，加上學校教學課程進度的考量，這份「培養」作家的使命，恐怕會鎩羽而歸，或是事倍功半。基於上述因素的考量點，教師所應掌握的大原則就是：

教導小朋友確切掌握一篇文章所需具備的基本架構即可。換句話說，引導小朋友將人（角色）、時（時間）、地（地點）、事（事件）、物（物品）有系統的、有目的的放入一篇作文中，就算達到運用文學基本要素的基礎點了。所以，應運這樣的一個理念，接下來的內容，將逐步介紹如何運用圖畫書漸近式的引導小朋友學習文章的基本架構，希望藉此教學活動，教師教學能得心應手，小朋友也能掌握如何寫一篇作文的「具體」概念。

一、選擇適合教學的圖畫書條件

(一) 適合小朋友的年齡層

大體言之，建議教師在小朋友二年級上學期時，進行此一教學活動，因為小朋友在二年級時，已經有一些「文章」的概念，這個概念無論是從提早寫作，或是從閱讀經驗而來，他們都已經具備正式學習文章基本架構的能力了。然而，如何運用二年級小朋友所具備的基本認知，引導他們再做更進一步的學習，使他們成為一位成熟的「讀者」或「作者」是教師所需考量的因素。所以，在進行此一教學活動時，教師必須考慮到小朋友的閱讀程度，才能讓教學順利進行，因為一本難度很高（超越小朋友平均閱讀程度）的圖畫書，會造成教學目的轉移。

(二) 圖畫書內容富故事性

此一教學的目的是培養小朋友具有架構一篇文章的基本能力，換句話說，教師希望藉活動培養小朋友具有寫一篇有頭有尾作文的能力，所以使用的圖畫書內容最好是故事性強的圖畫書，例如：童話故事、民間故事、簡單主題（同儕間的友愛、與動物相處的經驗、手足之間的尊重相愛等）的故事，都是很好的教材，小朋友可以輕易的掌握內容，否則教師必須花費很多時間，引導小朋友了解圖畫書內容，相對地，教學的重心就被轉移了。

(三) 圖畫書內容必須具備文學基本要素

一般而言，每一本圖畫書當然都具備文學基本要素，然而針對此一教學目的，教師適合挑選情節明朗（一個事件接一個事件）、角色在三至五人之間、主題簡單明確，符合小朋友認知程度、時空背景明顯，而且不是單一時空背景（只在同一個地點與時間）的圖畫書。所以，凡是具備上述條件的圖畫書，教師都可以用來進行此一教學活動。

二、教學前的準備

(一) 教師詳讀圖畫書

教學前的備課是每一位教師都需要做的工作，所以，教師必須事先仔細閱讀圖畫書，並挑選教學活動所需要的詞彙，再將每一個詞彙做成詞卡。因此，教師熟讀圖畫書內容之後，從中挑選符合角色、時間、地點、事件、物品等五項寫作內容要素的詞彙。這些詞彙都必須從圖畫書內容中擷取，小朋友才有能力進行下列的教學活動。若以前面章節中所使用的圖畫書《喬爺爺的花園》舉例來說，「角色」可以為：喬爺爺、小雛菊、夜鶯、隔壁花園主人等。「時間」可以為：每天早上、第二天清晨、夜晚等。「地點」可為：喬爺爺的花園、老榕樹下、長板凳上、隔壁花園、雜草堆等。「事件」可為：澆水、唱歌、休息、爬上牆頭等。「物品」可為：長板凳、老榕樹等。教師在進行此一活動的準備工作時，除了挑選適合的詞彙做成詞卡外，也需注意到五項詞卡的總合。一般而言，角色、地點、時間、事件、物品五項詞卡的總合最好在三十張左右，因為這樣的數目，一則可以配合班級小朋友的人數（理想中，進行此一活動時，每一位小朋友最好可以擁有一張詞卡），二則可以讓教學活動進行時間適中，讓小朋友永遠保持熱中狀態。

(二) 製作詞卡

延續教師之前的準備工作，教師將選擇好的詞彙做成詞卡，每一個詞彙一張詞卡。教師製作詞卡時，可以用現成的資料卡（3寸×4寸）寫上詞彙，或是用電腦列印詞彙再製成詞卡。三十張左右詞卡製作完成時，教師需要在詞卡的正、反兩面貼上磁鐵，以便利教學進行。教師在詞卡兩面貼上磁鐵後，再將三十張左右的詞卡按照圖畫書內容的先後，一一排出順序並在詞卡背後編號，作為教師進行活動時的提示。

(三) 演練教學步驟

任何一個成功的教學活動（尤其是第一次進行），教師事前充分的演練，將是教學成功的保證。教師演練時，可以先將詞卡按照編號順序排列在黑板上（背面朝上），然後教師一邊說故事，一邊將詞卡翻到正面，如果教師熟記詞卡的內容與順序，這個演練工作會進行得很順暢，正式教學時便能輕易呈現教學目的。一般而言，教師大概需要演練二至三次，才能順暢的進行一邊說故事，一邊翻詞卡的動作，而且前後銜接得非常順暢（教學小秘訣：教師可將詞卡內容寫在詞卡背面，作為提示）。

(四) 準備獎勵品

為了教學進行順暢且緊張刺激，教師可以準備小貼紙獎卡作為激勵小朋友搶答的誘因（獎勵品可因時制宜，沒有一定的限制），整個學習活動會比較熱鬧且容易達到基本的效果。

三、教學活動進行步驟

(一) 閱讀圖畫書

教師與小朋友一起進行閱讀活動，建議教師在進行此一教學活動時，最好採用一邊閱讀內容，一邊欣賞插畫的方式，也就是圖文一起進行的閱讀活動，以便加速小朋友對故事內容了解的速度。閱讀活動完畢後，教師可以簡單的與小朋友討論圖畫書的主題，讓小朋友更深入的了解圖畫書內容。假如教師按照本章前面所提到選擇圖畫書的條件，選擇此一教學活動所需的圖畫書，教師便可以輕易的與小朋友進行討論工作。此一活動約需要三十至四十分鐘，便可以完整的結束。

閱讀圖畫書：圖文一起進行

(二) 準備活動

為了節省教學時間，也為了給小朋友一個驚喜的感覺，教師可以利用下課時間，將所有的詞卡（背面朝上）按照故事內容順序排列在黑板上。理想中，每個詞卡單獨放一排，由左到右或是由右到左依序排列。此外，教師亦可將獎勵品準備妥當，上課鐘聲一響，小朋友就座以後教師便可立刻進行教學。

教學活動詞卡就緒狀態

(三) 講解活動規則

教師告訴小朋友，接下來將要進行圖畫書內容搶答活動（小朋友必須等教師停頓之後，才能舉手搶答），黑板上所有詞卡貫穿的內容，就是上一堂課所閱讀的圖畫書內容。小朋友了解規則以後，教師開始一邊說故事，一邊在重要關鍵處停頓，讓小朋友接續故事，教師停頓的關鍵處，就是碰到必須銜接詞卡內容時。教師在關鍵內容處暫停時，可以將手指向詞卡，然後選擇任何一個知道內容的小朋友回答。所以，只要小朋友知道接下去的故事內容（也就是詞卡的內容），都有機會搶答，而且他們必須先舉手才能得到搶答的機會。小朋友若是答對了，教師便可以給小朋友一張獎勵的貼紙，激勵小朋友踴躍參加搶答活動。

(四) 正式進行教學活動

教師與小朋友一起進行故事接龍活動，教師只要停在關鍵的角色、時間、地點、事件或物品上時，小朋友便有機會得到獎勵品（教學小秘訣：為了鼓勵全體小朋友融入教學活動，不要只做一個旁觀者，教師宜製造一、兩個「通通有獎」的機會，讓小朋友都有動機參與活動）。如此循序漸進，整個黑板上詞卡的內容便會一一顯示出來，小朋友也可以看到整個故事的精簡提要內容。

小朋友搶答情況

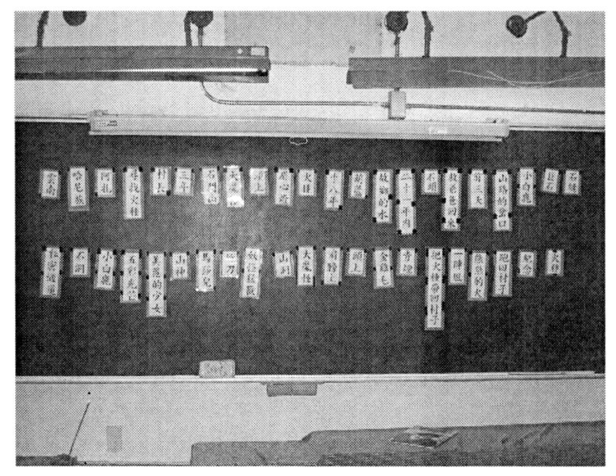

詞卡全部揭示情形

(五) 作文基本要素教學

黑板上的詞卡一一呈現內容後，接下來便是本教學活動的重心了。教師請問小朋友：「如果老師要把黑板上的詞卡分成五大堆，該怎麼分呢？有沒有小朋友要試一試？」教師提出問題後，如果有小朋友舉手，可以讓小朋友到黑板前將所有詞卡分成五大堆，小朋友分完後，教師再問：「你是根據什麼條件這麼分類呢？」此一問題的目的是希望小朋友提出分類的依據，以便了解小朋友是否掌握作文五項基本要素的分類。當然，這個分類的工作對二年級的小朋友而言，並非一件容易的工作，所以教師一方面鼓勵小朋友，一方面適時提供協助，讓教學目的順利達成。當然，教師只提出：「分成五大類……」的條件，答案可以不止一個方法，例如有的小朋友可能會依據詞卡字數分類，有的小朋友可能會依據故事前後順序分類，雖然都沒有錯，但那些分類方法都不是本活動的教學目的。所以，雖然教師可以鼓勵小朋友嘗試各種分類法，但最後還是要回歸教學目的需求（教學小秘訣：一般而言，小朋友上台作答的習慣，都是先把前一個小朋友的答案打散，然後再依照自己的答案排列。這樣的習慣可能會影響活動的進行時間，所以若是已經有兩、三位小朋友嘗試過分類，但是教學目的並沒有呈現出來，教師可以告知小朋友黑板上有哪些類別已經正確，接下來的小朋友只需將其他尚未分類的詞卡分類即可。教師進行如此的協助，除了精簡活動時間以外，也激勵小朋友一直保有解決問題的信心）。

詞卡分類教學活動

教師引導小朋友將詞卡分成五類之後，接下來便把事先製作的「角色」、「時間」、「地點」、「事件」、「物品」五張詞卡放在五大類詞卡的上面，然後一一講解這五大類的區別與重要性，例如「角色」就是故事中的人或動物或其他的東西。「地點」就是故事中角色發生故事的地方。「時間」就是故事中事情發生的時候。「事件」就是故事中角色在某一個地方所做的事情，或是遇到的事情。「物品」就是故事中所用到、看到或者提到的東西。由於這些「角色」、「地點」、「時間」、「事件」、「物品」的穿插進行，故事內容便可以呈現出來。教師講解完之後，可以將各類詞卡中的每一張詞卡簡要說明一次，以加強小朋友對作文五個基本要素的認識與了解。

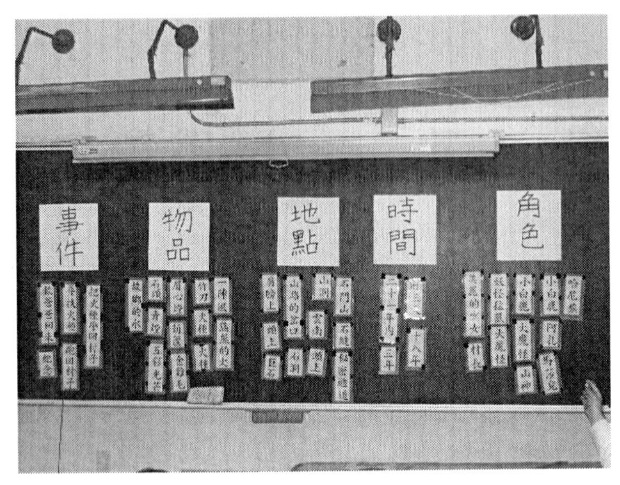

詞卡歸類講解

四、文學基本要素教學活動的延伸活動

小朋友對作文寫作要素具有基本概念之後，教師可以藉此延伸許多活動，一步步加強小朋友對句子、形容詞、敘述方式、篇章結構有著更進一步的概念。

(一) 基本句型造句

教師將「角色」、「時間」、「地點」、「事件」四張詞卡由左到右，或是由右到左，分行排列在黑板上方後，再進行延伸活動教學。首先，教師（說出來）示範一個簡單的句子，例如：李凱國昨天晚上在麥當勞吃漢堡。教師說完句子之後，接著把李凱國寫在「角色」的詞卡下面，把昨天晚上寫在「時間」詞卡下面，把麥當勞寫在「地點」詞卡下面，把吃漢堡寫在「事件」詞卡下面。接著，教師請幾位小朋友也說出同樣類型的句子，教師再分別把他們說的句子中的作文要素，如同自己示範的句子一樣，分別寫在各個詞卡下面，讓小朋友看見更多的實例，以增加對活動的了解。這樣一個延伸活動的目的是讓小朋友知道他們在日常生活中說的句子，其實都可以包含作文基本要素。

接下來，教師可以將上述四張詞卡排列順序變化後，再讓小朋友練習基本句型造句。換句話說，句型必須按照「時間」、「角色」、「地點」、「事件」來排列，例如：每天早上校長都會在操場上撿紙屑。同樣地，教師將每天早上寫在「時間」詞卡下面，將校長寫在「角色」詞卡下面，將操場寫在「地點」詞卡下面，將撿紙屑寫在「事件」詞卡下面，教師示範講解句型順序後，再讓小朋友舉手造句。其次，教師亦可再將詞卡順序變化成「地點」、「時間」、「角色」、「事件」，那麼句子就會變成：學校的操場上，每天早上都有阿公、阿嬤在運動。以這個句子來說，教師將學校的操場寫在「地點」詞卡下面，將每天早上寫在「時間」詞卡下面，將阿公、阿嬤寫在「角色」詞卡下面，將運動寫在「事件」詞卡下面。然後，教師再請小朋友練習此一句型順序的造句。

這樣一個基本句型練習，看似簡單平凡，但是整個教學活動所要達到的目的有二：一則讓小朋友體會到日常生活中的許多對話，其實就具備作文的基本要素。二則讓小朋友明瞭，每一篇作文（或造句）的開頭不一定都是從「角色」開始，例如：我今天早上要去郊外野餐。媽媽天天都去公司上班。其實也可以從「地點」、「時間」或其他方式開頭。如果小朋友能掌握這兩個要點，作文的敘寫方式（或造句）就充滿樂趣與變化了。

(二) 基本句型練習（遊戲）

小朋友完成上述練習以後，教師可以遊戲的方式，加深小朋友對作文基本要素的印象，接下來的活動將給小朋友製造另一個學習高潮，小朋友的學習興趣將會大大提高。首先，教師準備一本內容淺顯且有趣的圖畫書。接下來，教師在教室的地上（或學校的任一空地）畫下五個大腳丫，腳丫上分別寫上「角色」、「時間」、「地點」、「事件」、「物品」。第三步驟，教師將小朋友分組（每一組六人最為理想），然後分組進行比賽，看最後誰是勝利者。比賽的方法是教師閱讀圖畫書，小朋友只要聽到「角色」、「時間」、「地點」、「事

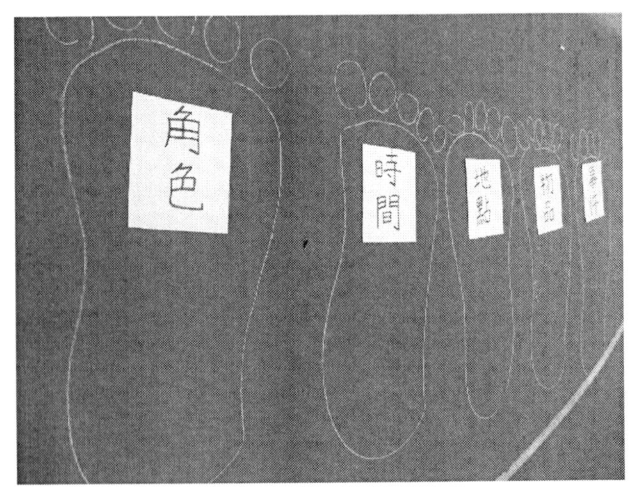

遊戲教學活動場地布置

件」、「物品」中的任何一個詞彙，他們就必須跑到所歸屬的腳丫位置上，跑錯腳丫位置的人，就必須被淘汰。進行此一活動時，教師閱讀圖書的速度必須要稍微慢一點，讓小朋友有時間思考，如此活動的意義才會顯現出來，而不會淪為亂成一團的遊戲。另外，教師在地上所畫的腳丫要大一點，小朋友進行活動時才不會撞成一團。此活動屬於上面活動的延伸活動，所以趣味性多於學習性，小朋友經過上述兩個活動後，對於一個故事的文學基本組成要素，或是一篇作文所需要的基本架構要素，已經有更深刻的概念。

(三) 基本句型加上修飾語

小朋友熟悉基本句型之後，教師可以根據此一基礎能力，培養小朋友基本修辭能力，讓他們完成的基本句子更為生動。所以，教師可以把上述活動使用的「角色」、「時間」、「地點」、「事件」詞卡再拿出來，按照順序排列在黑板上，然後教師先示範一個基本句型，並把關鍵字寫在各詞卡下面，例如：小華星期天到海水浴場游泳。教師示範過這個句子以後，請小朋友閉上眼睛花一、兩分鐘試著想像這

小朋友搶攻目標腳丫

個句子所呈現的畫面，然後教師再示範加上形容詞修飾後的句子，例如：（活潑的）小華，在一個（晴朗的）星期天到（美麗的）海水浴場（快樂的）游泳。教師完成此句子後，再一次的請小朋友閉上眼睛想像修飾過後的句子所呈現的畫面。毫無疑問的，這樣的活動可以讓小朋友透過比較，了解這兩個句子所帶來的視覺效果與感受。

教師示範過後，教師可以引導小朋友做團體練習，透過彼此的刺激，小朋友的句子一定愈來愈精采，類似下面的一些句子，例如：（兇巴巴的）媽媽一到（炎熱的）夏天便躲在（涼爽的）冷氣房裡（不停的）吹冷氣。（可愛的）兔寶寶在（寒冷的）冬天總是縮在（溫暖的）窩裡（愉快的）吃紅蘿蔔。當然，這個活動也可以如同上面第一個活動一樣，將作文要素順序變化排列，讓小朋友的形容能力更加穩固，創意來源不斷的呈現。團體練習過後，教師可以讓小朋友以學習單的方式做個別練習，或是當成回家功課。

(四) 編小小故事

基本的句型練習過後，小朋友已經準備好完成一小段文章或是一篇簡短的文章了。為了讓小朋友循序漸進，教師可先採團體練習的方式再給予個別創作機會。同樣地，教師將「角色」、「時間」、「地點」、「事件」、「物品」的詞卡依序排列在黑板上，然後與小朋友一起編故事。下面是活動進行的情形：

教師：我們來利用這些作文要素編一個故事好嗎？

學生：好啊！

教師：我們來編有關動物的故事好嗎？

學生甲：養寵物好不好？

學生乙：可是我媽媽從來不答應我養寵物。

學生丙：對啊！我媽媽也一樣，她說養寵物太麻煩了。

學生乙：我媽媽說他和爸爸都要上班，沒有時間照顧。

教師：假如你們的爸媽都不同意養寵物，那——寵物從哪裡來呢？

學生丁：從公園或學校操場撿來的。（有人提出認養流浪狗）

教師：你們什麼時候會去公園或操場呢？

學生甲：放學或是下課時。

學生己：星期六也可能啊!

教師：你怎麼知道小貓、小狗會躲在公園的哪裡呢？

學生丙：牠們會搖尾巴或是叫來叫去啊！

學生甲：有些狗很兇喔！

學生丙：很乖的狗我們就帶牠回家。

學生甲：對！然後我們把牠藏起來。

教師：藏在什麼地方呢？

學生乙：衣櫃裡。（有些人覺得狗在衣櫃裡會悶死）

學生甲：我會把牠藏在床底下。

學生丙：我會把牠藏在儲藏室。

教師：牠要吃些什麼呢？

學生丁：吃飯和菜啊！

學生戊：如果養貓就要餵牠吃魚。

學生己：如果養狗就讓牠吃肉和骨頭。

（小朋友愈說愈起勁，好像牠們已經準備養寵物了。）

教師：你們想得很周到，但是，這些食物從哪裡來呢？

小朋友甲：晚上吃飯時假裝多吃一點，然後偷偷帶到房間裡。

小朋友丙：趁媽媽不注意時，偷偷跑到廚房去拿食物。

……

教師與小朋友一來一往的討論，直到小朋友對所討論的話題有一點基本的內容為止，教師再將部分討論內容寫在「角色」、「時間」、「地點」、「事件」、「物品」詞卡下，例如：「角色」詞卡下面有我、爸爸、媽媽、小狗……；「時間」詞卡下面有放學、下課、星期六……；「地點」詞卡下面有公園、學校、廚房……；「事件」詞卡下面有養寵物、藏動物、偷藏食物……；「物品」詞卡下面有骨頭、飯、魚……。

做好上面準備工作之後，小朋友心中已經具有一些作文內容概念，此時，教師可以給小朋友一張學習單，或是資料卡、草稿紙，上面列有「角色」、「時間」、「地點」、「事件」、「物品」等項目欄，還有作文題目欄。然後告知小朋友，他們可以根據上面討論的題材再做延伸，或是按照自己的想法，重新擬定一個故事內容，但無論哪一種方式，小朋友必須先將學習單（附錄七）中的五個項目欄及作文題目欄填滿，才能開始寫作。教師待小朋友擬好內容大綱之後，開始引導小朋友如何將自己的作文要素內容寫成一篇作文。首先，教師告訴小朋友可以從「時間」項目開始下筆，例如：一個星期六下午……或是今天放學的時候……然後再將「角色」寫到內容中，例如：一個星期六的下午，爸爸帶我出去玩，我們到……或今天放學的時候，我和同學一邊聊天一邊走到……接下來，教師告知學生將他們預先擬好的項目，一一按照他們心中想好的故事內容順序寫進作文裡面，就可以成為一篇作文。最後，教師還要提醒小朋友兩件事：(1)他們所擬的作文基本要素可以重複使用，也可以再加進新的詞彙，只要合理就可以了；(2)寫作文的時候，記得將形容詞加進去，讓作文更加生動。

利用圖畫書的結構（文學基本要素）引導小朋友認識文學基本要素，再藉著延伸活動，讓小朋友利用文學基本要素寫成一篇作文，是一件相輔相成，而且有脈絡可循的教學方式，小朋友從聽到、看到故事內容，然後了解故事所組成的要素，再利用學習到的技巧寫成一篇作文，這是一件可以預期成果的教學活動。當然，小朋友的第一篇作文（故事）寫作技巧或許不是很成熟，例如情節不夠合理、角色不夠突出、結局過於草率……但是只要教師多給小朋友機會練習，小朋友成為成熟的寫作者是可以預期的。此外，若是有些小朋友與生俱來的寫作能力不足，他也學習到如何欣賞文學作品內容的能力了。

(五) 寫作範例：「小小故事」（見附錄八）

第六章　圖畫書與織網技巧

培養小朋友的寫作能力，圖畫書除了扮演豐富小朋友生活經驗、刺激各種想法外，對於寫作技巧的啟發也功不可沒。基於此一理念，圖畫書搭配織網（Webbing）技巧是一個非常有效且能培養小朋友邏輯組織能力的結合。織網是什麼呢？它是一種非常理想且用途很廣的概念組織圖，它可以幫助小朋友以「視覺」釐清各種觀念、組織資訊、建構大綱、記錄思路……簡單易學且妙用無窮。所以，利用織網技巧與圖畫書的搭配教學，可使小朋友事半功倍的做到深度閱讀圖畫書，而且增強小朋友寫作技巧的能力與深度。

一般而言，圖畫書皆由情節（plot）、角色（characterization）、

時空背景（setting）、主題（theme）等基本文學要素所組成。教師與小朋友一起閱讀圖畫書，分享彼此對書中點點滴滴的感動與想法外，若是能借助織網技巧，協助小朋友做其他語文方面的延伸學習，例如：主題的掌握、角色的塑造、時空背景的營造、故事布局的鋪陳，語文學習效果必定加深加廣。此外，一旦小朋友熟悉織網技巧概念後，不同作家間的寫作風格，同一作家不同作品的比較，同一主體不同作家的呈現方式等深層比較的能力學習，都可循序漸進的掌握與熟練。接著，將介紹利用圖畫書與織網技巧所衍生出來的角色網、修辭網、時空網、主題結構網的架構方法，最後再以《元元的發財夢》作為示範。

第一節　基本織網的架構

一、角色網

角色是文學作品中最易引起小朋友興趣的一個要素，因為每一個讀者都希望知道書中角色最後面臨的情況，也就是他或他們會有什麼樣的結局。為了讓小朋友確實掌握故事內容中角色的特質，也為了讓小朋友在閱讀、分享圖畫書作品的同時，培養出寫人物的能力，「角色網」的教學將是教師的得力助手，雖然這個過程簡易，效果卻震撼十足。首先，在深度閱讀一本圖畫書之後，教師請小朋友發表書中主要角色的名稱，然後將這些角色名稱併排在角色網的中央位置。第二步驟，教師請小朋友討論這些不同角色的人格特質（使用形容詞修飾角色）。教師在小朋友發表完後，將這些個性特質寫在每個角色之下，形成第二層次的關係網。第三步驟，請小朋友針對每一個角色的每一個特質，從故事內容中找出可以印證此特質的行為或事件，作為舉證。

詳細步驟如下：

角色網架構步驟與範例

1. 角色個性網：

   (1) 步驟：

      a. 角色名稱。

      b. 個性（用形容詞修飾）。

      c. 具體例子。

   (2) 範例：

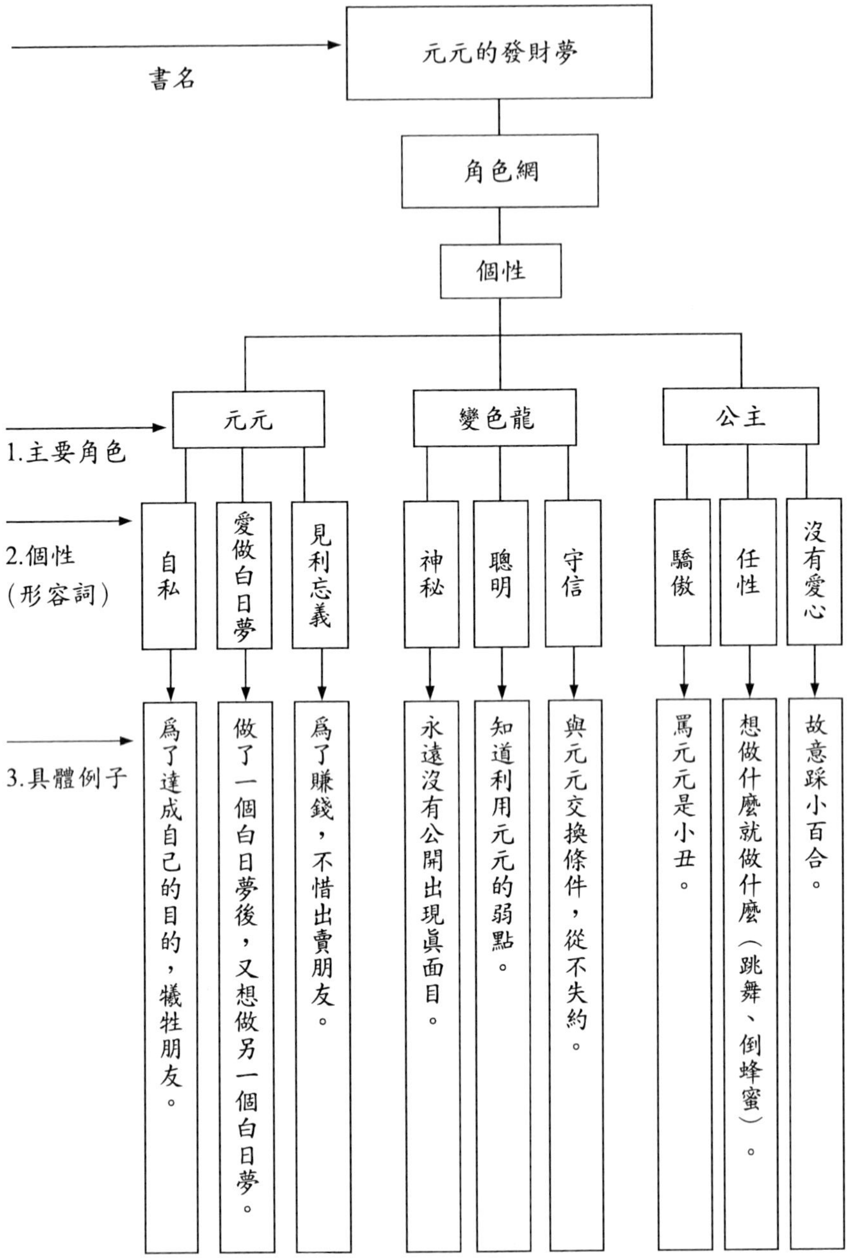

書名 → 元元的發財夢

角色網

個性

1.主要角色 → 元元、變色龍、公主

2.個性（形容詞）

3.具體例子

主要角色	個性（形容詞）	具體例子
元元	自私	爲了達成自己的目的，犧牲朋友。
元元	愛做白日夢	做了一個白日夢後，又想做另一個白日夢。
元元	見利忘義	爲了賺錢，不惜出賣朋友。
變色龍	神秘	永遠沒有公開出現眞面目。
變色龍	聰明	知道利用元元的弱點。
變色龍	守信	與元元交換條件，從不失約。
公主	驕傲	罵元元是小丑。
公主	任性	想做什麼就做什麼（跳舞、倒蜂蜜）。
公主	沒有愛心	故意踩小百合。

織網技巧——角色網（個性）

從上面示範的「角色網」，教師可以培養小朋友具體掌握圖畫書中角色的特質。換句話說，小朋友除了必須了解角色的所作所為外，也能以具體的詞彙來形容角色的特質。在「角色網」的學習過程，教師可以培養小朋友實際寫作人物時，將筆下的人物，以抽象、具體兩個層面的表達，使筆下的人物生動、逼真。

此外，教師若希望小朋友寫作人物時，內容更加充實精采，接下來的活動，可以讓小朋友筆下的人物「內」、「外」兼備。因此，教師可以在角色網中，加一項「外表」，請小朋友先寫出角色名稱，然後以形容詞來形容角色的外貌特色，最後再以具體的例子舉例說明。如此一來，小朋友筆下的人物，就具有外在和內涵了。詳細步驟如下：

2. 角色外表網：

(1) 步驟：

a. 角色名稱。

b. 外表特質（用形容詞修飾）。

c. 具體例子（用比較、比喻方法襯托）。

(2) 範例：

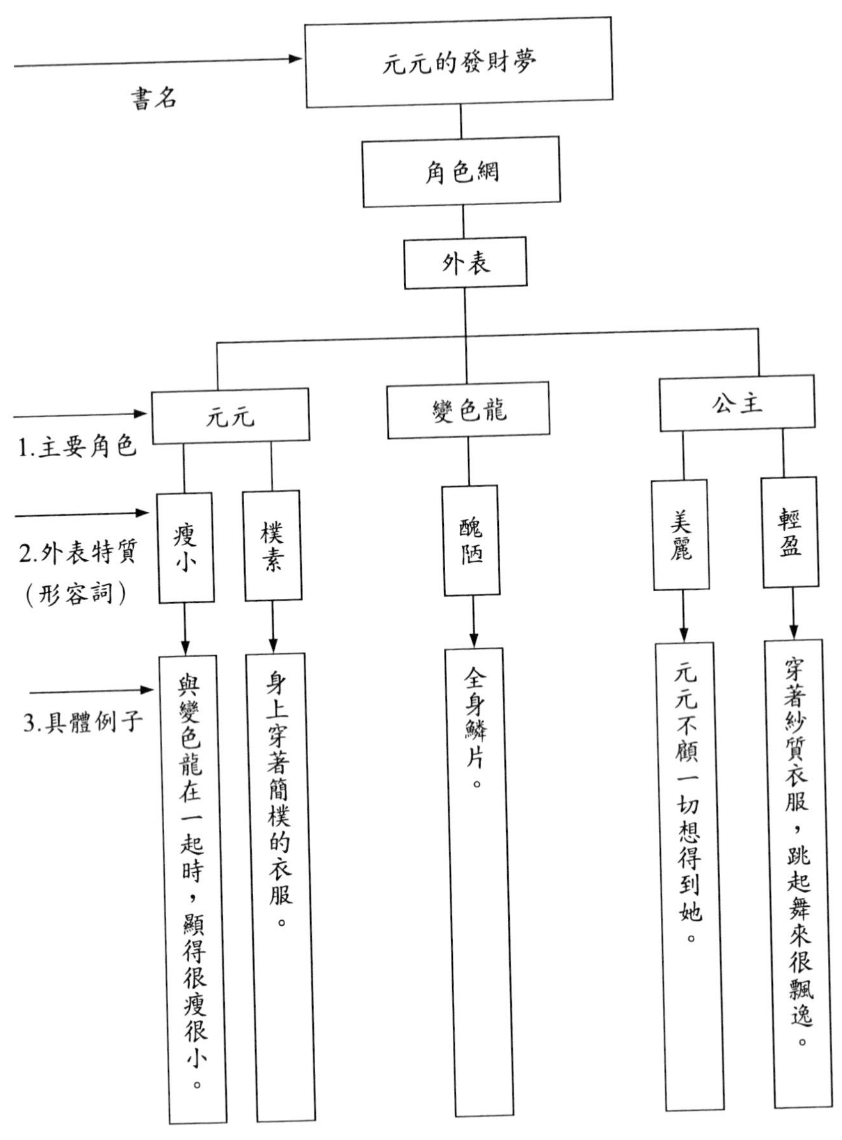

元元的發財夢
書名
角色網
外表
元元
變色龍
公主
1.主要角色
2.外表特質
（形容詞）
3.具體例子
瘦小
樸素
醜陋
美麗
輕盈
與變色龍在一起時，顯得很瘦很小。
身上穿著簡樸的衣服。
全身鱗片。
元元不顧一切想得到她。
穿著紗質衣服，跳起舞來很飄逸。

織網技巧——角色網（外表）

當然，作家筆下的人物，除了闡述個性、外表、所作所為，讓讀者了解其特質外，若能加上旁人對此角色的評論、觀點，文學作品中的角色就更多貌了。所以，我們可以將角色網的關係網擴大成三層面，即角色的個性、外表和他人觀點等三層面。

3. 角色他人觀點網：

(1) 步驟：

a. 角色名稱。

b. 想法。

c. 提供觀點者。

d. 具體實例。

(2) 範例：

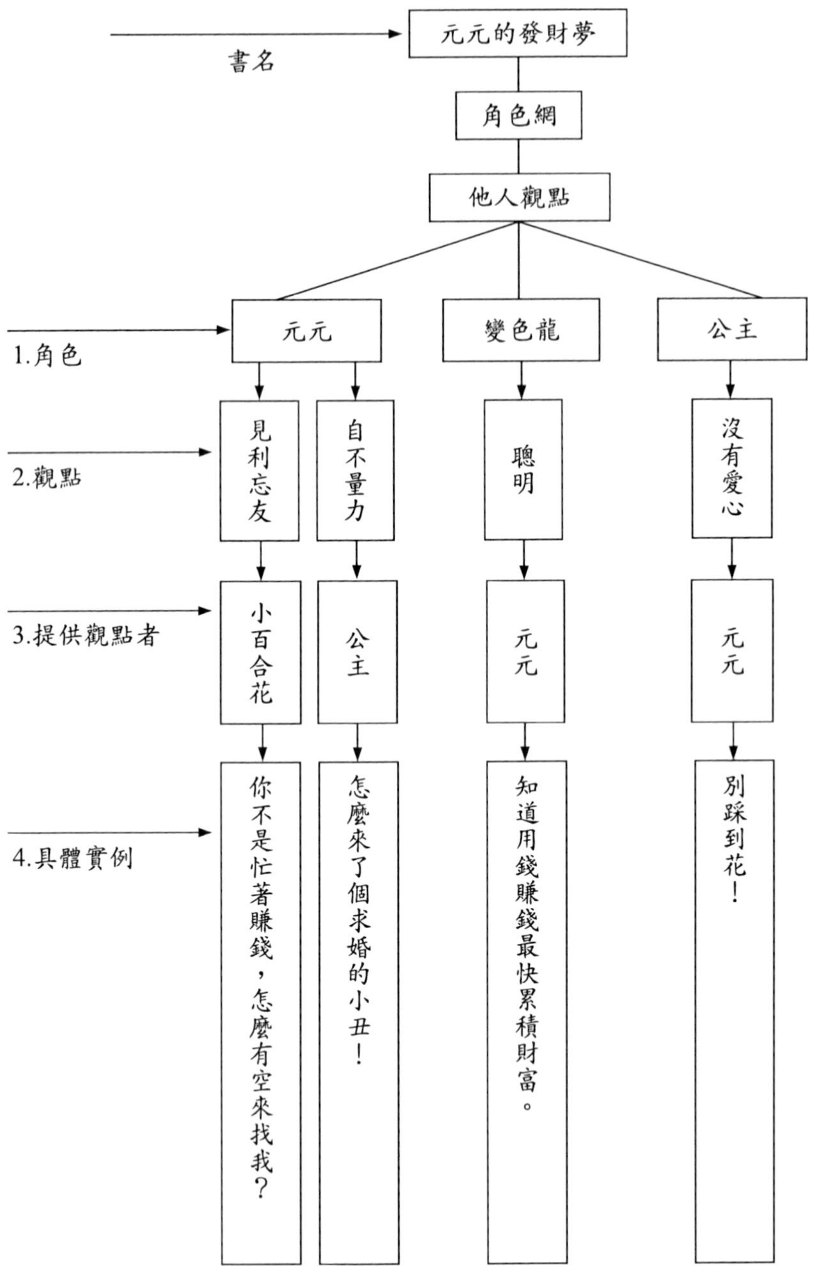
元元的發財夢
書名
角色網
他人觀點
元元
變色龍
公主
1.角色
見利忘友
自不量力
聰明
沒有愛心
2.觀點
小百合花
公主
元元
元元
3.提供觀點者
你不是忙著賺錢，怎麼有空來找我？
怎麼來了個求婚的小丑！
知道用錢賺錢最快累積財富。
別踩到花！
4.具體實例

織網技巧——角色網（他人觀點）

透過前面三個織網結構的練習與暖身，小朋友對圖畫書中的角色特質已經非常熟悉了，所以小朋友可以根據這些資訊，以文字來敘述角色特質。我們可以將這樣的方法以數學公式寫出，小朋友便能據此寫作了。詳細公式如下：

4. 角色個性網＋角色外表網＋角色他人觀點網＝描寫的人物：

(1) 步驟：

a. 參考上述三個網的資料。

b. 以文字串聯描述。

(2) 範例（片段）：

元元是一個愛做白日夢的小孩，每次放羊的時候，他總是幻想自己是一位有錢人。他的身材非常瘦小，穿著有一點破舊的衣服。他想要賺大錢娶公主，所以他犧牲了自己的好朋友。有一天，元元遇到小百合花，小百合花對他說：「你不是忙著賺錢，怎麼會有空來山上！難道你要把我摘下……」

角色網的技巧是一個非常實用的工具，教師若能引導小朋友逐步學習並多加練習，小朋友對於寫作人物必能多一分信心與效率。建議教師引導小朋友學習角色網時，除了挑選適合的圖畫書做教材外，也能利用生活上的人物做練習。然而，教師引用生活上的人物做集體練習時，應避免舉班上的小朋友做例子，否則會造成大家共同「貼標籤」的行為。

二、修辭網

一本精緻的圖畫書，內容中的優美詞句往往能帶領讀者「進入」書中的層層世界，讓讀者回味無窮。為了做深入探討，下面的內容將分為修辭的種類與修辭網的架構：

(一) 圖畫書中的修辭種類

1. 體會書中角色的心情：《美女還是老虎？》中，公主必須負起替心愛的人選擇生或死的責任，譯寫者在圖畫書內容中，對公主內心世界掙扎的描繪，絲絲入扣，讓讀者深深感受公主的嫉妒與無奈，無形中也似乎喘不過氣來。另外，《黃昏》中，當柯先生最後發現自己被騙的時候，作者以景色的變化，比喻柯先生錯綜複雜的心態，讓讀者也不禁落入一絲的落寞與錯愕。
2. 感染書中情境氣氛的張力：《我是貓也》書中，作者描述大小姐寵愛黑金（貓）的情形，還有僕人對黑金的痛恨，營造出黑金所處的地方是一個敵意四起的環境。另外，《最想聽的話》一書中，作者藉著秋天景色的描寫，將母女在公園散步的閒情逸致，以及她們之間親密的情形娓娓道來。
3. 感受書中食物的美味：《一片披薩一塊錢》書中，大熊阿比和鱷魚阿寶做蛋糕、披薩的手藝，在作者匠心獨運、不落俗套的比喻方法中，彷彿帶領讀者進入另一種吃的極盡世界。

因此，教師若能利用閱讀之後的餘溫，指導小朋友欣賞優美詞句之後，利用「修辭網」的活動，激發小朋友的想像力和創造力，小朋友寫作遣詞造句的能力將有所突破。至於，「修辭網」該如何運用？首先，教師將作為教學圖畫書中精緻的詞句如：形容詞、動詞、副詞、單位詞……挑選出來，然後讓小朋友以團體比賽或學習單的方式學習。

(二) 修辭網的架構步驟與範例

1. 步驟：

(1) 節錄圖書中優美詞句，如：動詞、形容詞、單位詞、副詞……。

(2) 替換。

(3) 相似、相反詞。

2. 範例：

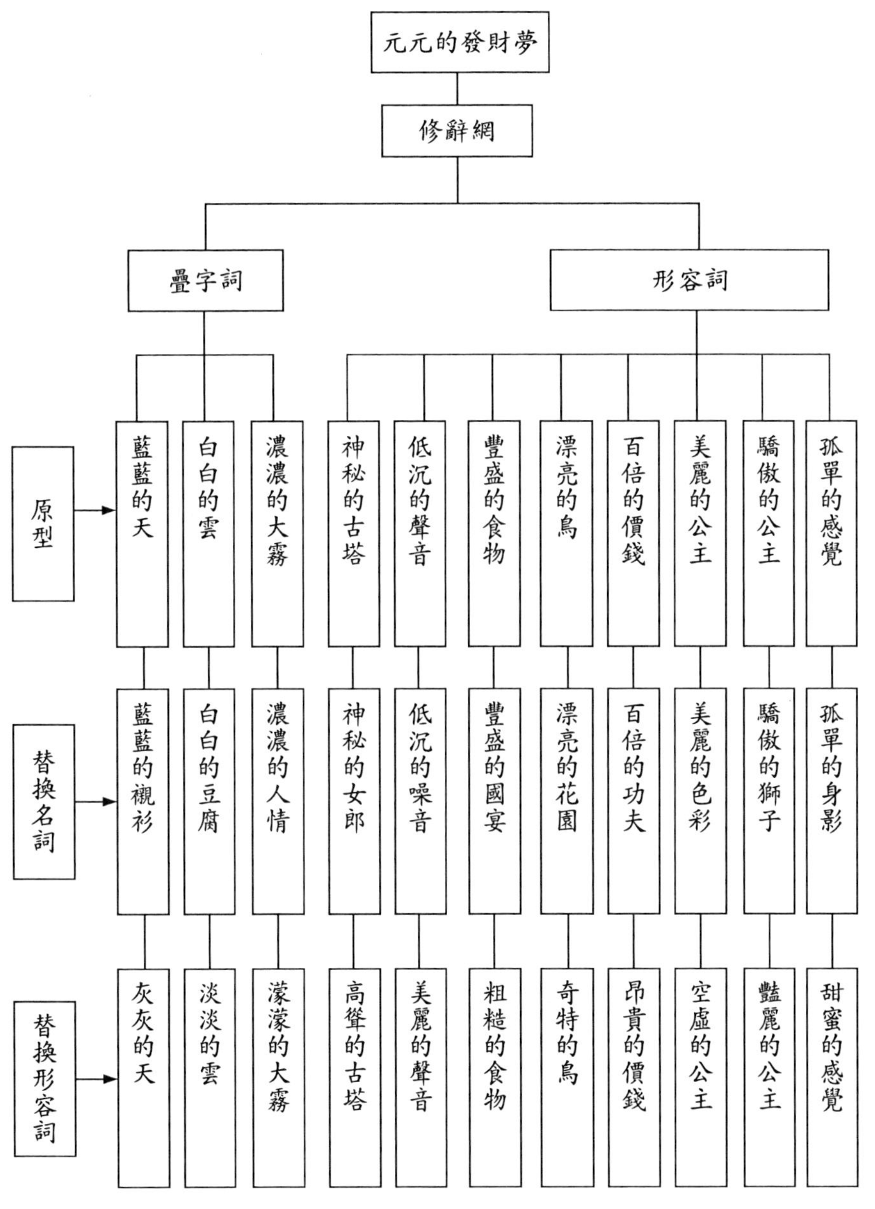

織網技巧——修辭網

(三) 修辭網延伸學習修辭

1. 利用任一組形容詞造句：例：我在濃濃的大霧中尋找媽媽的影子。
2. 任意利用兩句或三句連接造句（亦可更多）：例：在高聳的古塔中，住著一位神秘女郎，她就是傳說中驕傲的公主。
3. 創意小短文：教師可任意指定修辭網中的一些句型，請小朋友分組比賽，創造一篇小短文。

三、時空網的架構

圖畫書作品中，角色所處的環境、時代即所謂的時空背景，藉著「時空網」的練習，小朋友可以學習時間和地點在故事中出現的先後順序排列，也可以學習不同時間點的敘述方式和景色的描寫，了解時間和空間的相互關係。換句話說，時間和空間相互交錯，可以影響書中角色的所作所為，作者若是能將時空背景詳細敘述，讀者便能全面了解書中的每一個層面。例如：《小貓玫瑰》一書中，玫瑰若不是生長在保守年代（時間）中黑貓嶺上（地點），牠不會因毛色而飽受歧視、壓力而離家出走。《美女還是老虎？》書中的公主，若不是生長在封建時代（時間）的皇室家族（地點），她也不用因為愛上平民而經歷痛苦的內心掙扎。

時空網的架構

1. 步驟：

   (1) 時間——事件發生先後順序（時間點、特色）。

   (2) 地點——事件出現順序（地點、景物的特色）。

2. 範例：

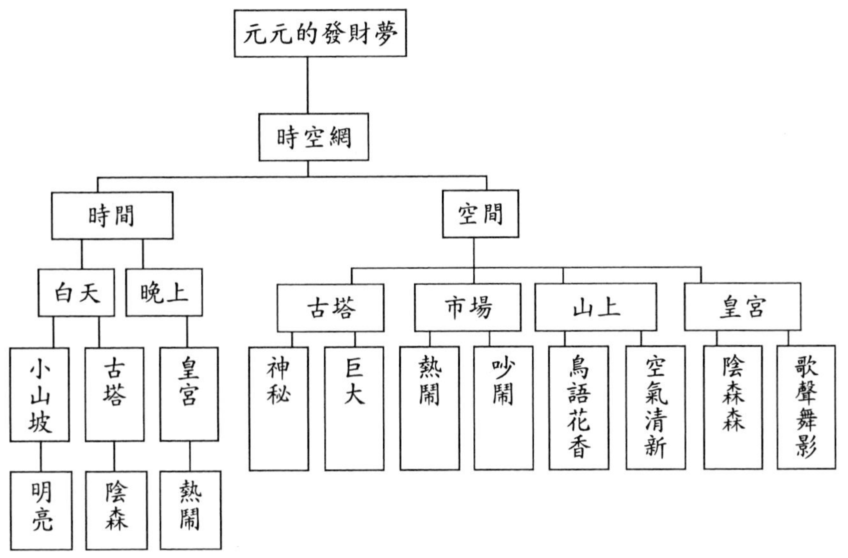

四、主題結構網

任何一圖畫書的內容，都有其基本的文學組成要素（角色、時空背景、情節、主題），這些要素之間的相互銜接、交錯，使得一個故事能夠吸引讀者，並與之產生共鳴。而在這些要素之中，主題是扮演凝聚其他要素的重心。換句話說，每一本圖畫書都有作者想傳達的主題，這個主題必須靠故事內容中的主要角色、次要角色，將他們在某些地方、某些時間點所發生的一些事件，串聯起來以襯托主題。然而，這些事件的呈現，何者先、何者後？如何穿插、排列，讓讀者能跟著書中角色一起或憂或喜，或生氣或失望……就是文學要素中所謂的情節。所以，教師在與小朋友分享一本圖畫書之後，先讓小朋友將故事的主題，寫在第一層次的核心部位，然後將凸顯此主題的大事件寫在第二層次。接著，將發生事件的主要角色寫在第三層次。然後陸續將相關人物，相關事件層層結合，成為一個主題結構網。

利用主題結構網可以培養小朋友架構主題的寫作能力，亦即撰寫大意的能力。假設教師在與小朋友分享任何一本圖畫書之後都能利用主題結構網來建構故事內容，小朋友架構文章與寫大意的能力，便能在潛移默化中養成了。

主題結構網架構步驟與範例

1. 步驟：
   - (1) 確立主題。
   - (2) 掌握襯托主題的大事件。
   - (3) 確立主要角色。
   - (4) 架構相關角色、事件。
2. 範例：

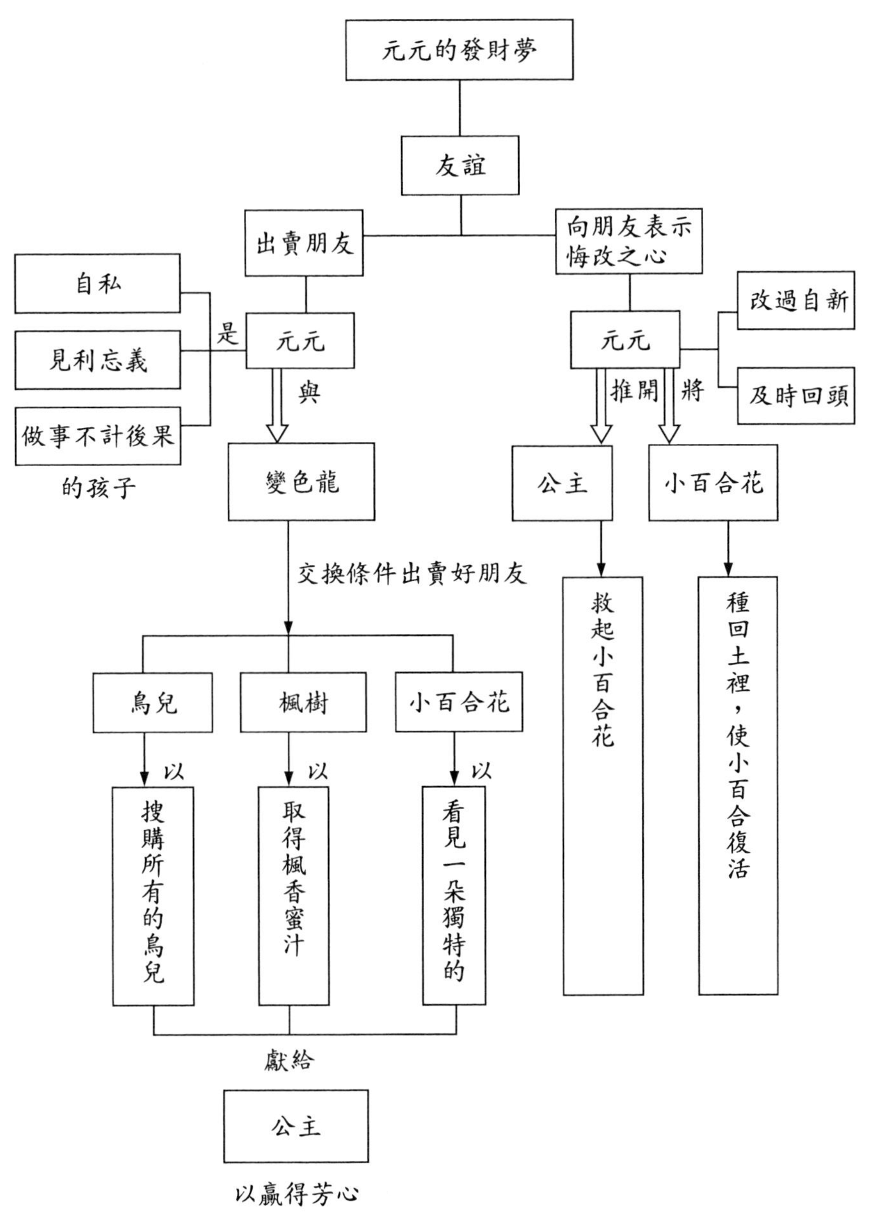
元元的發財夢
友誼
出賣朋友
向朋友表示悔改之心
自私
見利忘義
做事不計後果
的孩子
是
元元
與
變色龍
交換條件出賣好朋友
鳥兒
楓樹
小百合花
以
搜購所有的鳥兒
取得楓香蜜汁
看見一朵獨特的
獻給
公主
以贏得芳心
元元
推開
將
改過自新
及時回頭
公主
小百合花
救起小百合花
種回土裡，使小百合復活

織網技巧——主題結構網

第二節　比較網的架構

一、同主題書籍的角色比較

(一) 比較書籍名稱

《彼得的椅子》。

《小菲菲和新弟弟》。

(二) 圖畫書內容

《彼得的椅子》：彼得的妹妹就要出生了，他的生活會被改變嗎？他對出生的妹妹有何想法？他如何調適自己的心態？他的父母以何種方式與他共度這段改變時期？

有一天，彼得無意間發現自己小時候的搖籃、高腳椅、嬰兒床……都被漆成粉紅色，準備給未出生的妹妹使用。對於這一切改變，彼得雖然感受到「自己」的東西一樣樣被拿走，也只能小聲的說：「那是我的啊……」在他意識到自己將要失去所有曾經擁有的東西時，牆腳的一張小椅子出現在他眼前，他大聲的叫出：「他們還沒有油漆我的椅子呢！」隨即一把抓起小椅子，跑回自己的房間。回到了房間，彼得對著心愛的小狗威利說：「我們離家出走吧！」說著，說著，彼得用一個袋子把他小時候的玩具、照片、椅子一起帶走。彼得選擇落腳的地方是他家的門前，他把帶出來的東西一樣樣放置妥當後，感覺有一點累。於是，他走向小椅子想坐下來，但是，他坐不進去。這時，媽媽從窗口探頭出來告訴他：「小彼得，有好吃的午餐，要不要回來吃？」彼得和威利都假裝聽不見。一會兒，媽媽發現彼得回來了，而且躲在窗簾後面，她很高興的去找他，結果彼得卻出現在她背後，故意嚇她一跳，原來彼得在跟她玩捉迷藏。回了家的彼得，看到爸媽的第一句話是：「我們來把小椅子漆成粉紅色……」

《小菲菲和新弟弟》：春天來的時候，菲菲推著嬰兒車，抱著布娃娃在樹林裡散步，爸爸、媽媽對她宣布一個大消息：「菲菲，你快要有一個真正的小娃娃來陪你玩嘍！」菲菲問：「我們回家就會見到他嗎？」爸爸笑著說：「我們得等到冬天，我們會有一個冬天寶寶……」整個夏天，菲菲一直都在等，她從來沒有等過這麼久，有時，她甚至忘記有「冬天寶寶」這回事了。

在等待的日子裡，菲菲告訴她床邊的小布偶們，以後要讓一些位置給冬天的寶寶，她還將布娃娃的床放在嬰兒床邊，滿心期待著小寶寶的來臨。一個冬天的晚上，菲菲的弟弟出生了，菲菲喜歡他軟軟的臉頰，喜歡他身上特別的味道，但不喜歡他哭個不停，不喜歡他要吃奶、要換尿片、要人抱，而且總是說要就要。菲菲問媽媽說：「他什麼時候才會被送回去？」媽媽給她的答案是：「他會永遠留下來。」

有一天，菲菲想找人一起堆雪人，爸爸、媽媽都忙著照顧小寶寶。她指著新弟弟說：「你們都說他會陪我玩。」爸爸說：「菲菲，你得再等一等，他現在還太小……」菲菲大叫：「都是我在等！」然後抱著布娃娃「砰」一聲跑出去了。院子裡空空蕩蕩，只有菲菲和她所堆的雪人，她對雪人說：「你又冷又孤獨，像我一樣。」菲菲盡情的哭著，愈哭愈傷心。望著窗內逗著弟弟微笑的爸媽，菲菲哭著對天空大叫：「我不要小寶寶，我再也不要小寶寶了！」這時，爸爸輕輕地靠近她，緊緊地摟著她說：「我知道你很難受，每件事都和以前不一樣了……」

雪融化了，春天又來了，小菲菲漸漸習慣弟弟的存在，也感受到弟弟的不一樣了，他見到小菲菲會笑，也會抓小菲菲的手指頭，菲菲更學會如何逗弟弟玩，如何教弟弟一些動作了。新的一年裡，菲菲決定和弟弟一起出發。

(三) 比較網的架構

1. 步驟：

   (1) 圖畫書名稱。

   (2) 比較項目。

   (3) 比較主要角色對新生兒的不同層面反應。

2. 範例：

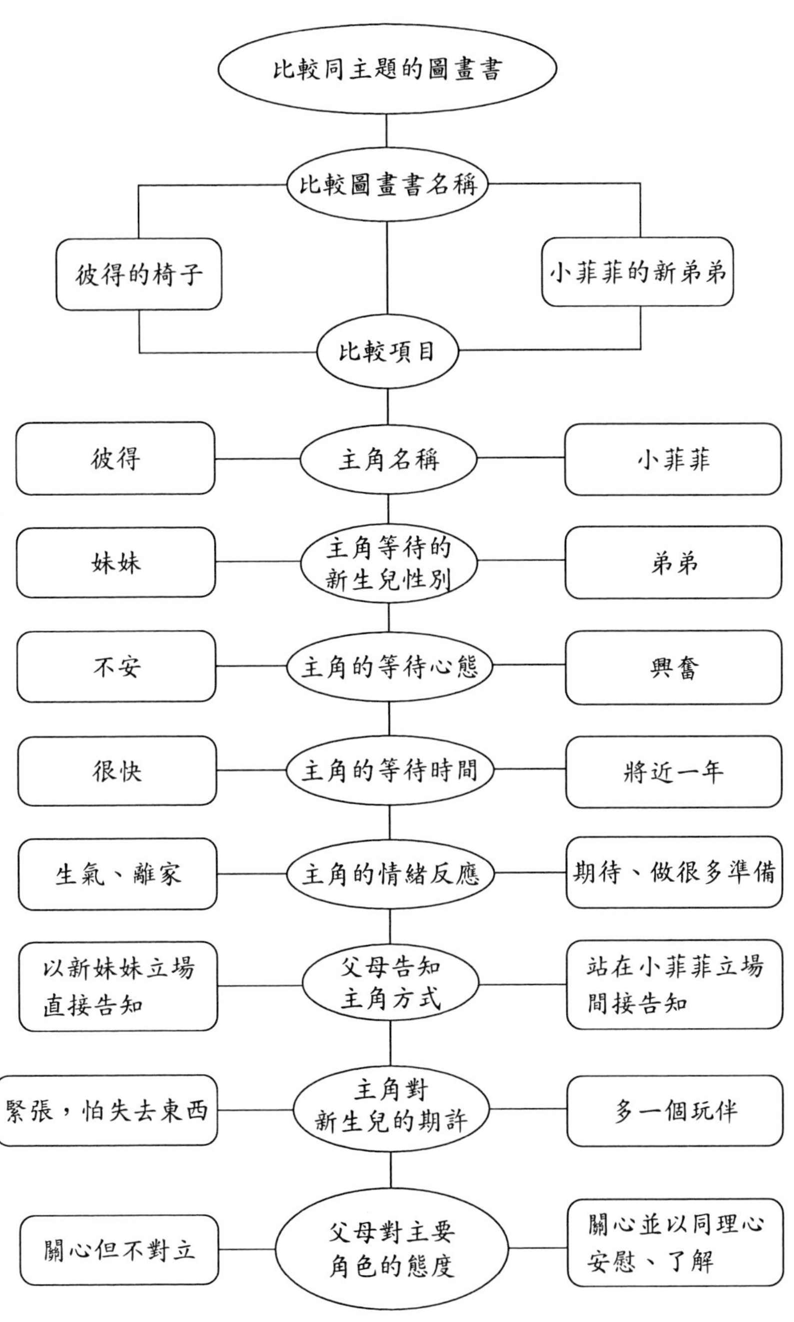
比較同主題的圖畫書
比較圖畫書名稱
彼得的椅子
小菲菲的新弟弟
比較項目
彼得
主角名稱
小菲菲
妹妹
主角等待的新生兒性別
弟弟
不安
主角的等待心態
興奮
很快
主角的等待時間
將近一年
生氣、離家
主角的情緒反應
期待、做很多準備
以新妹妹立場直接告知
父母告知主角方式
站在小菲菲立場間接告知
緊張，怕失去東西
主角對新生兒的期許
多一個玩伴
關心但不對立
父母對主要角色的態度
關心並以同理心安慰、了解

織網技巧——比較網（主題相同圖書內容）

二、同主題書籍時空背景比較

(一) 比較書籍名稱

《彼得的椅子》。

《小菲菲和新弟弟》。

(二) 圖畫書內容

同前。

(三) 比較網的架構

1. 步驟：
   (1) 圖畫書名稱。
   (2) 比較項目。
2. 範例：

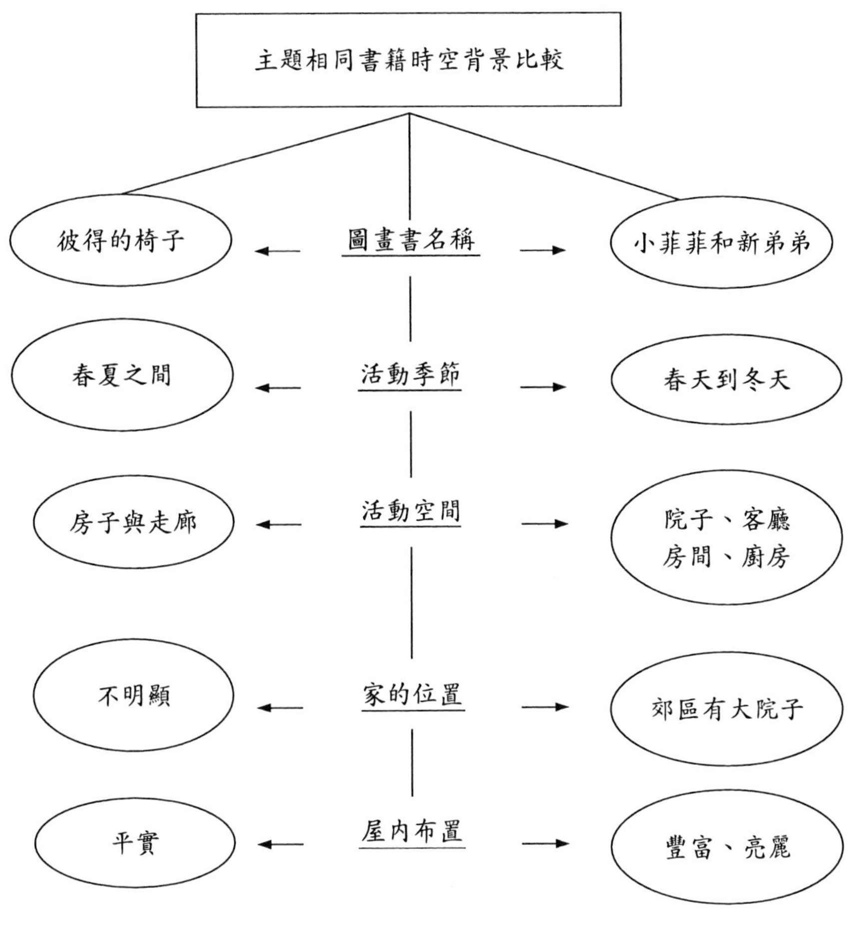

織網技巧——比較網（時空背景）

第七章　運用圖畫書寫作的多元變化

運用圖畫書引導小朋友做閱讀與寫作的結合，教師可以得到事半功倍的效果，小朋友也可比較輕鬆的寫作，所以教師引導小朋友先透過圖畫書的閱讀、討論，再將來自本身或同儕對閱讀內容的體認與見解賦之以文，如此的學習過程若能持續，假以時日必能提升小朋友的寫作興趣與層次。為此，教師可以善用圖畫書本身題材的多元性，引導、培養小朋友的寫作能力。至於閱讀與寫作的銜接方法，在本書前面章節已敘述過，本章不再贅敘。接下來的內容要與讀者分享的是：寫作形式的多元變化。

一般而言，作文就是一篇篇或一張張寫在作文簿或稿紙上的文字，內容不外生活心得、描寫人事物，或論說事件等。然而，隨著教學形式的多元，小朋友生活層面的寬廣，教師可嘗試將「作文」放在不同的「包裝」中，除了刺激小朋友的學習興趣與創意外，藉由多元形式呈現作文，也可以讓小朋友發揮語文以外的長才，例如：繪畫、勞作、戲劇、編排等能力。

然而，雖說變化作文的「包裝」形式，可以刺激小朋友學習興趣，發揮個人專長，但是「包裝」原則仍以「精簡」為主。換句話說，以圖畫書為媒介所銜接的閱讀、寫作活動，仍是語文教學的主軸，所以在呈現「作文」的形式時，勿流於製作過程繁瑣或刻意要求精緻花俏的包裝，好似藝術作品展覽一般。因為小朋友作品的價值在於呈現童趣，在於留下成長的印記，所以即使有點儉樸，有點原始，卻保有它純真、可愛的一面。此外，從另一方面思考，假設每一個教師都能將重心放在閱讀的樂趣（文學作品中各個要素的交叉討論）與收穫（價值觀、道德觀的建立、生活能力的獲得）上，師生互動過程必定較為輕鬆愉快。接下來的內容為：不同形式的「作文」呈現方式與作文題材的來源。

第一節　一般形式作文

所謂一般形式作文，即為傳統的寫作格式，大部分的小朋友會寫在教師指定的稿紙上，或是作文簿上，這種方式行之以久，因為方便小朋友攜帶或教師批改。至於作文的題材來源，可以涵蓋：

一、以圖畫書內容主題為主軸寫作

如前面章節所敘述，圖畫書的內容雖然看似簡單，但是作者所精心營造的主題，無論是個人經驗、對人生的感受或是刻意想要喚醒人們的話題，其實都是意義深遠，值得教師引導小朋友去體會、去關心的。當然，閱讀的目的在於享受閱讀，如果沒有任何後續「責任」——寫作文或寫心得報告，閱讀應該是最愉快的，所以教師可以視自己的理念，做最適當的階段性（先培養小朋友閱讀興趣，再視實際狀況銜接寫作）規劃。至於閱讀寫作的銜接優點與步驟，在前面章節中已詳細介紹過，所以接下來的內容僅做重點的再加強與實例示範。

(一) 範例一

1. 閱讀圖畫書：《心情髮樹》。
2. 圖畫書內容大意：假如有一天人類的表情都一樣，沒有明顯的變化，而且更糟糕的是人類不會表達高興、生氣、失望等情緒，將所有的感覺都藏在心裡，那將會是一個什麼樣的情況呢？酷得族就是這樣的一群新人類，他們不知道什麼是笑，也不知道什麼是哭？直到有一天，一位小女孩和她的媽媽，無意中因飛機迫降在舊人類居住過的沼澤地，她們才發現自己可以有情緒，而且情緒可以藉表情表達出來。這是作家小野和他的孩子親密說故事時間，所醞釀出來的一個精采且富有創意的故事。
3. 寫作重點：希望藉著「情緒」這個主題，引導小朋友認識「情緒」是什麼？人們有哪些「情緒」？「情緒」該如何適當的表達？
4. 寫作大綱：

   (1) 情緒的定義。

   (2) 舉出自己三種不同的情緒反應。

   (3) 情緒的掌控方法。
5. 作品內容：「情緒」（見附錄九）。

(二) 範例二

1. 閱讀圖畫書：《看不見的收藏》。
2. 圖畫書內容大意：日常生活情境中的一張照片、一個杯子、一副眼鏡都可能蘊藏著一份記憶，這個記憶可能是傷痛，可能是甜蜜，也可能是希望。小朋友成長過程中所蒐集的遊戲卡、書籤、漫畫也都累積無數的點滴回憶。這些摸得到、有形的東西都是「看得見的收藏」，那麼「看不見的收藏」又是什麼呢？既然看不見又如何收藏呢？這是一本很感人的故事，故事的背景發生在第二次德國戰後，在冷清、失望的年代裡，一個古董收藏家和一個在戰場上退伍的老兵，他們之間的邂逅，令讀者閱讀之後，心中有一絲傷感，但是傷感之中又帶著微溫。
3. 寫作重點：回憶往事。
4. 寫作大綱：
   (1) 記憶的定義。
   (2) 記錄難忘的記憶。
   (3) 記憶的感覺。
   (4) 想法。
5. 作品內容：「彥勳找記憶」（見附錄十）。

二、編寫故事

利用無字書引導小朋友聯想創作，或是請小朋友將無字書的故事以文字表達出來，這是一種讓小朋友發揮創意的最好教材，他們可以體驗當作家的樂趣與成就感。

範例

1. 閱讀圖畫書：《燈塔》。
2. 圖畫書內容大意：這是一本無字書，也就是只有插畫沒有文字的書。插畫的內容是將基隆港從晨曦破曉到深夜一整天海面與海邊活動人群的變化情形呈現出來，無論是清晨運動的人們、下午休閒、散步的人們，或是深夜捕魚船的燈光，鑽石般閃爍在漆黑海面上的美景，作者都細膩的繪製出來，讀者需用心觀察，才能體會出作者的心思縝密。
3. 寫作重點：燈塔的聯想。燈塔對居住在島國的我們應該是一點都不陌生，但是除非是生長在海邊的小朋友，一般的小朋友也只能從圖片上或電視上觀看到燈塔。所以，利用此本圖畫書主題導引的寫作活動，偏重小朋友對燈塔的聯想，換句話說，只要他們能將內容做合理的敘述，就算是一篇完整的文章了。
4. 寫作大綱：
   (1) 燈塔的聯想。
   (2) 將聯想到燈塔的事編成故事。
5. 作品內容：「燈塔的傳說」（見附錄十一）。

三、續寫故事

以原有的故事情節當作寫作內容的題材，請小朋友從故事的結局寫起，發展另一個故事。故事可以沿用同樣的時空背景，也可以轉化成他種時空；角色可以沿用同樣的身分，也可以化身為另一種身分，只要小朋友將故事內容交代清楚即可。此一寫作方式亦可以稱為寫故事的續集。

範例

1. 閱讀圖畫書：《雨錢》。
2. 圖畫書內容大意：一生一世尋求知己，只是一般人的願望嗎？這個故事的背景發生在古時候的一個深山裡，一位苦讀的書生，每日為求取功名而努力，生活雖然清苦，但日子卻過得很有目標。有一天，書生的家裡來了一位老人，他與書生相談甚歡，因為老人也是一位飽讀詩書的人。日子一天天過去，老人與書生建立了深厚的友誼，所以老人在一個適當的機會，告知書生他是一位狐仙，因為仰慕書生的學識淵博而前來拜訪。書生雖然很訝異但沒有什麼特別的改變，日子還是如同以前一樣，兩人時時互相討論學問。有一天，書生告訴狐仙，希望狐仙變一些錢給他，幫助他度過窮苦的生活。狐仙知道書生的想法以後，就請書生拿一些母錢給他，他便可以據此變錢給書生。不一會兒，只見狐仙唸唸有詞，錢便鏗鏗鏘鏘的從屋頂掉落下來，一晃眼時間就淹過他們兩人的膝蓋，書生既高興又激動，已經忘了自己身在何處了。錢不斷的落下來，書生卻沒有讓狐仙停止的意思，最後狐仙和書生必須從窗戶爬出去，因為錢把書生的屋子堆得滿滿的。此時，狐仙說他有一點累想休息一下，書生仍然沉浸在錢的喜悅中。但，等書生進屋裡去時，除了自己拿出來的母錢外，其他的錢不見了，這到底是怎麼一回事呢？原來狐仙認為書生太貪心，失望的離開書生了。
3. 寫作重點：本次寫作的主題是讓小朋友續寫故事，製造機會讓書生與狐仙能夠再續前緣，發展另一段故事。時空背景可以是古代，也可以在另一個時空背景裡。
4. 寫作大綱：

(1) 主要角色的名稱。

(2) 故事的主題。

(3) 故事發生的地點。

5. 作品內容：「雨錢(二)」（見附錄十二）。

四、讀書報告

讀書心得報告是學校運用文學作品要求小朋友最常做的作業之一。一般的格式內容包括：圖書名稱、作者、繪者、翻譯者、出版社、內容大意、優美詞句、心得報告等項目。根據筆者多年的教學經驗，小朋友對內容大意、優美詞句、心得報告三個項目最感頭痛，而在這三個項目中，又以大意與心得兩項，令他們最無從掌握起。所以，小朋友的「大意」通常寫得冗長而無重點，「心得」只是輕描淡寫帶過，內容不外乎「這本書很好看，我覺得很有趣……」或是「這本書很精采，我下次一定要再看一遍……」。這樣的讀書心得成果只讓小朋友留下負擔，很少有享受閱讀的樂趣。

所以，讀書心得報告若是能以其他形式呈現，相信對小朋友、家長和教師而言，都是一大享受。建議教師將讀書心得簡化成：(1)基本資料，其內容涵蓋書名、作者、插畫者、出版社；(2)心得報告兩大項即可，因為這兩部分內容都能呈現閱讀圖畫書意義的重要層面。假設教師希望小朋友將大意或優美詞句寫出來，建議教師以前面章節介紹過的織網模式呈現即可。織網模式的內容既可以培養小朋友的組織能力，又可以啟發小朋友的創造力，相信小朋友從這樣的過程中所得到的樂趣與能力，相對的比傳統中的抄抄寫寫要實際多了。以下介紹與示範的內容，便是讀書報告中，心得部分題材的來源與方法。

(一) 從主題發揮感想

1. 範例一：

(1) 閱讀圖畫書：《森林大熊》。

(2) 圖畫書內容大意：秋天到了，一隻森林大熊如同往常一般的進入山洞裡冬眠，牠萬萬沒有想到一覺醒來，自己的命運卻面臨重大的改變。原來，在牠冬眠的時候，牠所居住的森林變成一座工廠，所以當牠睡眼惺忪走出洞口時，卻被誤認為是一位懶惰不刮鬍子的工人，從此牠經歷了一段自我認定的迷惑時期，因為牠無法掌握自己究竟是熊還是人？最後牠到底是回歸自然當一隻熊，還是將錯就錯成為一個很像熊的人呢？從圖畫書的插畫中，讀者可以找到答案。

(3) 寫作重點：《森林大熊》的主題是認識自我。在我們生長的過程中，或許大家都會面臨一個問題：我要成為一個什麼樣的人？然而，儘管這個問題很重要，不見得每一個人都能確定方向然後循序漸進達到目標。有些人只是順性順勢，按照父母的安排，或是隨著大家的模式成長。謂此，此一寫作重點著重在讓小朋友掌握自己的特質，思考自己是一個什麼樣的人？希望成為一個什麼樣的人？作為追尋自我的開端。

(4) 寫作大綱：

a. 寫出自己是一個什麼樣的人。

b. 分別描述自己的特點。

c. 對自己的想法與期許。

(5) 示範作品：「做一個真正的我」（見附錄十三）。

2. 範例二：

(1) 閱讀圖畫書：《約瑟夫的院子》。

(2) 圖畫書內容大意：約瑟夫是一個寂寞小孩，每天守著一個大院子，沒有任何玩伴。有一天，他無意中得到一顆種子，他將種子種在院子裡，並細心的照顧它，種子一天天茁壯成長，而且開花了。約瑟夫太高興了，他覺得花好美麗，所以將花摘下想永久保存，沒想到花枯萎了，約瑟夫好傷心。第二年，約瑟夫無意間發現樹苗又復活了，他覺得好意外，也好高興。這一次，他沒有摘下花，只是默默欣賞花的美麗。然而，花的香氣吸引鳥和其他的昆蟲，這個現象讓約瑟夫很嫉妒，於是，他拿了一件外套蓋住花，不讓鳥和其他昆蟲接近。不久，花死了，約瑟夫傷心極了。又過了一年，樹上開了更多花，鳥來了，昆蟲來了，人也來了，約瑟夫愉快的笑著，快樂的享受一切美景和友誼。

(3) 寫作重點：希望藉著這本圖畫書的閱讀，小朋友能體會愛是有空間的，愛是可以分享的，自私的愛會讓人無法享受。

(4) 寫作大綱：

a. 寫出角色。

b. 約瑟夫院子的變化。

c. 約瑟夫的心情。

d. 我的想法。

(5) 示範作品：「有空間的♥」（見附錄十四）。

(二) 從角色特質寫感想或聯想

1. 閱讀圖畫書：《王子與椅子》。

2. 圖畫書內容大意：王子和椅子？看似截然不同的兩個名詞，怎麼會有關聯呢？經過讀者仔細閱讀圖畫書以後，就能明瞭他們所代表的意義了。一個驕傲而且被寵壞的王子，天天飯來張口，茶來伸手，完全不知民間疾苦，只知享受現有的富裕與富貴生活。有一次，他的父王請他搬一張椅子到院子裡，因為他想在院子裡賞月。王子一聽便回答父親說：「搬椅子是僕人做的事，我是高貴的王子，怎麼可以做這樣的事呢？」父王一聽便說：「僕人是人，王子也是人，你為什麼不能做搬椅子的事呢？」王子回答說：「祖宗牌位是木頭做的，椅子也是木頭做的，你為什麼不坐祖宗牌位呢？」國王一聽，氣得不說話回房休息了。不久，國王的國家發生戰爭，國王在戰爭中去世，王子便淪為難民，無家可歸。還好，一位好心椅子店的老闆收留了他，王子的命運從此改變了……。

3. 寫作重點：圖畫書的角色往往是小朋友閱讀過程中，首先必須掌握的文學要素。藉著角色網的引導，小朋友掌握圖畫書中王子的特質，然後根據此一特質聯想日常生活中的人物，再把那些人物寫出來，便可成為一篇讀書心得報告了。
4. 寫作大綱：

   (1) 寫出王子的個性（織網）。

   (2) 聯想與王子個性相同的人（織網）。

   (3) 舉例說明（織網內容＋文字敘述）。

   (4) 寫出想法（織網內容＋文字敘述）。
5. 示範作品：「王子和椅子」（見附錄十五）。

(三) 從情節建構寫感想、評論或聯想

1. 閱讀圖畫書：《美女還是老虎？》。
2. 圖畫書內容大意：一個美麗、任性的公主，一個半民主的國王，一個為愛不計生死的年輕人，他們之間複雜的關係譜成一個精采、緊張且留給讀者無限想像空間的故事。故事中美麗、任性且勇於追尋所愛的公主，因為愛上平民，導致她的愛人（年輕人）必須

接受自己父王所制定的法律的制裁。在國王制定的法律中，凡是犯罪的人都必須在競技場中接受審判，競技場中有兩扇門，一扇門內是絕色美女，一扇門內是兇猛的老虎，犯人必須從中選擇一扇門作為因自己犯罪所必須接受的懲罰。若是犯人選擇的門內出來的是一隻老虎，那麼犯人就是有罪，他會被老虎咬死。反之，若是門內出來的是美女，就表示犯人無罪，他可以娶美女回家。在這個故事中，公主深愛的年輕人會有怎樣的命運呢？作者運用巧妙的技巧，讓讀者自行思考答案。

3. 寫作重點：《美女還是老虎？》這本書的寫作技巧非常精采，作者除了利用插敘法讓讀者了解公主的掙扎、矛盾外，也清楚的敘述整個故事的發展情形，讓讀者能夠循序漸進的了解故事內容。此外，作者以開放式的結局（沒有結果）作為故事的結尾，讓讀者在一絲遺憾中感受故事的強勁後座力，思索故事該有怎樣的結局才合理。謂此，希望小朋友閱讀過圖畫書以後，除了掌握主題含意外，也能試著進一步的分析作者的寫作手法。這樣形式的心得報告並非簡單的事情，但是教師可以要求小朋友從最基本的層面開始學習。換句話說，小朋友只要簡單敘述作者寫作的手法，以及帶給自己的想法就可以了。

4. 寫作大綱：

(1) 寫出作者寫作技巧的特色。

(2) 將特色分別敘述。

(3) 對整本書的想法。

5. 示範作品：「評《美女還是老虎？》」（見附錄十六）。

五、書信、日記

利用書信、日記的體裁，寫閱讀後的感想，或寫信給圖畫書中的角色，敘述自己的觀點、看法，也是一種利用圖畫書導引寫作內容的方法。這樣形式的寫作方法可以培養小朋友認識書信、日記的格式，作為日常生活中與別人溝通或自我紓解的工具之外，實質上也是一種加強寫作能力的練習。

(一) 範例一

1. 閱讀圖畫書：《小駝背》。
2. 圖畫書內容大意：重視弱勢團體是大家必須關注的社會現象，《小駝背》這本書的內容敘述一個駝背且無家可歸的小孩金豆，他一個人住在空地上一根廢棄的水泥管中。金豆沒有朋友，沒有家人，除了物質生活的缺乏以外，他還必須忍受陌生人的欺凌和嘲笑。有一天，一個叫高看看的小孩將金豆從一堆嘲笑他、欺侮他的人群中救了出來，並與金豆成了好朋友，展開一段難得的友誼。
3. 寫作重點：請小朋友寫信鼓勵金豆勇敢面對現實，挑戰生活中的困境，勇敢的活下去。
4. 寫作大綱：
   (1) 自我介紹。
   (2) 如何知道金豆的故事。
   (3) 給金豆的建議。
   (4) 給金豆的鼓勵。
5. 示範作品：「給金豆的一封信」（附錄十七）。

(二) 範例二

1. 閱讀圖畫書：《祝你生日快樂》。
2. 圖畫書內容：生日的願望如果能實現，將是一個令人覺得快樂的感覺，但如果生日願望能否實現，取決於生命是否能延續下去，則是一個令人感傷又沉重的話題。故事中的小姊姊得了癌症，因為做化療而掉光頭髮，所以有時很難被分辨出是男生或女生。在一個偶然的機會下，小丁子遇見了小姊姊，他們成為無話不談的一對特殊朋友。藉由小丁子與小姊姊的對話，襯托出小丁子的善良、小姊姊的勇敢，以及小姊姊媽媽的高 EQ 能力。整個故事溫馨感人，雖然話題有點傷感，但是結尾卻留給讀者無限生機。
3. 寫作重點：以寫日記的方式表達對小姊姊媽媽的敬佩。
4. 寫作大綱：
   (1) 問候語與想法。
   (2) 建議。
   (3) 讚美。
5. 示範作品「給小丁子的一封信」（見附錄十八）。

第二節　創意形式作文

所謂創意形式作文就是將作文內容經過包裝，或以他種方式呈現，給小朋友不同的學習經驗，方式涵蓋：

一、圖書製作

(一) 簡易小書

將 A4 影印紙數張疊起（視寫作內容多寡決定張數），直向對摺成一本小書（15 公分× 21 公分），然後用釘書針固定後（或以打洞機打洞，再以繩子或緞帶固定），便可以成為一本小書，如圖 1。

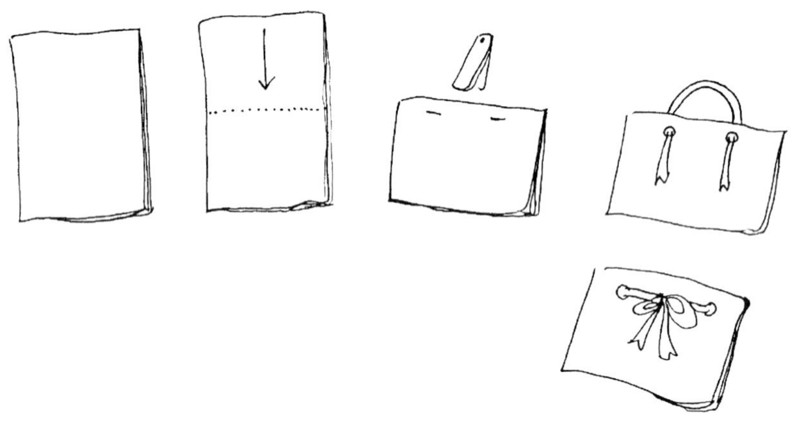

圖 1

1. 閱讀圖畫書：《討厭黑夜的席奶奶》。
2. 圖畫書內容大意：一個很討厭黑夜的席奶奶，她不惜辛苦、不計成敗的用各種方式想趕走黑夜。她整晚用了十七個方法想趕走黑夜，雖然沒有成功，但是她仍然決定第二天晚上繼續奮戰到底。
3. 寫作重點：鼓勵小朋友模仿《討厭黑夜的席奶奶》內容寫作方式，假設自己是一個討厭黑夜的人，運用想像力激盪出一些趕走黑夜的方法。故事的結局可以與原故事相同，也可以有新的想法。這樣的寫作內容與形式，除了將文學基本要素靈活運用在寫作上，也可以讓小朋友體驗製作書籍的樂趣。

4. 寫作大綱：

(1) 寫出自己要扮演的角色。

(2) 寫出角色居住地點。

(3) 舉出三個趕走黑夜的方法。

(4) 結局。

5. 示範作品：「討厭黑夜的方女巫」（見附錄十九）。

(二) 成長書（口袋書）

全開書面紙裁成四長條，第一張長條紙當做圖畫書的書底，第二張長條紙裁成五部分（或是四部分，視內容而定）。將第二張長條紙所裁成的五部分，由下往上一張張排列，疊在第一張長條紙上，使其成為階梯狀（先分配好位置，不要固定），位置排好以後，將每一部分紙的底部及兩側固定住（頂部不要黏住）成一個個口袋形狀的袋子，當作圖書的封面。接下來，第三張長條紙可以裁成如第二張長條紙大小般的五張資料卡，或是更小尺寸亦可，只要放得進去上述的口袋裡即可，當做此一圖書的內容，如圖 2。

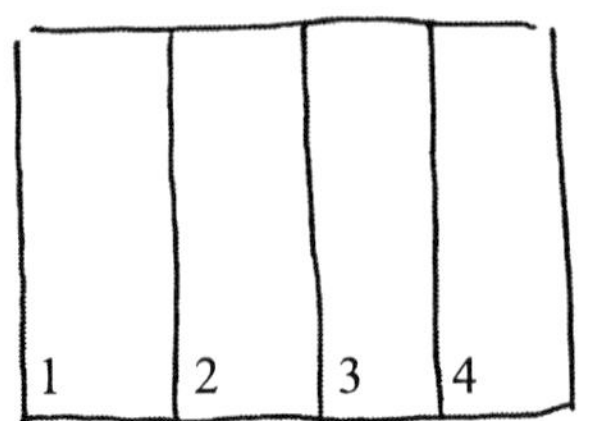

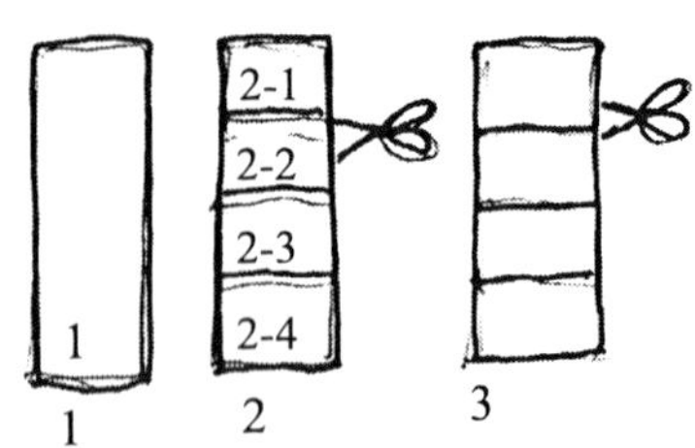

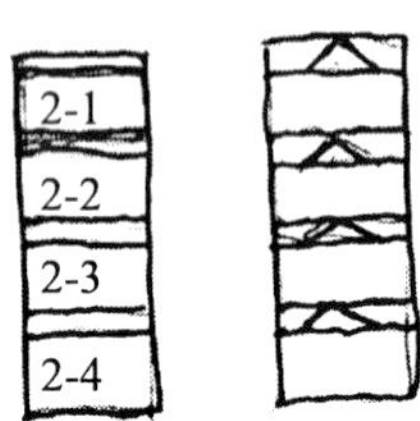

圖 2

1. 閱讀圖畫書：《忙碌的寶寶》。
2. 圖畫書內容大意：這是一本很可愛而且很受歡迎的童書，內容敘述胎兒（尚在媽媽的肚子中）的俏皮與可愛，還有她的哥哥對她的期待與好奇。因為圖畫書內容很多地方以翻翻書的效果製作，讓小朋友在感受溫馨劇情之外，也能得到「翻」答案的樂趣。
3. 寫作重點：小朋友記錄自己成長的過程，還有爸爸、媽媽相識相愛的經過，除了親子互動的樂趣外，小朋友也為自己的出生、幼兒、小學等不同時期做一個回憶紀錄。
4. 寫作大綱：

(1) 爸爸、媽媽相愛結婚的經過。

(2) 我出生的情形。

(3) 我上幼稚園的情形。

(4) 我上小學的情形。

5. 示範作品：「我的成長」（見附錄二十）。

(三) 連頁書

全開書面紙裁成三張長條紙或二張長條紙（尺寸視內容而定），取一張長條紙疊成一本類似古代奏摺的書籍（類似摺扇子，但是版面要寬廣許多）。摺疊完成後，第一面當圖書的封面，其他底下的頁數就是寫作的內容，如圖 3。

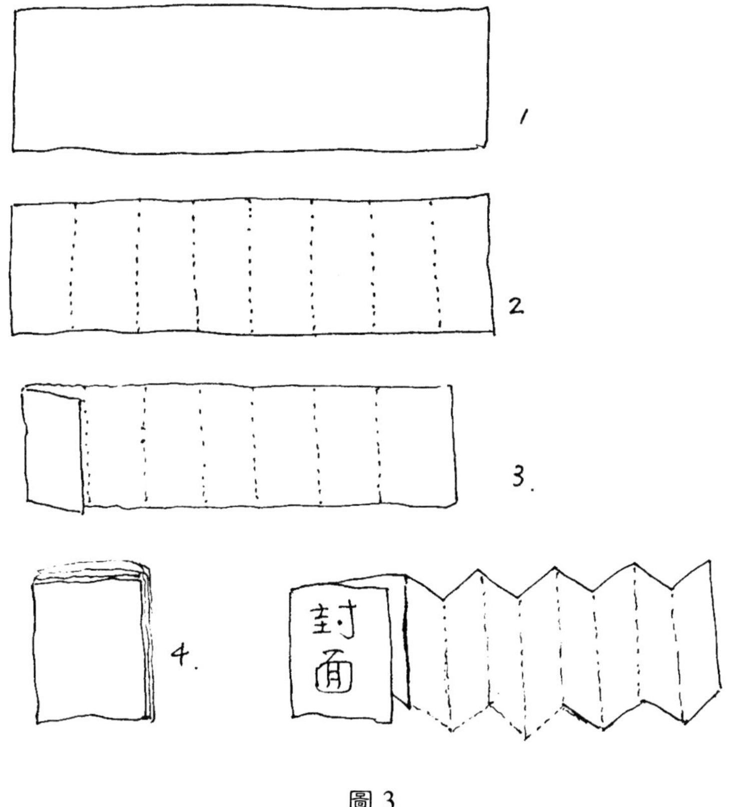

圖 3

1. 閱讀書籍：《小種籽》。
2. 圖畫書內容：一顆尋找適合自己生長地方的小種籽，在尋找的過程中，小種籽歷經很多危險，例如：烈日的曝曬、風雪的吹襲、人類的破壞……，幸好小種籽一一克服，最後成長為一朵美麗的花朵。
3. 寫作重點：模仿小種籽的故事結構，請小朋友也化身為一顆小種籽，然後運用想像力，尋找自己可以生活的地方。
4. 寫作大綱：
   (1) 介紹主角。
   (2) 找尋生長的過程。
   (3) 遇到的困難或危險。
   (4) 結局。
5. 示範作品：「小種籽的旅行」（見附錄二十一）。

(四) 造型書

按照閱讀圖畫書與寫作內容的需求，設計相關造型的圖畫書形狀，讓小朋友享受寫作與藝術創意結合的樂趣。

1. 狗的造型書：
   (1) 閱讀圖畫書：《流浪的狗》。
   (2) 圖畫書內容大意：在一個夜深、天冷、又下雨的夜晚，一隻躲過捕狗大隊追捕的流浪狗，拖著瘦弱、飢餓的身軀踽踽而行在冷清的道路上。牠很悲哀的思索著一個問題：假如不是人類拋棄牠的父母，假如不是牠的父母已被人類焚化為灰燼，牠又何嘗願意翻攪垃圾堆尋找食物，落得人人討厭呢？流浪的過程中，牠歷經各種險境，雖然都一一化險為夷，但牠也筋疲力竭了。最後，牠無力的躺在一張破沙發椅下，沉重的眼皮與疲憊的身軀讓牠漸漸進入夢鄉，睡夢中，牠很幸運的被收留了。

(3) 寫作重點：流浪狗的存在一直是社會上一個棘手的現象，牠所製造出來的問題，不外乎破壞環境整潔、製造噪音、危害人類等。但基於尊重生命與維護人類安全兩種對立的立場上，社會一直未能有一個妥善的處理方法。所以，藉著閱讀圖畫書與寫作活動的機會，希望小朋友重視此一問題的源頭，了解其中的矛盾現象。下面示範的作品，小朋友將自己化身為一隻流浪狗，創作出屬於自己的流浪狗之歌。

(4) 寫作大綱：

a. 假設自己是一隻流浪狗。

b. 品種。

c. 名字。

d. 變成流浪狗的原因。

e. 流浪過程中所遇到的危險。

f. 結局。

(5) 製作過程：

a. 外形部分：A4 尺寸彩色厚紙板一張橫向對摺，缺口朝下，然後畫出一隻狗的造型，左上方往內摺一個小三角形，便可以摺出狗頭的造型，如圖 4。

圖 4

b. 內頁部分：也就是作文內容，小朋友可用一張 A4 影印紙將作文抄下來，或是用電腦打字再列印。因為這一張 A4 影印紙必須放置在上述狗造型的肚子中，所以教師指導小朋友將紙張橫向左、右兩邊往中線對摺，然後再上、下兩邊直向往中線對摺，最後再上、下往中線對摺，A4 紙張便可以「藏」在狗的肚子裡面了，如圖 5。

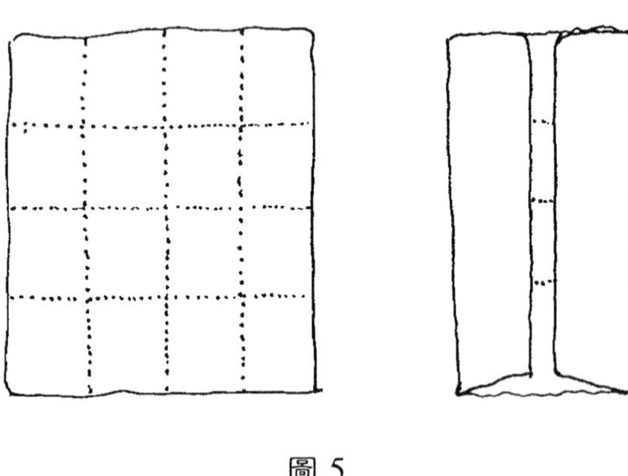

圖 5

c. 將內頁部分黏貼在狗的內側（肚子部分），如圖 6。

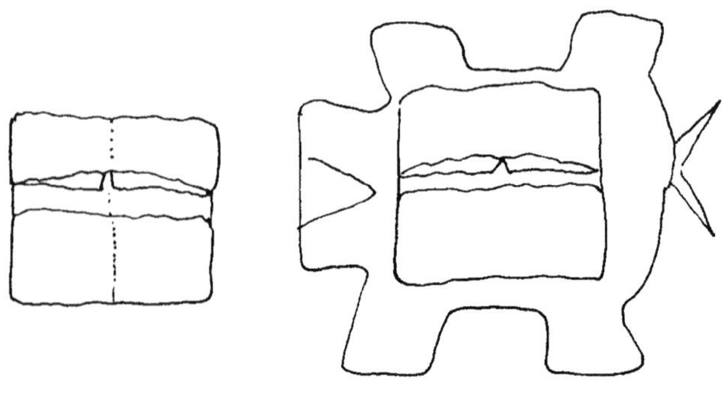

圖 6

(6) 示範作品：

a.「可憐的流浪狗」（附錄二十二）。

b.「流浪狗的命運」（附錄二十二）。

2. 貓的造型書：

(1) 閱讀圖畫書：《我是貓也》。

(2) 圖畫書內容大意：一隻貓如果不被稱為「貓」，那將情何以堪呢？這是一個很有趣的自我認定問題，藉由作者生動活潑的描寫，內容篇幅雖然頗長，但卻一點一滴深深吸引讀者的眼光。一隻備受富家小姐寵愛的貓——黑金，牠從來不知道貓要吃老鼠，因為黑金吃的三餐內容和富家小姐一樣，吃的都是人吃的食物，因此遭致僕人的怨恨。有一天，僕人趁富家小姐外出時，偷偷的把黑金丟掉，黑金因此淪為賣貓小販的商品之一。不久，牠被賣到一家很多老鼠的家庭，牠的任務就是抓老鼠，偏偏黑金看到老鼠就噁心，完全無法扮演「貓」的角色，所以女主人氣得把牠趕出去。不但如此，左右鄰居的貓都認為牠不是一隻「貓」，這叫牠更加難過。這隻既餓又不被族群認同的黑金，該如何生活下去呢？故事的發展有趣又令人意外。

(3) 寫作重點：小朋友將圖畫書內容閱讀完畢後，教師引導他們寫故事大意，也就是將故事內容以摘要的方式寫出來。教師除了利用織網方式引導小朋友寫出故事大意外，也設計貓的造型圖畫書，讓小朋友將故事內容寫在貓的身上，整個寫作活動因此生動不少。

(4) 寫作大綱：

a. 主要角色名稱。

b. 主要角色受寵的原因。

c. 主要角色被丟棄的原因。

d. 主要角色到新環境的遭遇。

e. 主要角色不被認定的想法。

f. 結局。

(5) 製作過程：

a. 一張 A4 大小瓦楞紙，請小朋友描繪出貓的造型，然後順著貓的造型外圍剪下，如圖 7。

圖 7

b. A4 大小書面紙一張，將 a 步驟剪下的貓外型再描繪一次，然後剪下貼在貓的任何一面，如圖 8。

圖 8

c. 將黑金故事大意寫在書面紙那一面。小朋友寫大意時，請順著貓的外圍一圈圈往中心書寫，直到故事結束為止，如圖 9。

圖 9

d. 貓造型的另外一面（瓦楞紙的那一面），小朋友可用油性筆做造型（畫上眼睛、鼻子、嘴），如圖 10。

(6) 示範作品：「黑金的故事」（見附錄二十三）。

圖 10

二、書籤製作

摘錄書中名人話語或將書中主題以勵志、勸世小語的方式呈現。

(一) 閱讀圖畫書

《不要地雷只要花》(一)(二)。

《鐵絲網上的小花》。

(二) 圖畫書內容大意

《不要地雷只要花》(一)(二)是一本敘述戰爭帶給人們傷痛的書，它是一本為了送愛心給全球因被地雷炸傷而殘障的殘友而製作的書。希望藉著這兩本書讓小朋友了解地雷帶給人們的傷痛，以及世界上的一些國家為了阻止地雷的生產，或是摘除地雷所做的努力。

《鐵絲網上的小花》也是一本描寫戰爭的書，內容敘述第二次大戰時，猶太人受到納粹的迫害，造成難以估計的傷痛。圖畫書中的小女孩無意中發現猶太人的集中營，基於一顆惻隱之心，她每天冒著生命危險偷偷送食物給集中營的人，帶給集中營裡的猶太人一絲溫馨。然而，有一天，小女孩為了送食物卻不幸被戰火誤殺了，令人不勝唏噓。

(三) 寫作重點

戰爭是人類生存的大敵，也是主張世界和平的國家所極力避免的。藉著三本關於戰爭主題的圖畫書，希望小朋友了解戰爭的殘酷事實外，也能思考如何才能讓人類和平相處？如何能夠讓世界充滿祥和之氣？如何消弭人類心中的仇恨？因為戰爭的話題很「重」，不是小朋友所能抽絲剝繭談論清楚的，所以教學重點放在引導小朋友討論人與人之間的寬容和原諒，再讓小朋友將想法以簡短的文句表達，作為警世之用的座右銘。

小朋友的文句出現之後，教師鼓勵小朋友將一句句的短語，加上小插圖，化成一張張精美的書籤，作為隨時提醒自己的座右銘。

(四) 示範作品

書籤作品（見附錄二十四）。

三、圖畫作文

此一寫作方式大都針對低年級小朋友而設計。低年級的小朋友，因為寫作能力尚未發展完全，所以讓小朋友寫作文時，如果能配合畫圖的活動，可以增加小朋友的學習意願，而且有圖有文的作品，看起來也較生動有趣。至於文與圖的比例，可以隨著小朋友的年齡層或成熟度而調整，沒有明顯的限制。

(一) 閱讀圖畫書

《瓶子裡的小星星》。

(二) 圖畫書內容大意

一個孤獨的小孩子——小正正，他沒有兄弟姊妹作伴，媽媽為了讓他有個伴，決定替他買隻小寵物，誰知他不愛兔子，不愛小貓，只愛天上的小星星。媽媽為了滿足他的心願，果然從鄉下帶來一隻小星星（螢火蟲），小正正高興的把小星星放在瓶子裡，並不停的搖晃著瓶子，讓小星星飛來飛去。不一會，小星星漸漸失去光芒，媽媽告訴小正正，小星星想念天上的月亮媽媽，還有星星兄弟姊妹，所以生病了。小正正會如何面對這種狀況呢？故事中有一個溫馨的答案。

(三) 寫作重點

小正正最後將小星星放回天上了，因為他了解小星星不屬於他，小星星只有回到親人身邊才會快樂，所以他做了割捨的決定。因為這麼一來，小正正又是孤單一人了，所以教師請小朋友寫信安慰他，並告訴他一些思念小星星的替代方法。

(四) 寫作大綱

1. 自我介紹。
2. 建議小正正的方法。
3. 可以跟小正正一起做的活動。

(五) 示範作品

「給小正正的信」（見附錄二十五）。

四、錄音

將故事內容以說故事方式呈現，並加以錄音，然後與班上小朋友分享。這是一個培養小朋友口語能力最好的方式，因為小朋友可以從自己的作品或是同儕的作品中尋求需要增強的部分，讓自己的口語能力更熟練。

五、投影片、幻燈片製作

閱讀活動結束後，教師要求小朋友將寫作內容以四格圖片或八格圖片方式呈現（可以輔佐文字，或是單獨以圖畫出現）。小朋友的作品經教師確認後，再將內容複製在投影片或幻燈片中，最後以投影機或幻燈機放映出來，全班一起分享。這是小朋友非常喜歡的一個寫作活動，因為無論是內容的構思或幻燈片、投影片的製作過程，都是一項大挑戰。

六、戲劇

將閱讀的故事內容改寫成劇本，再找機會演出來。小朋友的劇本寫作雖然不似專家那樣面面俱到，但是劇本的寫作是小朋友將「平面」故事轉化為「立體」故事的一個活動，對小朋友而言將是一種難忘經驗。再者，利用圖畫書內容改寫成劇本，因為大部分的圖畫書內容都有對話，所以教師只要引導小朋友加強角色的動作或活動的場景就算是劇本的基本結構了。

七、跨科目統整

語文是一切學科的基礎，所以若是圖畫書內容可以做學科統整或銜接，在不影響教學進度之下，教師可以結合相關學科，小朋友的視野可因之而增廣，創作力也更為靈活。

(一) 自然＋藝術＋語文

1. 閱讀圖畫書：《愛水的河馬》。
2. 圖畫書內容大意：一隻可愛的小河馬，牠非常羨慕池中的小魚能夠愉快的游泳，但是天神恩蓋規定每一種動物都必須遵守規定，不可以侵犯到別種生物的領域，所以河馬也只能坐在池邊望著河水消暑了。有一天，河馬下定決心去求恩蓋，讓牠可以在水裡游泳，恩蓋當然不答應。不過，經過河馬再三保證，並且提出很多條件，恩蓋終於答應了。河馬的保證是什麼呢？作者配合河馬的特性，編出一個令讀者莞爾又心服的故事。
3. 寫作重點：小朋友閱讀過故事內容後，將自己化身為河馬，敘述自己習性的由來。整個寫作活動的文字敘述加上美勞創意，作品立刻「活」了起來。
4. 示範作品：「愛水的河馬」（見附錄二十六）。

(二) 社會＋藝術＋語文

1. 閱讀書籍：《環遊世界做蘋果派》。
2. 圖畫書內容：介紹做蘋果派材料的源頭。
3. 活動內容：快樂做餅乾。
4. 活動照片（見附錄二十七）。

第八章　圖畫書與標點符號教學

前面章節內容所談到是閱讀與寫作的銜接教學，這樣的教學理念是基於協助小朋友寫有「感覺」的作文，寫有「材料」的作文，相信只要教師（或家長）有心願意嘗試，小朋友一定可以在閱讀與寫作結合的教學情境中，愉快的進入寫作活動。然而，談到寫作活動就不能忽視標點符號，所以，接下來的內容將要介紹如何利用圖畫書協助小朋友靈活的運用標點符號，寫出有節奏感、有層次感，而且能吸引讀者的作文。

第一節　標點符號的種類與使用方法

一、標點符號的種類

標點符號之於文章的重要性，如同馬路上的紅綠燈一樣，缺少了它就無法讓一篇文章流暢進行，讓讀者感受文章的感情或語氣，相對地，文章所散發出來的感染力或說服力也會減少。所以，使用正確、有效的標點符號，可以讓文章如虎添翼、畫龍點睛，發揮本身所應有的魅力。一般而言，經常使用的標點符號有十五種，這十五種標點符號的名稱與符號如下：句號（。）、逗號（，）、頓號（、）、單引號（「」）、雙引號（『』）、刪節號（……）、書名號（﹏）、破折號（——）、專名號（＿）、問號（？）、驚嘆號（！）、音界號（·）、冒號（：）分號（；）、括號（（））。在這些符號中，刪節號（……）、破折號（——）必須占兩個格子，專名號（＿）、書名號（﹏）視專有名詞、書名決定占幾個格子，其他都是占一個格子。另外，書名號（﹏）因為配合使用電腦排版的關係，有的以引號「」，有的以括弧《》替代。

二、標點符號的名稱及使用方法

(一) 句號（。）

當作者將一個意念，一個想法敘述完畢之後，便可以在句子的尾巴使用句號。換個方式說，假如一句話的意思已經很明顯，讀者可以了解，這句話的後面便可以使用句號。例如：

1. 她是個女生。
2. 今天真是個好天氣。
3. 請你給我一本書。

(二) 逗號（，）

當作者表達一個意念，或是一個想法時，中間必須休息一下，再繼續敘述完整時，作者可以先使用逗號，等句意完全說出以後，再加上句號。換個方法說，使用逗號前的句子，意思並不完整，必須再加以解說，才能讓讀者明白整個意思。例如：

1. 昨天，她去看了一場電影，心情很愉快。
2. 下雨了，不知道她帶傘了沒有？我很擔心。
3. 我最喜歡的一本書，書名叫《第一座森林的愛》。
4. 所以，她是個小氣鬼。

(三) 頓號（、）

當作者寫作時，句子之中有並列的詞，例如名詞、形容詞或並列的詞組時，隔開詞與詞、詞組與詞組之間的符號就是頓號。另外，若是作者在文章中提到年、月、日或是內容需要標示次序的部分，通常都是使用頓號。例如：

1. 家裡的冰箱內有飲料、水果、蔬菜、麵包。
2. 你真是一個可愛、活潑、靈巧的小女孩。
3. 這真是一塊空氣新鮮、水質乾淨、遊客稀少的淨土。
4. 請按照一、二、三、四的順序開始動手工作。

(四) 引號（「」）

一般而言，引號分為單引號（「」）與雙引號（『』）。單引號的使用機會較大，若是在單引號之內還要使用引號，此時就需要雙引號了。通常我們會先寫單引號，然後再寫雙引號。至於引號的用法，分別為：當作者引用別人說的話時、作者想表示特殊涵義的詞語、作者形容聲音的詞語，以及作者引用成語、諺語、俗語等狀況下，引號的作用便發揮了。例如：

1. 小老鼠對貓咪說：「看你以後還敢不敢欺負我！」
2. 你今天怎麼這麼「大方」，請我們喝開水啊？
3. 前面傳來一陣「窸窸窣窣」的聲音，不知道是誰？
4. 祝福你們「馬到成功」、「一路順風」喔！
5. 老師對我們說：「你們知不知道『罄竹難書』這句成語的典故出自哪裡？」

(五) 刪節號（……）

作者寫文章時，遇到同類性質的詞語或重複語句而想省略時，需要使用刪節號。另外，作者文章內表示驚慌或斷斷續續的語氣時，也是使用刪節號。例如：

1. 百貨公司裡的商品有服裝、電器、運動用品、化妝品、家飾用品……任你挑選，方便又省時。
2. 拿來、拿來……把前面的東西通通拿過來。
3. 前面……在前面……有一隻大恐龍……快來看！
4. 你怎麼……可以……可以……吃掉我的蛋糕？

(六) 書名號（﹏）

作者寫文章時，內容提到的書籍名稱、篇名都必須使用書名號。例如：

1. 你看過心靈的提琴手這本書嗎？
2. 誠品好讀裡的繪影繪聲話母親那一篇文章，你讀過了嗎？

(七) 破折號（——）

作者寫文章時，如果對前面的內容需要加強解釋或說明的地方，必須使用破折號。另外，表示語氣轉折、中斷、延長的地方也都使用破折號。例如：

1. 那間房子好美——美到如同一幅畫，令人忍不住想進去參觀。
2. 你確定要如此過一輩子——不可能，你一定可以重新站起來。
3. 你——趕快把鑰匙拿來，不要再發呆了。
4. 天啊——你怎麼做到了，太神奇了。

(八) 專名號（＿）

作者在文章內提到人名、地名、國家名稱、特殊建築物等，都必須使用專名號。例如：

1. 台北市是一個繁華的大都會。
2. 你去過西班牙嗎？
3. 巴黎鐵塔是歐洲非常著名的觀光景點。
4. 梵谷是一位才華洋溢的畫家。

(九) 問號（？）

作者寫作的內容，若是有問句的形式，無論是疑問、反問、設問，或是選項的情形，都必須在句尾使用問號。例如：

1. 你猜這盞燈要賣多少錢？
2. 你偷了他的錢，我沒有說錯吧？
3. 假如你可以早五分鐘來，我就放心了，你可以嗎？
4. 中餐還是西餐？我準備訂位子。

(十) 驚嘆號（！）

作者寫作的內容若想表達感嘆的心情，或是祈求的狀況，句尾就必須使用驚嘆號。例如：

1. 這麼好吃的水果，居然掉在地上，好可惜！
2. 這真是一部值回票價的電影！
3. 希望他能早日脫離苦海！

(十一) 音界號（・）

作者寫文章提到外國人的名字時，必須使用音界號。例如：

1. 威廉・莎士比亞是著名的詩人和劇作家。
2. 約翰・甘迺迪是美國的總統。

(十二) 冒號（：）

作者寫作時，句子必須停頓或是提示前面的文句，還有為前面的文意做總結時，必須使用冒號。例如：

1. 各位觀眾：大家好！今天很高興來與各位分享一項喜悅……（演講稿）
2. 敬愛的部長：您好！我有一個想法想跟您建議，希望您能體諒……（書信）
3. 校長說：「大家準備一起慢跑囉！」

4. 你真是太過分了：衣服亂丟、鞋子亂穿、垃圾亂藏，我們決定請你搬家。

(十三) 分號（；）

作者寫文章時，在一句話中，表示分句與分句中間的停頓，必須使用分號。

1. 筵席結束了，有的互相寒暄；有的彼此介紹；有的互相偷瞄，有趣極了。
2. 春天到了，鳥語花香；夏天到了，天乾地燥。

(十四) 括號（（））

作者寫文章時，必須在內容中加註解時，通常會使用括號。另外，作者若是想在文章內插敘某些內容，也需要使用括號。例如：

1. 淡水的鐵蛋（一種經過特殊處理的蛋，風味絕佳）是非常有名的地方小吃。
2. 爸爸很高興的對我們說：「換好衣服，準備旅行去囉！」（媽媽在他背後做出勝利的手勢。）

第二節　標點符號的教學

一篇文章的流暢與否？作者的遣詞造句當然是重要的因素，但若是作者能善加利用標點符號的功能，對於整篇文章所營造出來的氣氛，所流露出來的感情，絕對是錦上添花，讓讀者在尋訪字裡行間之時，往往有出乎意料之外的意境出現，令讀者回味無窮。因此，教師若能引導小朋友學習標點符號，並善加利用生活周遭的教材（兒童文學作品、報紙、雜誌、廣告……）讓小朋友將使用標點符號的能力，落實在日常生活的聽、說、讀、寫情境中，相信教育與生活就不再是南轅北轍了。

一、準備教具

「工欲善其事，必先利其器」，教具的製作雖然必須花費教師額外的時間，但是一套優良的教具，它的淘汰率應是禁得起時間的考驗。建議教師實施標點符號教學時，可以將上述標點符號以A4大小尺寸，製成一張張的標點符號教具卡。製作的步驟為：

(一) 準備A4大小紙張

教師將紙張（影印紙、書面紙、粉彩紙……皆可）準備好，然後在紙上先畫上格子（一格或兩格，視標點符號而定）。這是一個很重要的步驟，教師如果讓小朋友「看見」標點符號寫在稿紙上或作文簿上的位置，他們就不會將標點符號與字擠在一個格子中。接下來，教師再將標點符號寫在格子中適當的位置，如：［。］（句號）或［─┼─］（破折號）。除了這個方式以外，教師也可以直接用電腦將標點符號一個個放大列印出來。

(二) 護貝

一張張製作完成的標點符號教具卡，若是能使用護貝機將其護貝起來，除了延長教具使用的壽命外，也方便教師將標點符號張貼在黑板上教學。

(三) 貼上磁鐵

為了方便教學，建議教師將護貝完成的標點符號教具卡，後面貼上軟磁鐵，這樣就可以直接黏貼在黑板上教學。

二、教學要領

(一) 時間與順序

嚴格說起來，上述十五種標點符號沒有所謂的教學時間或教學順序而言，所以教師可以根據小朋友的認知，安排適合的教學順序和時間。然而，若是大環境（小朋友的成熟度、學校課程時間安排靈活）因素允許的話，建議教師在小朋友二年級的時候，做一全面性的標點符號教學，也就是將所有的標點符號，仔細的引導小朋友學習並實際操練，讓小朋友建立整體的概念。因為二年級的小朋友，無論在生活上與學習上，已較一年級成熟，如果能在此時奠定標點符號基礎，將有助於他們往後的語文學習。另外，建議教師將「句號」列為第一個讓小朋友學習的標點符號，再接著引導小朋友學習「逗號」。至於其他的標點符號，在順序上的考量點就沒有太多的顧慮了。

如同本章上一節內容中對「句號」的定義，我們知道「句號」用在一句話說完的時候，或是一個完整的意念之後。所以教師必須引導小朋友先學習什麼叫做「話說完了」、什麼叫做「完整的意念」的句子？然後才能教導小朋友使用句號。一旦小朋友掌握住「話說完了」、「完整的意念」後，教師才能告知小朋友下一個觀念，也就是「話還沒有說完」、「意思不完整」的句子，必須先使用逗號，等到「話說完了」、「意思完整了」才能使用句號。

(二) 名稱與符號同時出現

教師引導小朋友認識標點符號時，除了將上面所說的標點符號教具放在黑板上以外，教師必須在呈現符號的同時，也將文字呈現在黑板上。換句話說，當教師引導小朋友學習逗號時，除了 ， 這張教具卡外，同時也必須在黑板上寫著「逗號」兩字，讓小朋友看到符號與文字的關係，這樣的呈現方式，可以給小朋友一個具體的觀念。

(三) 示範與演練相繼進行

教師引導小朋友學習標點符號時，建議教師一個個講解、示範、分享，再請小朋友當場演練，如此一來，教師可以確切掌握小朋友的學習狀況，適時的做修正或加強的教學。換句話說，教師講解「逗號」時，必須先解釋什麼是「逗號」，接著舉一個實例示範（造一個使用逗號的句子），然後請小朋友自由發表分享，最後再要求每一位小朋友造一個使用逗號的句子。如此一來，透過講解、示範、分享、演練的過程，小朋友比較能掌握學習要領，教師相對的也能確切掌握小朋友的學習成效。

(四) 當場檢討與批改

任何一個成功的學習活動，莫過於學習者當場得到教學者的回饋與示意，因為這種臨場經驗獲得的學習，對小朋友而言，比自己孤軍奮鬥、模稜兩可的學習狀況要精采、生動且實際多了。然而，在學校的大環境中，教師面對三十個小朋友，如果要求教師當場確認每個小朋友的句子是否正確？恐怕一節課下來，教師只能教兩個標點符號。所以，在現今教學的生態中，教師可以尋求愛心家長、實習教師、協同教學的班群教師的協助。請他們在小朋友演練時，協助您做當場的批改與確認。理想中，全班三十個簡單的句子，若是有兩位或三位教師一起批改，整個教學活動就順暢省時多了。

但，若是教師無法取得這些支援，建議教師將標點符號教學分散進行，教師可以每天利用十至十五分鐘教一至二個標點符號（時間愈早愈好），教師同樣的進行講解、示範、分享，再讓小朋友演練。小朋友完成造句活動時，教師不當場做批改的動作，而是將小朋友的作業簿收走，然後利用下課時間批改，因為句子很簡單，所以最理想的狀況中，教師可以在小朋友放學之前，將簿子還給小朋友，若是有需要再度演練（錯誤者）的小朋友，教師可以要求小朋友回家後再造一個句子，第二天教師再給予批改。這種方式雖然不盡完善，但至少小朋友能得到回饋，教師也已做最大的努力。

如此分散的教學方式可能必須費時兩週，雖然看似很費時，但若從整體的學習觀點來說，花費兩週學習一輩子都可能用得到的標點符號，筆者認為教師值得投資如此的時間與精神。

第三節　標點符號的教學步驟

一、講解、示範、分享

教師將第一個標點符號（句號）教具卡黏貼在黑板的右上方，然後在教具卡下方寫出「句號」兩字。教師告訴小朋友這個符號叫做「句號」，形狀是一個小圈圈（。），我們必須把這個符號寫在格子中，它只要一格「位置」就夠了。此時，建議教師讓小朋友抄筆記，也就是事先請小朋友準備有格子的簿子，教師講解完上面的內容後，請小朋友抄下第一個標點符號與名稱，如：1. 。 句號（抄在第一行）。

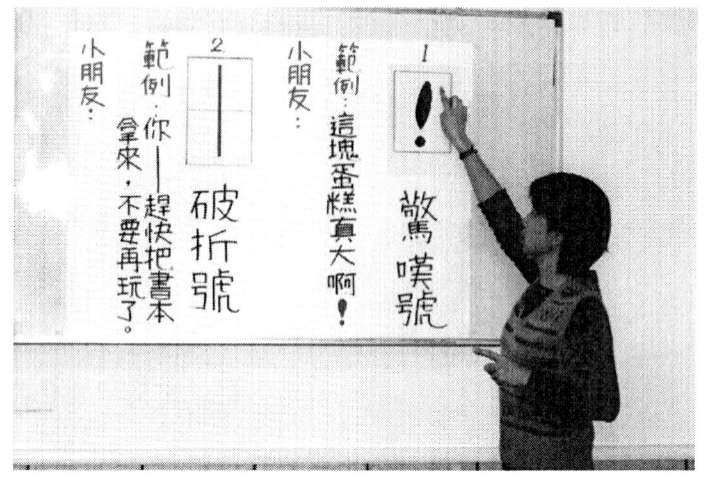

教師講解標點符號——驚嘆號

教師示範利用驚嘆號造句

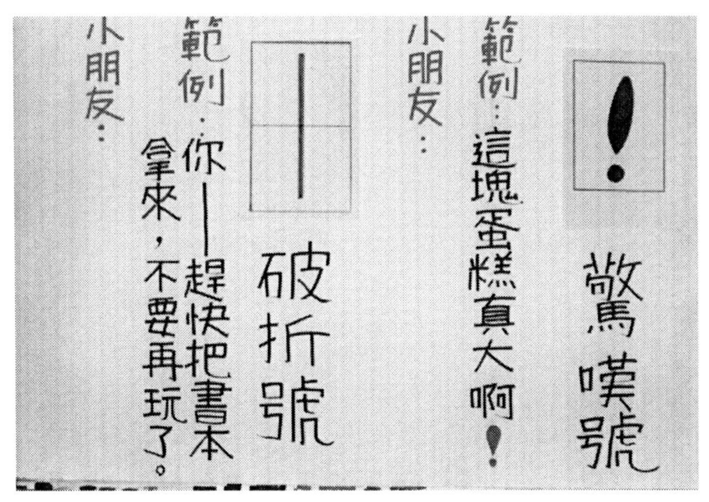

標點符號教具示範——驚嘆號與破折號

接下來，教師告訴小朋友「句號」的使用方法，並舉數個例子讓小朋友了解。因為這是小朋友正式學習的第一個標點符號，所以教師一定要讓小朋友掌握「一個人想說的話說完了」或「完整的意思」的概念。建議教師在引導此一概念時，可以先讓小朋友了解「一個人想說的話說完了」或「完整的意思」的概念就是：「別人聽得懂他想說什麼」或「別人聽得懂他說了什麼」，然後以「反問」的方式測試小朋友是否真正掌握此一概念。例如：

教師說：「今天是星期二。『句號』」（教師必須將句號也讀出來。）

教師問：「小朋友，老師剛剛說什麼？」

小朋友回答：「今天是星期二。」

教師說：「很棒！」「老師再說一個使用句號的句子。請注意聽喔！」

教師說：「我昨天晚上去麥當勞。『句號』」

教師問：「我昨天晚上去哪裡？」

小朋友回答：「麥當勞。」

……

若是需要，教師可以再示範一、兩個例子，或是讓小朋友自由發表分享。

教師講解、示範，或是小朋友分享過後，教師在黑板上寫一個句子讓小朋友抄寫下來。例如：「範例：我的肚子好餓。」（放在第二行）這個步驟除了幫助小朋友現場模仿學習外，小朋友回家後，若是他們的家長想要幫助小朋友學習，或是幫小朋友加強練習，這便是一個很好的參考資料。當然，教師若是資料取得來源沒有顧慮，可以提供家長使用標點符號方法的資料，家長更能有效的協助小朋友學習。

二、當場演練

教師提供小朋友一個示範句子後，接下來便要求小朋友造一個或兩個有「句號」的句子。小朋友可以將他的句子寫在第三行、第四行。當小朋友在進行標點符號演練造句時，教師可行間巡視，一方面觀察小朋友的練習情形，一方面了解小朋友的認知程度。在等待全部小朋友練習的時間內，如果時間允許，教師可以當場批改，給小朋友最立即的回饋與示意。若是小朋友造的句子不理想或是錯誤，教師必須請小朋友再造一個句子，以達到正確的學習。

小朋友當場練習使用標點符號

教師立即批改、回饋

三、循環教學

所謂循環教學就是教師講解、示範，小朋友分享、演練的過程。教師每介紹一個標點符號，必須依照講解、示範、分享與練習等步驟，讓小朋友一個個的學習標點符號，直到所有的標點符號學習完畢為止。

因為標點符號有十五個，依一般小朋友的學習進度，教師大約需要三至四節的時間，才能將標點符號全部講解、練習完畢。若是教師利用每天的零碎時間或晨光時間，整個學習過程就可能花費一週半至兩週的時間。所以，教師可以考量本身教學的條件做最適當的安排。

第四節　標點符號的延伸教學

標點符號是一個很實用的工具，也是一般人在書寫文字所需用到的工具，對小朋友而言，更是隨時需要具備的能力。所以，教師在引導小朋友做基本的標點符號認知學習之後，必須利用各種延伸活動讓小朋友將這項能力熟練，真正落實標點符號的學習。以下的活動，教師可以適時適地的運用或參考，相信對提升小朋友的標點符號使用能力有很大的助益。

一、接龍遊戲

接龍遊戲是大家所熟悉的一種遊戲，無論是玩撲克牌、電腦接龍，或是小朋友玩的語文接龍遊戲（最普遍的造詞接龍遊戲），都可以激盪出無限的趣味。所以，教師可以利用這項簡單的遊戲規則，讓小朋友熟練標點符號的用法。詳細的步驟如下：

(一) 設計句子

此一教學活動因為肩負學習標點符號的任務，所以教師在設計句子時，必須要考量到將所有的標點符號安排進去。換句話說，假設我們以一般班級分六組的情況下，教師設計的六個句子中，必須將所有標點符號分散涵蓋進去，所以建議教師事先規劃句子內容，例如：有些句子重心放在冒號與上下引號的運用，有些句子的重心放在頓號和句號的運用，如此一來，小朋友才可以透過遊戲活動，學習標點符號。

(二) 製作教具

誠如前面內容所提及，一套優質的教具可以讓教學活動達到事半功倍的成效，所以建議教師將前一步驟所設計好的句子（標點符號也需要一張紙），寫在長條紙上（書面紙、卡紙、粉彩紙……），然後再一字字裁開，成為一張張類似撲克牌的卡片（尺寸稍大於撲克牌，若用 A4 大小紙張，可以裁成四小張卡片）。當然，教師亦可將卡片的紙先行裁好，然後再將設計過的句子，一字字分別抄在紙上。卡片製作完成後，教師可以將卡片護貝，以利操作與保存。

(三) 講解規則

有遊戲就有規則，這是小朋友必須遵守的一個大原則。教師告知每一組小朋友如何將卡片分散在桌子上、如何共同排列句子、排列完成後如何告知教師、如何收拾卡片等規則，小朋友的學習活動才能在趣味中，兼具認知與技能學習的目的。

(四) 活動方法

為了讓教師更輕鬆的掌握整個教學活動，筆者將整個活動步驟細分如下：

1. 分組：教師可視班級小朋友人數自行彈性分組，一般約分四或六組。
2. 發卡片：教師將一組組內容已經打散（沒有按照句意次序）的卡片（事先用橡皮筋或長尾夾將整組卡片紮好夾緊）發到各組桌面

上。教師發完卡片後，告知小朋友聽到「開始」口令後，才能動手排列句子。

準備（教具已放置桌上）

開始（拿掉教具上的夾子）

3. 口令與方法：告知小朋友聽到「開始」口令後，先將整組卡片一張張分散在桌面上，看清楚所有的「字」與「標點符號」後再動手排列句子。

將字卡全部分散在桌上

開始排列句子

排列句子過程

此一分散字卡的步驟非常重要，教師必須引導小朋友一個概念，那就是：先看清楚「整體」再組合「部分」，也就是說，小朋友看到所有卡片的內容（字與標點符號）後，腦中對於整個句子的內容有一概略性的認知，才能在排列句子的過程中，快速的修正與重整。否則，小朋友急於利用卡片排出句子，拿一張排一張，完全無法掌握整個句子的內容，費時費力又失去樂趣。

4. 教師確認答案：任何一組的小朋友完成句子排列組合後，整組安靜舉手告知教師（或一人代表）。教師當場做確認的工作，告知小朋友是否排列出句子的正確順序。

完成排列句子活動

5. 收拾卡片：經過確認過的組別，教師必須要求小朋友將卡片紮好或夾好（將句子順序打亂），等待教師說出「交換」口令後，再將卡片放到別組的桌面上（可依順時鐘方向或逆時鐘方向交換）。
6. 交換口令：每一組小朋友聽到「交換」口令後，將卡片與別組交換。接下來的活動就重複三至六的步驟，整個活動必須進行到每一組小朋友都排列過教師所製作的六個句子後才算完成。

收拾教具

(五) 教學小秘訣

在比賽的氣氛中，小朋友的學習情緒比較高昂，整個教學效果也會相對提高。所以，建議教師進行上述活動時，可以採比賽方式進行。當然，任何比賽要求的不外乎是速度與正確性，但如果教師在活動中，同樣也要求小朋友遵守安靜與合作的習慣態度，相信小朋友學習收穫的層面也將更廣。

二、大風吹

大風吹？看到這三個字，立即映入腦海的就是愉悅的氣氛與歡樂的笑聲。教學活動若是能帶入這種境界，小朋友的學習有成效，教師的教學有成就感，實在是令人嚮往。其實，類似這樣寓教於樂的學習活動並非難事，只要教師願意讓教學有創意，小朋友的學習動機與學習成果就會被激盪出來。接下來與教師分享的活動，理論上是利用大風吹的規則，但納入標點符號的內容，讓小朋友的學習情緒如同被大風吹過一樣，去除根深柢固的寫寫、算算，體驗新的感受。

(一) 設計句子

此一活動與上述接龍活動，第一個區別就是句子的長度限制，在接龍活動中，句子的長度沒有很明顯的限制，只要教師將標點符號安排進去，內容的長短只要顧慮到小朋友的理解程度即可。但在班級中進行大風吹的活動，基本上只能分兩組比賽，若是依照目前小學班級的人數，大約都在三十人上下，所以教師所設計的句子，卡片中的字數加上標點符號，必須控制在十五張左右較為理想。

所以，教師在設計句子時必須注意的大原則有三：(1)文字內容與標點符號的總數在十五個左右；(2)句子中必須涵蓋使用率高的標點符號（或是教師想加強練習的符號）；(3)句意的難易程度適合大部分小朋友的程度，不要刻意設計艱深或過於簡單的句子。

(二) 製作教具

教師將活動所需要的句子設計出來以後，接下來便是製作兩套一模一樣內容的卡片了。同樣地，教師可以先裁紙再寫字，或先寫字再將紙裁開，只要兩套教具的內容一樣即可。接下來，教師將兩套卡片分別護貝，後面還需要貼上磁鐵，方便活動的進行。

(三) 講解規則

毫無疑問的，幾乎每一個小朋友都玩過大風吹的遊戲，也都熟悉遊戲中「大風吹」、「吹什麼？」的口令，所以教師只需要強調「吹」的內容及「吹」後的動作即可。

所以，在這個活動中，教師負責發號施令，指定吹的內容，因為教學重點是練習標點符號，所以教師每次「吹」的內容就是上一階段中，教師所設計的句子內容，教師每次吹一個字或一個標點符號。教師一「吹」完指定的內容，兩組的小朋友就必須看看自己手中的卡片，然後把符合指令的那個「字」或「標點符號」拿出去，並且貼在黑板上。教師一個字一個字（或標點符號）的「吹」，直到小朋友手上的卡片都出現在黑板上為止。

兩組小朋友手中的卡片都貼在黑板上後，接下來的活動便是「吹」——把句子按照順序排出來。換句話說，小朋友必須將黑板上的卡片按照句子的意思加上標點符號，然後排出一個有意義的順序，使其成為一個通順的句子，活動才算完成。

(四) 活動步驟

1. 分組：教師可以將班上小朋友分成兩組，一般而言，最省時的方法是將全班以「排」為單位，分成東西兩大組，假如小朋友願意的話，教師也可以替兩大組小朋友分別取一個隊名。
2. 發卡片：教師將製作完成的教具卡片（兩套內容一模一樣的卡片）發給小朋友，每個小朋友手上至少要有一張卡片，多餘的卡片，教師可依座位前後順序發給小朋友，以方便活動的進行。換句話說，兩組小朋友比賽的「題目」是一樣的，所以可以很公平的比賽。

教師發字卡

小朋友認清自己手上的字卡

3. 指定答案張貼區：教師可以在黑板的中間畫一條線，告知兩組小朋友，他們手上的卡片要貼在自己的那一區內，不用在乎順序與位置，只要將卡片貼住就可以了。

4. 口令與方法：活動一開始，教師首先說話。

   (1) 教師說：「大風吹。」

   (2) 小朋友說：「吹什麼？」

大風吹排列活動(一)

(3) 教師說：「吹手上有『說』字的小朋友。」（假設教師設計的句子為：小巍對我說：「你跟我一起回家好不好？」）

大風吹排列活動(二)

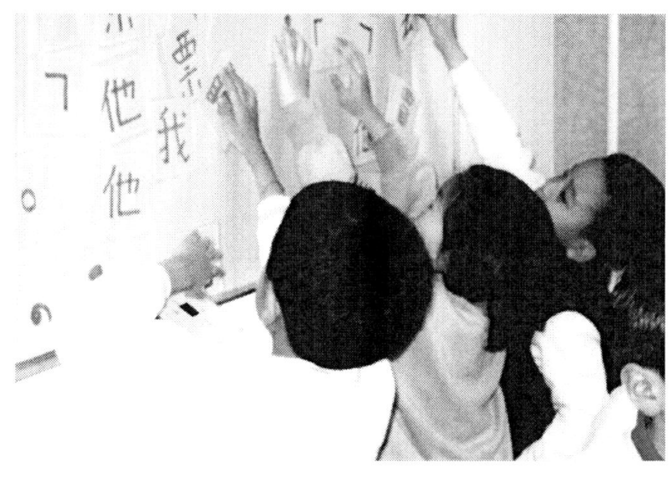

大風吹排列活動(三)

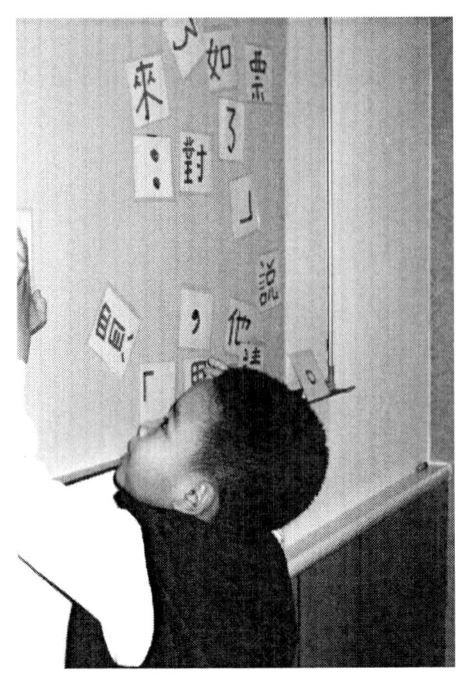

大風吹排列活動(四)

(4) 兩組小朋友手上有「說」的人，必須把那一張卡片貼在黑板上屬於自己的那一區內，然後下台回到自己的位置上。

(5) 教師說：「大風吹。」

(6) 小朋友說：「吹什麼？」

(7) 教師說：「吹手上有『：』號的小朋友。」

(8) 兩組小朋友手上持有「：」的人，盡快的把那一張卡片貼在黑板上屬於自己那一區內，然後下台回到自己的位置上。

……如此持續下去，直到兩組小朋友手上都沒有卡片為止。接著

(9) 教師說：「大風吹。」

(10) 小朋友說：「吹什麼？」

(11) 教師說：「吹『把句子的正確順序排出來』。」

大風吹排列活動(五)

教師協助小朋友排列句子(一)

教師協助小朋友排列句子(二)

此時，教師可以按照小朋友座位的順序，讓兩組小朋友各派一人上台，或是請求自願上台的小朋友到黑板前面排句子。若是小朋友一時之間，無法將句子完整的排出來，教師可以請另一個小朋友出來接續，以免造成小朋友的挫折感。這樣的步驟，持續到小朋友將句子按照正確的順序排出來為止。小朋友將句子排出來以後，教師可以和小朋友一起確認。在結束活動之前，可以再做下面的步驟：

(12) 教師：「請你們把正確句子讀出來。」

(13) 小朋友：「……」

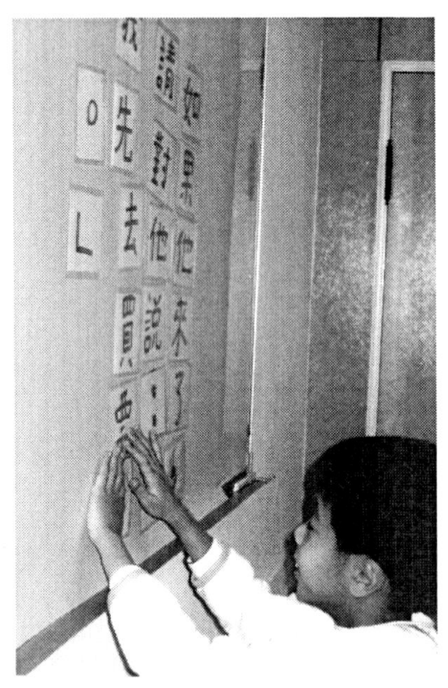

小朋友做最後的整理

完成句子排列活動

(五) 鼓勵與獎賞

因為活動採比賽方式，教師可以適當的給小朋友鼓勵，以增強他們的學習動機。至於鼓勵與獎賞的方法與內容，原則上只要注意「精神層次重於物質層次」就好了。

三、圖畫書的朗讀與活動

嚴格說起來，標點符號是一個很抽象的東西，小朋友如果要將標點符號運用得很熟練，實在不是短時間可以做到的。因為在平常生活中的對話，實在感受不到「標點符號」的重要性，雖然教師或大人常常「教」小朋友：在說一句話「停頓」的地方就必須要放標點符號。但是在生活中，小朋友絕對無法看到「標點符號」會在他說話停頓的時候「跑」出來，或「呈現」出來。所以，為了幫助小朋友掌握那份「停頓」的感覺，讓他們真正「看到」標點符號「呈現」在他們的眼前，圖畫書就是非常方便又吸引人的教具了。

身為教師，我們要如何引導小朋友從圖畫書的朗讀活動中，學習感受放標點符號的位置呢？下面有一些建議活動。

(一) 教師帶讀

圖畫書對於小朋友有一份吸引力，所以教師可以任意挑選一本適合小朋友程度的圖畫書，然後事先挑選內容中適合小朋友練習標點符號的部分，帶領小朋友朗讀。朗讀的過程中，教師要把標點符號也「讀」出來，例如：「在一座美麗的森林中『逗號』（，）住著一個很可愛的公主『句號』（。）她從小就失去了媽媽『逗號』（，）所以……。」教師讀一句，小朋友讀一句，這樣的活動可以持續一小段落後，教師再獨自朗讀故事內容給小朋友聽，以免小朋友因為「累」而失去活動的意義。

教師獨自朗讀的過程中，若是遇到圖畫書的內容中有其他重要的標點符號值得小朋友一起朗讀，教師可以請小朋友再一次的跟著朗讀，例如：「巫婆對著王子說『冒號』（：）『上引號』（「）你必須準備五十箱黃金『頓號』（、）六千支孔雀尾毛『頓號』（、）三百顆閃亮的石頭『頓號』來見我『逗號』（，）否則你就別想再見到你的媽媽了『句號』（。）『下引號』（」）。

如此型態的標點符號練習方式，小朋友剛開始會覺得很有趣，也很新鮮，所以教師只要拿捏得宜，每個星期或每天抽出一小段時間練習，日積月累，小朋友便能漸漸掌握那種「停頓」的需要，也就是在句子中放標點符號的「感覺」。

(二) 小朋友互讀

前面所建議的活動，著重在掌握「停頓」的感覺。接下來的活動，則是協助小朋友「看見」標點符號，所以教師可以安排朗讀程度相當的小朋友配對，請他們拿著圖畫書，無論是坐在位子上，或是坐在朗讀區都可以，兩人輪流朗讀圖畫書內容。當然，最重要的是教師必須要求小朋友把標點符號讀出來。隨著活動的進行，小朋友便能真正「感覺」加「看見」標點符號了。

小朋友互相輪流朗讀(一)

小朋友互相輪流朗讀(二)

小朋友互相輪流朗讀(三)

這個活動的目的是讓小朋友實際感受標點符號的作用，所以教師必須事先篩選圖畫書，挑選涵蓋各種標點符號的圖畫書，小朋友才能在活動中受益。另外，由於有些作家講求語氣變化，或是強調特殊效果，標點符號可能不是那麼的「標準」，所以在培養小朋友初學標點符號的這一個階段，建議教師慎選適當的圖畫書，避免小朋友觀念上的混淆。

(三) 標點符號大搜索

在十五個標點符號中，有些標點符號對小朋友而言，非常容易學，有些標點符號卻很難在他們腦中留下痕跡；有些標點符號他們很願意使用，有些標點符號卻始終受到冷落。推究其原因，不外乎：(1)沒有正確觀念；(2)不願意用心；(3)練習機會不多，無法靈活運用。因此，為了解決小朋友這方面的困難，圖畫書的功能又再度發揮效用了。以下是一些建議活動：

1. 表現對話的標點符號：小朋友使用「冒號」與「上下引號」表現對話時，最常犯的錯誤是「人稱」的誤用。例如：媽媽對我說：「我快去寫功課。」或爸爸說：「我要乖乖在家。」然而，對話的寫作方式必須經常出現在小朋友的作文中，所以，為了讓小朋友正確的使用對話中的「人稱」與「符號」，教師事先選擇內容中有很多對話的圖畫書，然後讓小朋友配對做活動。活動的方式可以如此進行：

   (1) 請配對的小朋友一起將圖畫書內容讀過一遍。

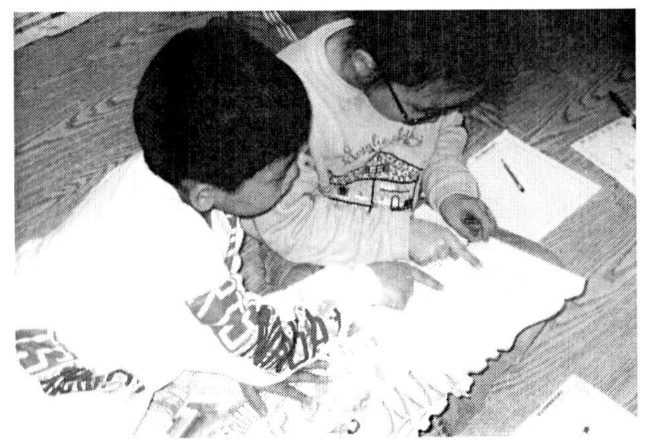

小朋友一起朗讀

小朋友抄錄對話的句子

(2) 請小朋友從內容中找出五句對話，然後將內容與符號抄下來。例如：爸爸抱著我說：「你真是我的好孩子。」

(3) 請小朋友將上一個步驟中的句子改成敘述句。例如：爸爸抱著我，並且說我是一個好孩子。

這兩個步驟可以讓小朋友明白誰和誰在對話？對話該怎麼寫？符號要怎麼樣使用？另外，如果不使用符號（：與「」），兩人間的對話該如何敘述。由於圖畫書有內容作為背景，小朋友比較能掌握人物彼此之間的關係，弄錯「人稱」的機率也相對減少。

然而，在教師進行這個活動的過程中，小朋友一定會發現一些現象，這些現象為：(1)說話的人有時可以放在那句話的後面，例如：「你今天真是運氣好呀!」媽媽對我說；(2)我們可以將說話人的表情、動作或聲音加以描述，再將那句話寫出來，例如：小傑喘吁吁的說：「快到操場去，小單摔倒了！」由此，教師又可以進行下面的活動了。

(4) 請配對的小朋友找出「說的話在前，說話的人在後」的句子五個。

(5) 請配對的小朋友找出可以知道說話人的表情、動作、聲音的句子五個，這些句子可以包括說話的人在後面或在前面。

透過如此層層漸進、毫無壓力的學習方式，小朋友學習到「完整的」、「相關的」認知與技能，所以，活動雖然費時，但絕對值得教師去經營。

2. 歸屬類別的頓號與其變化：「頓號」是所有標點符號中，小朋友比較容易掌握的，因為小朋友在日常生活中對於「類別」有很豐富的經驗。但是，為了讓作文有變化，「頓號」有時會與「和」、「刪節號」並用，以豐富文章的精采度。所以，下面的一些建議活動，可以幫助小朋友掌握「頓號」、「刪節號」、「和」之間的微妙關係。同樣地，教師必須事先篩選適合的圖畫書，讓小朋友做有效的學習。

(1) 請小朋友兩兩閱讀指定的圖畫書。

(2) 請配對的小朋友從圖畫書內容中，找出使用「頓號」的句子，並抄錄五個句子下來。例如：蛋糕的口味有草莓、巧克力、香草、芋頭。

小朋友討論、選擇符合規定的句子

(3) 請配對的小朋友從圖畫書的內容中，找出「頓號」與「和」結合的句子。例如：麥當勞的食物有薯條、漢堡、雞塊和炸雞。

(4) 請配對的小朋友從圖畫書的內容中，找出「頓號」與「刪節號」結合的句子。例如：公園裡的遊戲器材有溜滑梯、鞦韆、翹翹板、單槓……。

小朋友透過看故事、學標點的過程，對於「活用」標點符號相信有更實際的體認，當然，這種無壓力的學習方式也帶給小朋友另一種學習經驗。

(四) 標點符號總動員

教師引導小朋友學習及運用標點符號之後，雖然經過上面的一些基本活動，但都是屬於局部加強或片段學習，假設教師能再以「整體」活動做結束，相信小朋友使用標點符號的能力能夠更紮實。

1. 填一填：教師準備一小篇文章，這篇文章可以從圖畫書內容截取，也可以由教師自行編寫。教師在設計這一篇文章時，盡可能將所有適合的標點符號涵蓋進去，讓小朋友有機會學習使用正確的標點符號。另外，因為這一篇文章的目的是學習使用標點符號，所以教師必須在文章內預留標點符號的位置，讓小朋友將標點符號填入適當的位置。教師如果覺得這樣的方式批改不易，另一個變通的方法是：教師將所有的標點符號加以編號，並放置在文章的最前面，小朋友只要將號碼填入空格內就可以了。這種方式或許對小朋友和老師而言，比較方便和簡單，但是相對地，活動的挑戰性較低。
2. 實際寫作：標點符號單元的教學，最終的目的就是讓小朋友在寫作文的時候，靈活的運用標點符號，使得文章生動活潑。所以，教師此時便可以讓小朋友寫一篇作文，實際接受考驗。教師事先將一些標點符號列在黑板上，低、中年級可以省略「分號」與「破折號」（當然，教師可以根據班上小朋友程度自行增減，沒有一定的規則可循）。然後要求小朋友必須在文章內，將黑板上所有的標點符號使用進去。這樣的大原則乍看之下非常困難，但只要教師引導得宜，事實上困難度並非很高。所以，教師再進行此一活動所要注意的唯一事項為：挑選一個簡單易寫的題目。

所謂簡單易寫的題目，不外乎小朋友熟悉的主題，或生活的經驗談。所以，建議教師訂定類似：我的家、我的爸爸、我的媽媽、我最喜歡的玩具、我的好朋友等類似的題目，小朋友較容易下筆。其次，在小朋友正式下筆寫作之前，為了幫助小朋友進入狀況，也為了減少小朋友的挫折感，教師可以進行全班腦力激盪活動，也就是教師利用提問的方式，間接提醒小朋友寫作內容與標點符號的使用方法。接下來，以「我的家」為寫作題目做示範。

教師：「寫什麼樣的內容，可以將問號用進去？」

小朋友：「你猜我們家有幾個人？」「你知道誰是我們家最兇的人？」

教師：「很好，很棒！」

教師：「那——頓號怎麼放到內容中呢？」

小朋友：「寫我喜歡吃的東西啊！」

小朋友：「我要寫我喜歡看的電視節目。」

教師：「哇！厲害，誰能告訴我驚嘆號該放在什麼樣的句子中呢？」

小朋友：「天啊！弟弟又尿床了。」

小朋友：……笑成一片……

教師：「好，開始動筆吧！」

教師：「小朋友，你們可以從介紹家裡的人開始，然後寫出每一個家人的特色，或是喜歡做的事情，最後再寫出對家人和家的想法，或是對家的希望就算完成這一篇作文了。加油！」

誠如本章一開頭所言，標點符號如同作文中的紅綠燈，它能讓作文流暢進行，也能讓作文內容的「情感」適度流露出來，感染讀者、影響讀者，教師若能在小朋友低年級的時候，尋求適當的時機一步一腳印耕耘，小朋友的表現總會在教師心中開滿花朵的。

第九章 閱讀與學習單

深度閱讀書籍使我們在精神上得以舒緩、重整或暫時歸零再出發。閱讀，洗滌我們的心靈，開啟我們的視野，牽引我們的思緒，提升我們的智能，讓我們在熙攘生活中，得以捍衛自我心中的一片淨土。

如此多層次的閱讀「療效」，不僅是大人讀者享有，小讀者、小小讀者都可以得到效益。然而這樣的療效若要深植於個人心中，多少都需要透過學習或師長引領，並經由時間的轉化和沉澱，才能成為自我生命的一部分。

現今生活中的小朋友，身邊可閱讀的書籍不虞匱乏，但在他們閱讀初期經驗中，若沒有透過引導、討論、分享的過程，書籍的精髓可能無法在

他們心中留下痕跡。換言之，很多小朋友一本書接著一本書的閱讀，他們是否讀懂了？是否了解主題？是否能詮釋文句的意思？是否能與生活做結合？是否能欣賞並珍惜文字帶給他們驚豔與樂趣？答案是值得深思的。

當然，嚴格說起來，閱讀本身是不需要帶有「目的」或「責任」的，如果小朋友能夠單純的享受文學的樂趣，並在潛移默化中，漸漸累積自己的語文能力和生活態度，閱讀也許不需要老師「引導」就能達到功效。然而，令人擔憂的是：如果小朋友無法正確的閱讀文字、理解內容，導致曲解涵義，影響到語文認知和生活態度，那麼或許該讓教師、家長們適時、適量的「插手」協助，以厚實小朋友日後獨立閱讀的基本能力。所謂的「插手」協助，也就是本章的主題：閱讀學習單。

第一節　制式學習單的限制與建議

一般而言，學校教師在進行閱讀活動後，多半會發給小朋友一張制式的學習單，學習單的內容大體如下：抄錄書籍，作家、插畫家、譯者的名稱，記錄佳詞美句，寫出大意與心得，畫出印象最深刻的部分……。這些項目並非一無是處，但是無法啟發與提升小朋友的閱讀思考與理解能力。所以針對制式學習單的內容，筆者提出一些建議，提供給教師們參考：

1. 每一本書的內容特質、主題不同，單一、制式的學習單絕對無法引導小朋友深入思考與掌握主題。建議教師根據每一本書的特質，設計不同內容的學習單，增加學習的意義。
2. 學習單中所抄錄的佳言美句，若只是讓小朋友抄錄下來，完全無意義可言，充其量只是加深字型的印象而已。根據筆者多年的教學經驗，很多小朋友根本不了解自己抄錄下來的佳言美句，更遑論加以運用了。的確，一篇精采的文章或一本優質的圖書，內容不乏優美詞句。建議教師讓小朋友利用佳詞美句造句子，將其語文能力由抄錄提升到運用層次。

3. 學習單中，如果要求小朋友將最深刻的內容畫下來或寫下來，教師必須要求小朋友說出理由，或是步驟性的帶領小朋友聚焦在某一個主題，引導小朋友學習掌握內容中的重要訊息，而非讓學生隨意應付交差了事。例如：教師若要求小朋友寫出印象最深刻的角色，建議教師可採以下的步驟：

(1) 故事中，你最喜歡的角色是誰？（鎖定對象）

(2) 他做了哪一些事或說了哪些話，讓你印象深刻？（引證）

(3) 你覺得他為什麼要做那些事或說那些話？（思考、推理）

(4) 做了那些事或說了那些話後，他受到什麼影響或得到什麼結果？（因果關係）

(5) 你覺得這個角色具有什麼特質？（統整）

藉由上面的步驟，小朋友不但做到深度閱讀，也能精確的掌握角色特質，下筆寫作時才能有感而發且言之有理。

總之，閱讀後的學習單，應該幫助小朋友整理閱讀後的資訊，或是引導他們學習表達閱讀後的感受，而非機械性的抄錄一些資訊，應付性的畫一些圖，完全棄小朋友的思考、理解、統整和創造力於不顧。

第二節　四格寫作重點學習單

誠如前面所言，學習單的目的在於幫助小朋友理解閱讀資訊，增

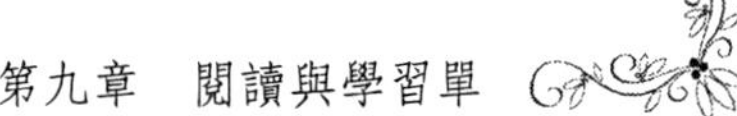

強語文能力，以及獲得樂趣。假設教師希望它同時培養寫作的能力，四格寫作重點學習單就是一個理想的操作方式。甚麼是四格寫作重點學習單呢？下面的敘述可以給您更詳細的解釋。

一、形式

四格寫作重點學習單，望文生義它就是需要四格格子，這四個格子的內容要如何設計呢？一般而言，筆者將四格寫作重點學習單分成兩類：

1. 簡易版：拿一張 A4 大小尺寸的影印紙。教師請學生將紙直放，約略在 1/8 處畫一橫線，將版面分成兩部分，上面部分可以請小朋友記錄書名、作者、繪者、譯者、出版社、上課日期、學生姓名等基本資料（項目可自行增減）。下面部分再置中橫摺一次，直摺一次，成為四個長方格。這四個長方格便可用來記錄閱讀重點。

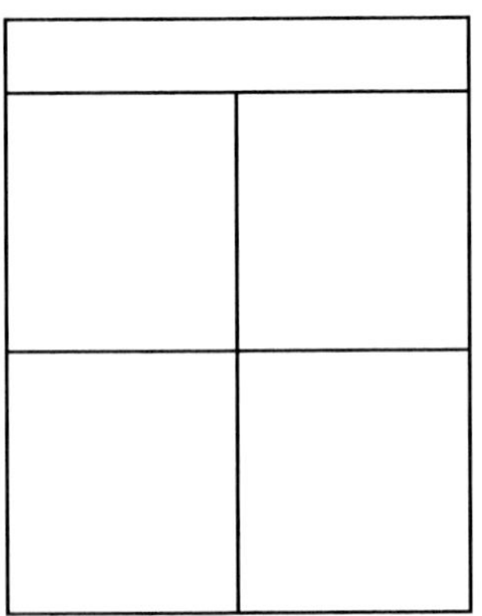

簡易四格寫作學習單

2. 進階版：教師可從電腦軟體中尋找適合的圖檔，作為學習單的基本模式，並把一些基本資料的標題，如：書名、作者、繪者、譯者、出版社、上課日期、學生姓名等（項目可自行增減），直接印在學習單上，再依教學需要影印份數。

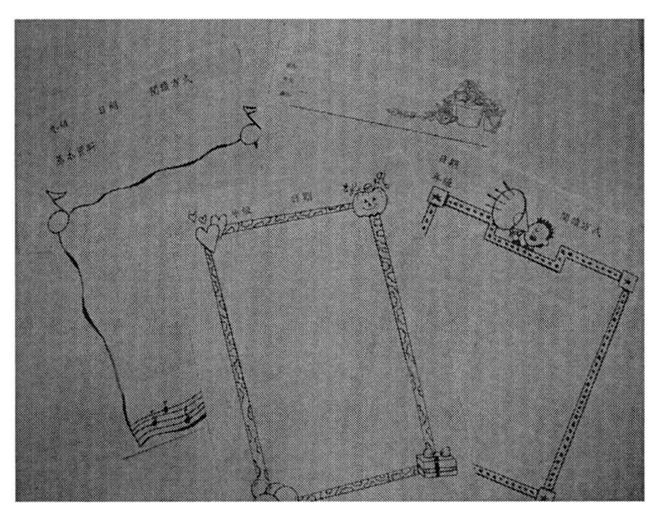

進階版四格學習單

平日教師要引導小朋友記錄閱讀重點或寫作架構時，只需要求小朋友將空白部分摺成四個長方格即可。這樣的學習單不僅活潑，增加學習樂趣，亦可減少學生自行製作學習單的時間。

小朋友將學習單空白部份區分成四個格子

二、內容

小朋友閱讀圖書完畢，教師若希望藉四格重點學習單，架構一篇作文的主要內容，必須慎重的根據圖書主題設計四個問題，讓小朋友透過這四個問題的引導，串成一篇作文的主軸內容。換句話說，小朋友若能將這四個問題的答案加以擴充、修飾，再有組織的、合邏輯的互相銜接串聯，便可完成一篇作文的主要內容。不過，教師在引導小朋友將四格寫作重點學習單轉化成一篇作文時，切記不要讓小朋友誤認這四個格子中的內容，就是作文的四個段落。為了避免這樣的「觀念」被小朋友誤植在心中，教師必須一再強調學習單四格中的內容是作文的「重點」，這些重點必須再逐一詳細敘述，才能構成一篇精采作文的主要內容。

當一篇作文的主要內容完成後，教師接下來便需引導小朋友用一小段文章當做開頭，以及一小段文章來收尾，一篇完整的文章便算是出爐了。所以，教師必須告知小朋友，四格寫作重點僅僅是作文內容的主要架構，他們需要將每一個重點詳細敘述，擴大鋪成為四個段落（或更多段落），才能組成一篇文章，絕非只是將學習單四格內容抄錄在作文稿紙上而已。

第三節　四格寫作重點學習單的教學步驟

一、閱讀

教師選取適合（學生能力、特殊主題、配合教材等因素）小朋友閱讀的圖書，請小朋友圍坐在閱讀角落或利用視訊，讓小朋友在沒有干擾的情形下，專心的進行閱讀活動。至於誰擔任閱讀內容的角色，教師可以自行斟酌，只要達到教師設定的教學目的即可（詳細說明可以參考本書第四章第二節）。

學生閱讀封底資訊，教師補充說明

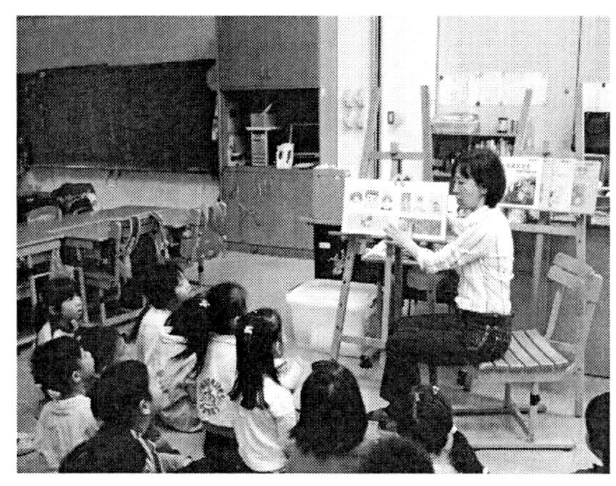

教師閱讀內容

利用視訊展示圖書內容

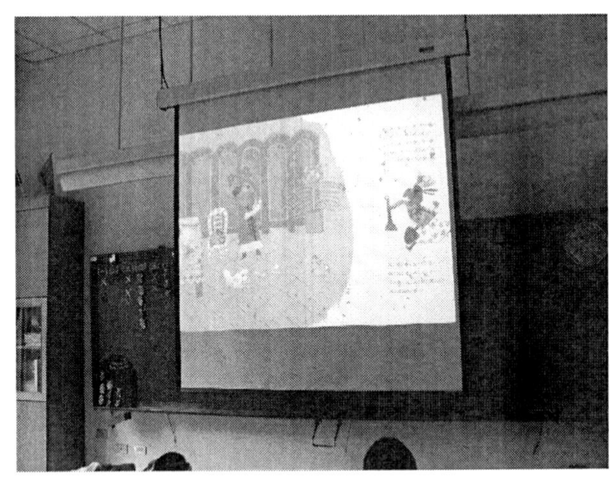

學生欣賞故事

二、提問與討論

閱讀後的提問討論活動，一方面為了幫助小朋友掌握閱讀的內容，一方面為下一步驟的寫作活動鋪路，所以教師在設計提問的問題時，宜先掌握主題，以利銜接寫作教學（詳細說明可以參考本書第三章第二節）。

教師與學生做提問討論活動

教師與學生做提問討論活動

學生發表想法

三、發下學習單

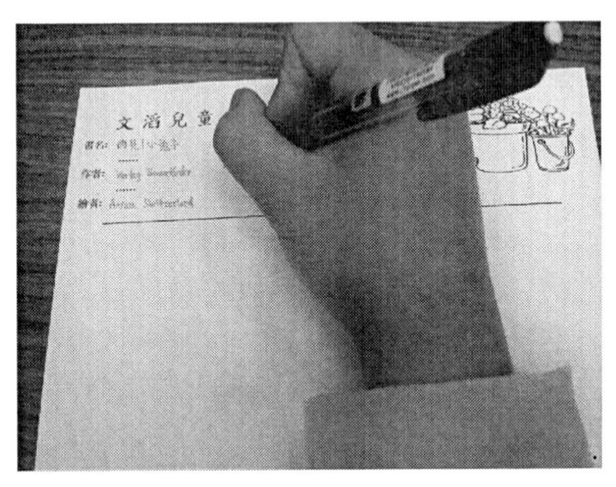

學生抄錄書名、作者、繪者

發下學習單，如果是簡明版的學習單（空白 A4 紙），教師請小朋友先填寫基本資料，如：書名、作者、繪者，自己的姓名和上課日期……。接著，讓小朋友將學習單摺成四個方塊格（橫向、直向各摺一次），並將間隔線畫出來，準備按照教師的引導，將寫作重點一一記錄下來。若是進階版的學習單（已印有基本資料項目），教師只需交代小朋友先將基本資料填寫完整，再將格子摺成四格並編號即可。

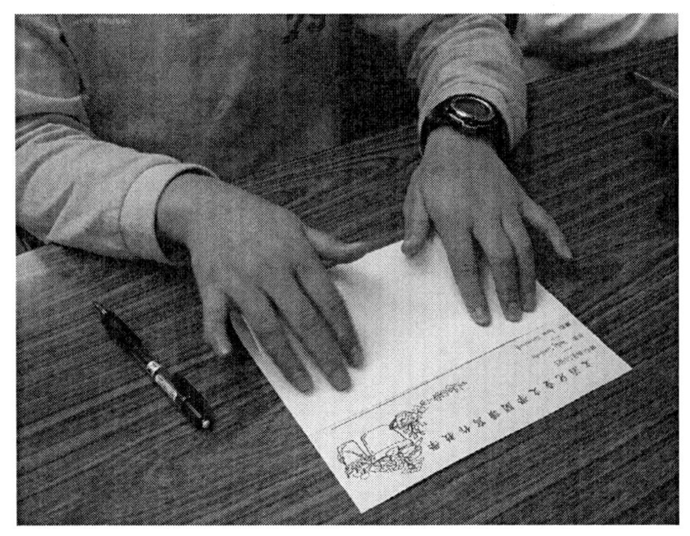

學習單上下對摺

學習單左右對摺

區分四格(一)

區分四格(二)

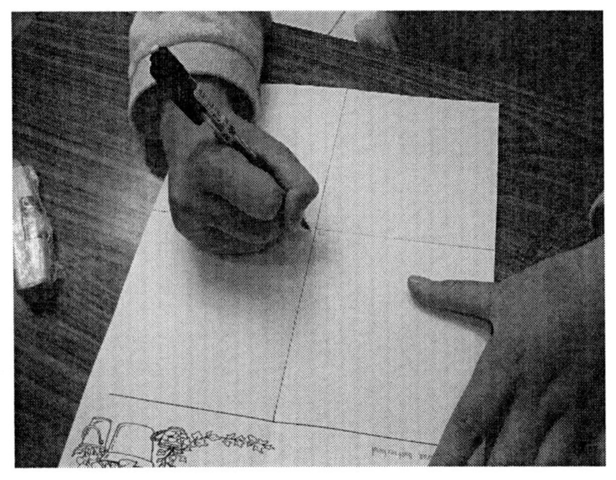

標示號碼

四、教師引導四格寫作重點提問活動

(一) 活動前的準備

教師在提四個問題之前，必須根據前面閱讀內容中的主題，也就是教師在教學前事先設定的閱讀主題，才不會流於為作文而提問的形式。

因此，教師在提出四格的問題時，必須清楚的告訴小朋友這四個題目所引導出來的答案，只要銜接起來就是一篇作文的主要雛形。所以，小朋友在寫作文時，必須謹慎的串聯這四個格子的內容，才能言之有物的完成一篇有組織、有內容又合乎邏輯的文章。

舉個例子來說，假設用以引導小朋友寫作的主題是「溝通」。教師的四格提問可以涵蓋：溝通的意義、溝通的重要性、溝通的方式、溝通的態度等四個要點。再舉個例子來說：假設教師設定的主題是□□的一天，那麼四格的題問重點便可以是：界定自己當天的心情並說明原因（例：今天真興奮，因為爸爸答應陪我去看球賽）、事件的過程、當時的心情、整體的想法或收穫。

總而言之，四格重點提問是培養小朋友在寫作文時，練習掌握主題的大綱，以及如何將主題大綱銜接成一篇作文。換句話說，提問是協助小朋友統整寫作材料並組織材料的重要活動。

(二) 活動進行的步驟

當教師擬定自己的提問問題與順序，小朋友也準備妥前置作業後，教師便與小朋友進行一問一答（將答案化成文字敘述）的四格寫作重點提問活動。

1. 首先，教師將第一格的題目說一遍（例：大灰兔和小褐兔在個性上有甚麼特質？）然後請朋友將關鍵句（或詞）寫下來，例如：個性（答案可採列點、敘述或織網式皆可）。當小朋友抄錄完關鍵句（或詞）後，教師必須當場留時間讓小朋友完成該題的答案。至於留多少時間較為合理，教師可依照班上小朋友狀況或答案內容多寡決定。

教師寫出關鍵詞

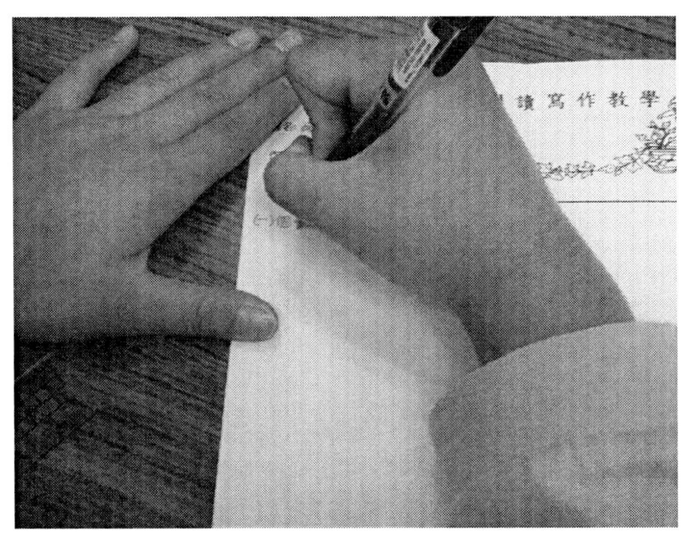

學生抄錄關鍵詞

教師引導學習單主要內容

教師引導學習單主要內容細節

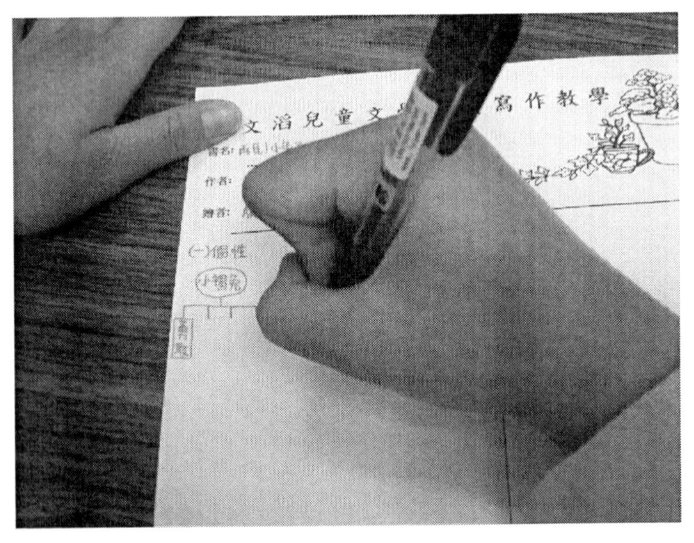

學生自行完成學習單

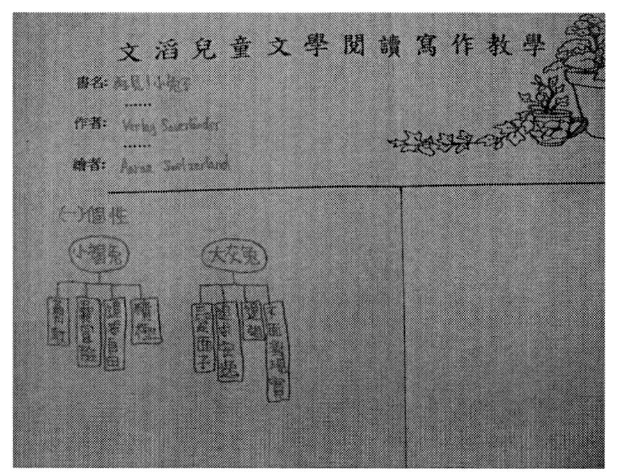

學生完成學習單第一格內容

2. 完成第一格的提問後，教師再繼續進行第二題。同樣的，教師先說出題目，再將關鍵字抄錄在白板上，讓小朋友抄錄在格子中。小朋友接著完成自己的答案。如此類推，直到四個格子的內容完成為止。

由於這些問題的答案或類似情境，在先前閱讀、討論的活動中，已經做過仔細的討論。所以教師在指導小朋友完成四格寫作重點時，只需再次強調或提醒即可，不需花費太多時間。

第四節　四格寫作重點學習單引導要領

既然四格寫作重點學習單是幫助小朋友掌握作文內容大綱，讓他們有所遵循、輕而易舉將四格寫作重點轉化成作文內容（由簡而繁）的重要關鍵，教師在引導四格寫作學習單時，必須耐心且有策略的引領，才能讓小朋友四個格子中的內容活潑、精采。下面的教學策略提供教師參考。

一、善用技巧，鼓勵小朋友增加四格內容

小朋友在寫作文時，經常發生兩種狀況，一是「省話一族」，三言兩語就把狀況交代清楚，好似報告新聞，不能加入個人的想法和意見。另一個現象則是拉拉雜雜，深怕自己說得不夠清楚，內容冗長卻無法凸顯主題。

針對這樣的現象，教師在引導小朋友寫四格提問答案時，可以依據主題類型，針對答案做某些「限定」，以「強迫」方式激發小朋友的寫作能力。

(一) 限定字數

針對小朋友「惜字如金」的現象，教師可以釋出殺手鐧，規定小朋友答案的字數。例如，教師給小朋友的問題是：寫出你最喜歡的電視節目並說明原因。教師限制字數與否將呈現下列不同的成果：

1. 我最喜歡看發現頻道，因為可以得到很多知識。（沒有限定字數）
2. 我喜歡看發現頻道，這個節目不但可以讓我增加知識，還可以了解世界上動植物的生長情形、人體的奧妙、大自然神秘……如同閱讀一本「活」的百科全書。（限定至少五十個字）
3. 我喜歡看發現頻道，這個節目不但可以讓我增加知識，還可以了解世界上動植物的生長情形和各種文化背景的差異。此外，這個節目也影響我對世界上很多事物的看法、想法，我覺得自己比以前更聰明了。（限定至少七十個字）

根據筆者的教學經驗，小朋友透過習慣的養成，多半能夠接受挑戰，完成教師規定的字數。而且，因為他們必須計算字數，甚至將數

學課中每十個一數做記號的策略運用在語文上呢！另外，當小朋友發現自己不但能夠達到目標，而且超越目標時，心中的喜悅立即呈現在臉上。此時，教師一定要即時給予鼓勵，激發他們更多的潛能。

(二) 限定敘述方式

變化寫作方式也是教師需要協助小朋友養成的一種能力，透過某些限定，小朋友才能活絡寫作手法。例如，教師的問題是：我最喜歡的動物是……。下面是小朋友呈現的一些成果：

1. 我最喜歡的動物是博美狗，牠非常可愛，體型小巧玲瓏，身上細細厚厚的毛像一件迷你毛衣，冬天將牠抱在身上，好溫暖！（限定不能使用『因為』這個銜接詞）
2. 小巧玲瓏的體型，圓圓的眼睛，毛茸茸的身體，這就是我最喜歡的動物。每天放學回家只要一見到牠，我的煩惱就消失了。（限定以描述寵物外形為開頭）

(三) 限定修飾加比喻的句子

一般而言，當教師要求小朋友寫出事件或人物對自己的心情影響，或擁有某些物品帶給自己心情上的轉變時，大部分的小朋友使用的形容語句不外乎「高興」、「興奮」、「快樂」……一些較籠統、模糊的語詞，完全無法顯現出真正的感受。因此，適度的給小朋友一些「規定」，除了可以增加句子的精采度外，也同時擴大他們的想像空間。例：

1. 當我看見手上的禮物時，我的心中充滿許多微笑的聲音，好像一群快樂的小天使，爭先恐後的湧向我的身邊，為我唱歌、跳舞。（以比喻的方式修飾句子）
2. 當我接到禮物時，我很高興。（沒有限定）

第五節　四格寫作重點轉化成作文教學要領

如同前面章節所言，大部分教師在引導小朋友寫作時，多半會採用先行告知段落重點，或是採用本書建議的列點式、織網式、圖畫式等寫作大綱法，讓小朋友在寫作前有所依循。然而，即便教師如此用心的引導，很多小朋友仍然無法寫出結構完整、重點明確的文章。有些小朋友完成的文章，只是以四格寫作重點為主軸，再加些許細節便交差了事，或是以回答問題（若教師採列點式提示法）的方式，完成一篇文章。這樣的成果無論對資深或是資淺的教師而言，都充滿挫敗的感覺。

因此，無論教師們採用何種作文引導方式，事先設計如何將重點（或大綱）轉化成文章的教學技巧，可以達到事半功倍的作文教學成果。接下來的內容是如何引導小朋友銜接四格寫作重點，以完成一篇通暢作文的教學技巧（列點式、圖畫式、織網式在第三章第四節已詳細敘述）。

一、前置準備：教師先批改學習單（四格寫作重點學習單）

四格寫作重點學習單可以視為小朋友的作文草稿，因為這是他們在教師提問引導下，當場記錄自己的想法、心情或論點。雖然這是小朋友的「原汁原味」，但語句多半缺乏組織，過於口語或是用詞不夠精準。如果小朋友利用這些「原汁原味」作為寫作的基本雛型，內容必定充滿口語、冗詞，段落亦缺乏邏輯性或合理性。

因此，建議教師在小朋友寫作之前，先行批改四格寫作重點學習單，讓小朋友學習正確、精確、合邏輯的用語或句子。小朋友接下來根據學習單正式下筆寫作文時，語句定會通暢多了。例如：學生慣用「好」、「不好」來形容所有的人、事、物，完全無法凸顯特色。「我的老師很好」「這塊蛋糕很好吃」「媽媽說我做得很好」「我們要改掉不好的習慣」「這個地方不好」……。所有的句子只能涵蓋一個模糊的概念，不精采，也不夠生動。反之，如果教師將這些語詞事先修改為「我的老師很溫柔」「這塊蛋糕好濃郁」「媽媽說我做得很仔細」「我們要改掉罵人的習慣」「這個地方不夠整潔」……，小朋友筆下的語句立刻增添光彩。所以，教師必須培養小朋友使用「精確」、「精采」、「有辨識度」、「呈現畫面」……的語詞的能力，讓小朋友體認並享受使用變化語詞的樂趣，每下一筆都充滿挑戰性與成就感。

二、指導寫作

誠如前面一再強調，四格寫作重點只是文章的主要架構，並非文章的全貌，更非形式上的轉化為文章裡的四個段落。所以，教師引導小朋友寫四格重點的當時，必須清楚的跟小朋友強調，讓小朋友了解四個格子的內容，只是「重點」或「大綱」，他們必須將四個格子的內容再仔細的說清楚、講明白，才能成為一篇文章。

為了達到這個目的，建議教師採用下面的要領，一步步引導小朋友根據四格寫作重點，完成一篇作文。

(一) 訂定題目

教師可以指定題目，亦可以允許小朋友自訂題目，只要合乎主題即可。小朋友寫題目時，教師不要忘記提醒他們格式（第一行空四格再寫題目）。

(二) 提示或教導開頭方式

文章開頭的精采度，大致上可以決定一篇文章的成功與否。基本上，文章的開頭方式相當多元，建議教師有計畫的教導一些文章的基本開頭方式，讓小朋友腦中有一個「文章開頭檔案」，隨時可以取用。若教師已經指導過小朋友關於各種文章開頭的技巧，小朋友可以自行決定使用何種開頭方法。此外，針對特殊的文章，教師亦可先行指導，再讓小朋友隨即運用。

(三) 指導如何擴充四格重點內容

1. 關於事件的敘述：請小朋友依據原因—過程—結果的順序，將一件事情的過程娓娓道來，並特別加強關鍵點的敘述。何謂關鍵點呢？只要某件事發生後，造成很多影響，那件事便是關鍵點。例如：我注意到走廊的中間有一灘水（原因），我立即把水掃乾（過程），老師知道這件事後便在全班面前誇獎我的行為（結果）。上述這個例子，關鍵點為「掃水」，小朋友若能寫出自己為什麼想把水掃乾？如何把水掃乾？其他的人對他的行為有何反應？他如何回應其他人的反應？這些細節的陳述必能增加文章的精采度。
2. 關於人的敘述：請小朋友把重點放在人的表情、動作、聲音（外顯特質）、想法（內在思緒）等方面的描述，作文便能生動活潑，而且能「投射」畫面，供讀者「欣賞」。
3. 關於一個事件或動作的完成（做了一件事，完成一個想法，結束一趟旅遊……）：依據常理，當我們完成一件事情或結束一個活動時，必定有些想法或得到影響，這些想法或影響可以是正面的，也可以是負面的；可以是立即的，也可以是未來的。所以，當小朋友寫「完成一件事情、達到一個目標、結束一個旅程……」都必須稍稍延伸這個主題，做一個有意境、有遠景或有想像空間的結尾，才能給讀者留下印象。例如：這趟海灣之旅結束了，我望著窗外的景色，細細回味著旅途中的歡笑與淚水，期待自己的心能夠像海水一樣寬廣，接納生活中的各個喜怒哀樂。

4. 藉由字數掌控段落的長度。小朋友尚未將重點轉化成文章以前，請他們先數一數四格寫作重點內容的字數（即用了多少字寫重點），教師再示範如何將重點的字數「擴充」為倍數的作文內容，這是一個相當重要的步驟。多年來，筆者一直採用「眼見為信」的方法。筆者示範將每一格重點轉化成作文的訣竅是：在我以「口」寫作文的同時，請小朋友用手指頭數一數我「寫」了多少字。換句話說，如果小朋友學習單上某一格的重點只有十個字（一個概念或狀況），我會將這個概念至少用五十個字去詳細說明。教師如果覺得用手指頭數字的方法太幼稚（高年級的小朋友可能會如此認為），也可以在白板上（或黑板上）以「點」代表字（……）的方式表現作文內容，讓小朋友很清楚的「看到」字數的增加。

(四) 強調作文內容的邏輯性

既然四格寫作重點是文章中的主要內容，在小朋友學習如何「加油添醋」或「加料」、「灌水」後，下一步便是學習句與句、段與段間的銜接技巧。基本上，段與段（或句與句）的銜接要領可以分為：

1. 時間的接續（短時間的步驟性）：告訴小朋友所有的事件都跟時間有關係，所以他必須學習顯示「順序」的語詞，例如，首先→接下來→然後→再來→最後，或第一步→第二步→第三步或其他方法。倘若較長時間的接續：小朋友便可使用下列的語詞，讓作文的內容更合理、順暢。這些語詞包括：一會兒後、一段時間後、一陣子後、我長大了，或是今天、隔天、第三天⋯⋯。

2. 因果關係的接續：基本上，小朋友習慣使用「因為⋯⋯所以」「雖然⋯⋯但是」「不但⋯⋯還」等因果關係詞。不過，若是每件事情都以這樣的句型敘述，文章必定失色。因此，教師可以提供不同的「工具」讓小朋友靈活轉換，例如：「如果⋯⋯則⋯⋯，反之則⋯⋯」「大部分的同學都⋯⋯只有⋯⋯所以⋯⋯」等。

四格寫作重點的教學方式，不但讓教師能自行釐清教學方向，也能協助小朋友運用歸納（四格重點）與演繹法（化重點為作文內容），將自己的心聲、想法、做法化為文字，希望每一位小朋友都有機會享受這樣的教學方式，結合閱讀與寫作的樂趣為一整體。

第十章　四格寫作學習單教學範例

前一章對四格寫作教學的整體運作已做詳細介紹，為了讓教師能更進一步的掌握教學要領，以利教學的順暢運作。接下來筆者將依照低、中、高年級程度，為四格教學做示範。示範的內容包括圖書介紹、主題選取、四格提問題目、學習單操縱方式，以及學生作品欣賞。希望藉著這些教學實例的示範，教師更清楚的掌握閱讀銜接寫作教學的方式，共同提升小朋友的語文能力與興趣。

第一節　低年級學習單教學示範

一、範例一

1. 閱讀書籍：《我出生的那一天》。
2. 故事大意：這是一本由好萊塢著名影星潔美・寇蒂斯所寫的一本輕鬆小品。內容敘述一對領養父母與所領養的女兒間的幽默故事。整個故事由小女兒提出問題所獲得的答案，透露出新手爸媽對孩子的愛與學習。
3. 主題：親子的溫馨互動。
4. 學習單寫作策略：限定開頭句。
5. 四格重點提問問題：
   (1) 當你出生時，你覺得爸媽當時的心情如何（用「當我出生時……」作為開頭句）？
   (2) 當你第一次看到爸媽時，你的感覺是甚麼（用「我出生時，我覺得……」作為開頭句）？
   (3) 從出生到現在，你覺得自己有什麼改變呢（用「我漸漸長大了」當開頭句，寫出三個項目）？
   (4) 你心中想對爸媽說些什麼話？
6. 學習單與作文示範作品（四格寫作重點如圖 1、2）。

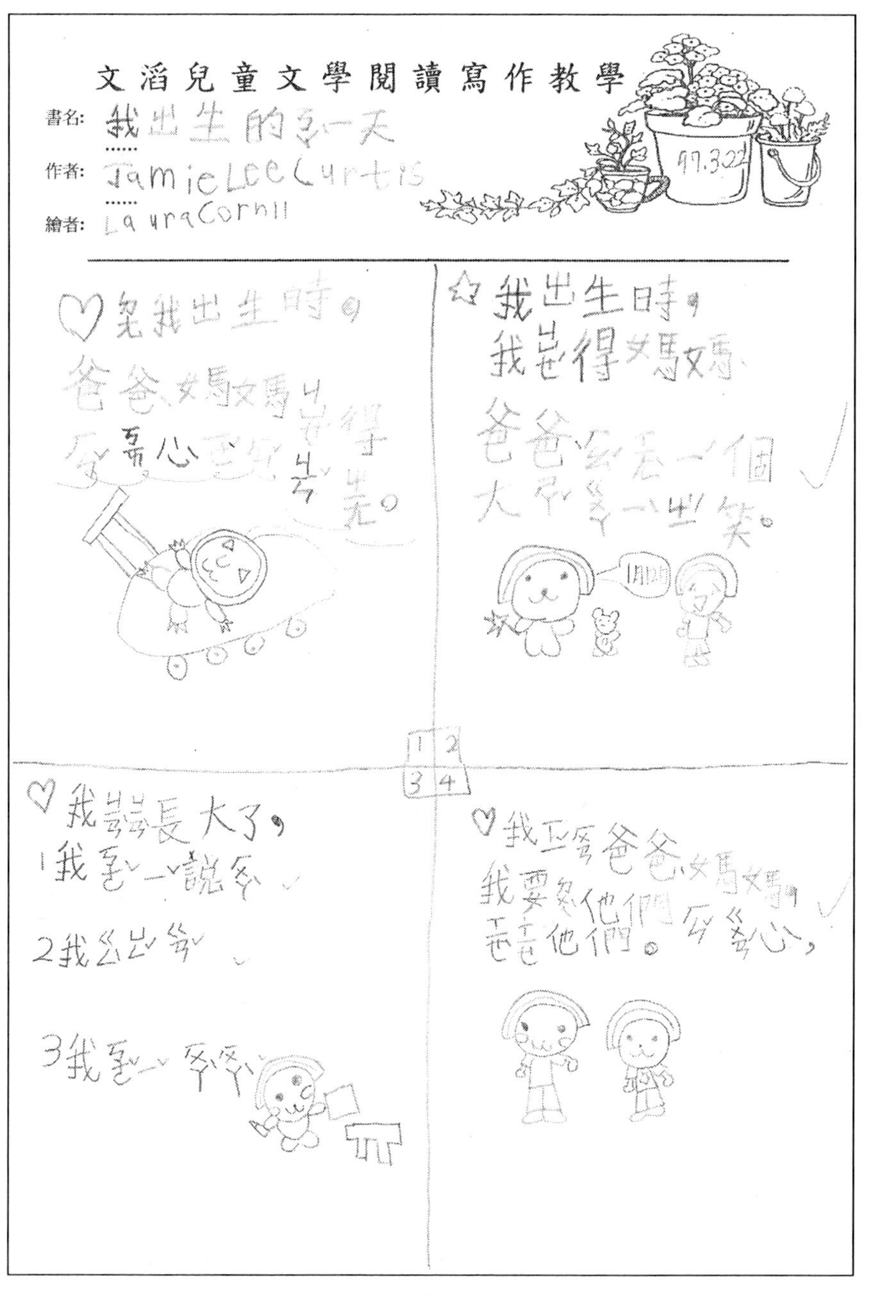
文滔兒童文學閱讀寫作教學
書名：我出生的那一天
作者：Jamie Lee Curtis
繪者：Laura Cornell
97.3.22
1 2
3 4

圖 1

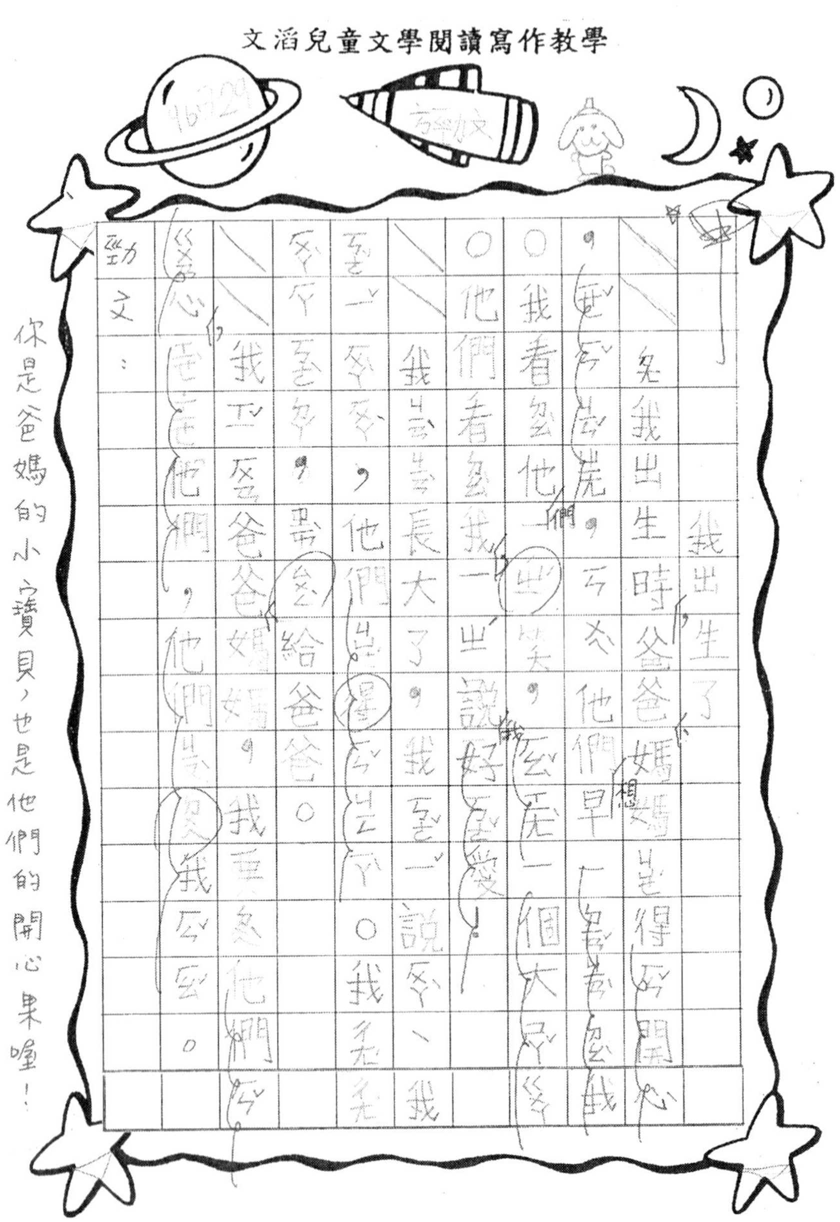

圖 2

二、範例二

1. 閱讀書籍：《森林裡最恐怖的是誰？》。
2. 故事大意：生活中到底誰最恐怖呢？尚未閱讀故事之前，小朋友根據封面、插圖所做的預測，皆猜測答案是「鬼」。然而，故事的結局頗令人意外，因為無論是狼、強盜或鬼都不是答案。真正恐怖的人是森林中的老婆婆。為什麼呢？因為老婆婆善解人意的個性，讓其他角色由害怕而心服口服。
3. 主題：趕走討人厭的壞脾氣。
4. 學習單寫作策略：限定使用動詞（認為、覺得、感到）。
5. 四格重點提問問題：
   (1) 在學校裡，我認為……最恐怖，……（理由）（用「認為」當作動詞）。
   (2) 在家裡，我覺得……最恐怖，……（理由）（用「覺得」當作動詞）。
   (3) 我感到自己最恐怖，因為……（用「感到」當作動詞）。
   (4) 寫出壞脾氣的壞處（限定最少五十個字）。
6. 學習單與作文示範作品（四格寫作重點如圖 3、4）。

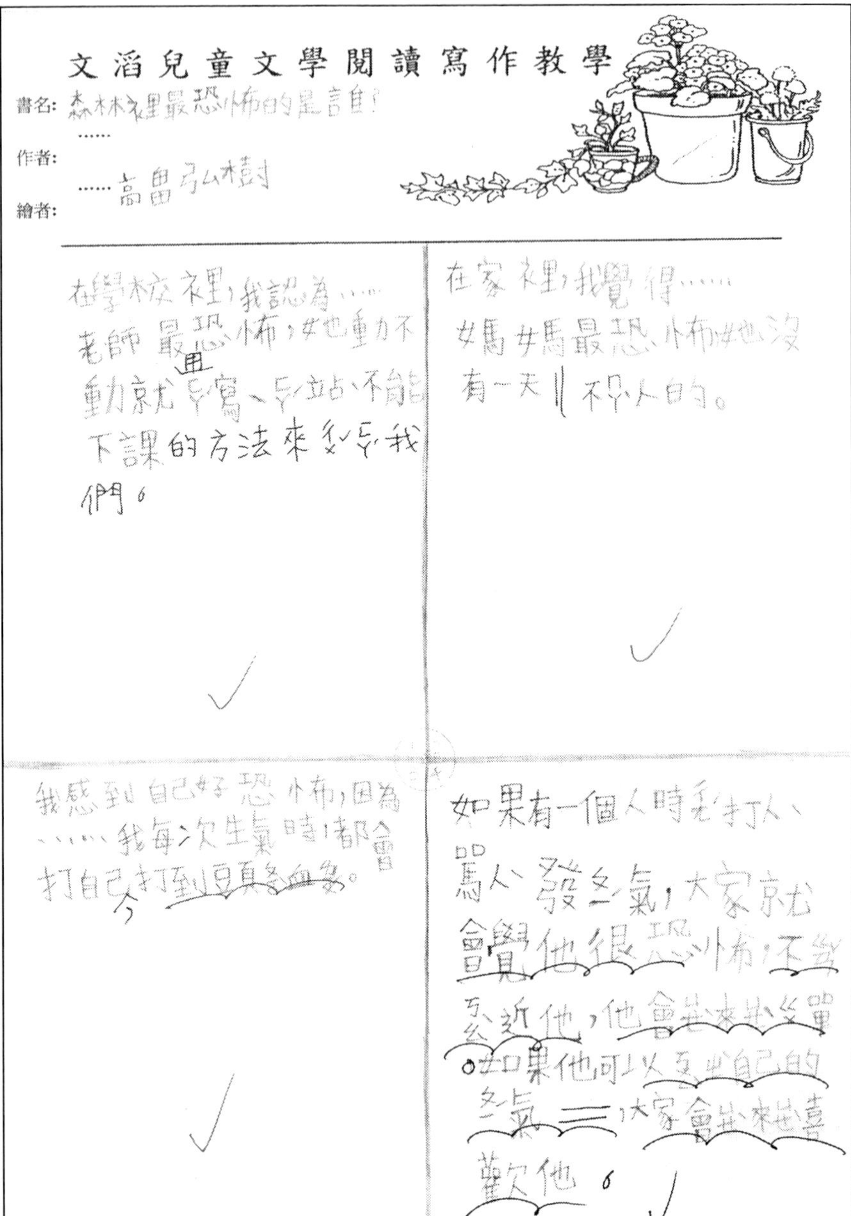

文滔兒童文學閱讀寫作教學

書名：森林裡最恐怖的是誰？……

作者：……高畠弘樹

繪者：

在學校裡，我認為……
老師最恐怖，她動不動就罰寫、罰站、不能下課的方法來處罰我們。

在家裡，我覺得……
媽媽最恐怖，她沒有一天不罵人的。

我感到自己好恐怖，因為……我每次生氣時，都會打自己打到頭破血流。

如果有一個人時常打人、罵人、發脾氣，大家就會覺得他很恐怖，不敢接近他，他會非常孤單。如果他可以改掉自己的脾氣，大家會非常喜歡他。

圖 3

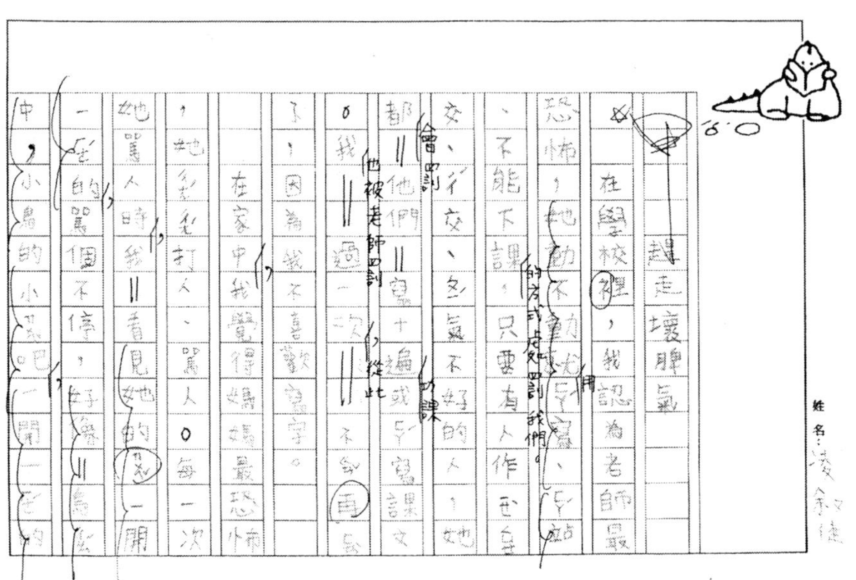

趕走壞脾氣

姓名：凌叙使

在學校裡，我認為老師最恐怖，她動不動就罰寫、罰站、不能下課，只要有人作弄自己、打人、發脾氣不好的人，她都會罰他們寫十遍或罰寫課文。我被罰過一次，從此不敢再犯了，因為我不喜歡寫字。

在家中我覺得媽媽最恐怖，她會打人、罵人。每一次她罵人時，我看見她的嘴一開一合的罵個不停，好像鳥在叫，小鳥的小嘴吧一開一合的

食物。平常媽媽生氣都是因為我和姐姐太笨才會惹媽媽生氣，我們很對不起媽媽。

我感到自己很恐怖，因為我每次生氣就會丟東西、踢椅子、打自己、拿東西出氣等，還會打自己，如說自己走去撞牆，送到醫院去包紮。

如果有一個人時常打人、罵人、發脾氣，大家就會不敢靠近他，所以我那個人就會很孤單。所以我一定要做一個會控制情緒的人才不會成為一個孤單的人。

98年3月12日

叙使：

你很用心寫作，內容很完整，文字精采。記得提醒自己當「溫和」的小淑女喔！

文滔語文閱讀寫作教室

圖 4

三、範例三

1. 閱讀書籍：《小紅帽來啦》。
2. 故事大意：改編自經典小說《小紅帽》的一個現代版故事，內容充滿新意，深深吸引小朋友的目光。這個故事中的狼對小紅帽還是很不友善，但背後的動機居然是：爭寵、吃醋。這是一個貼近小孩生活層面的故事。
3. 主題：妒忌的心。
4. 學習單寫作策略：字數限定。
5. 四格重點提問問題：
   (1) 查字典寫出妒忌的意思？
   (2) 我曾經妒忌過……（寫出對象）
   (3) 我妒忌了，心中充滿……（請至少寫出五十個字）
   (4) 如何克服妒忌的心情？（限定三個方法）
6. 學習單與作文示範作品（四格寫作重點如圖 5、6）。

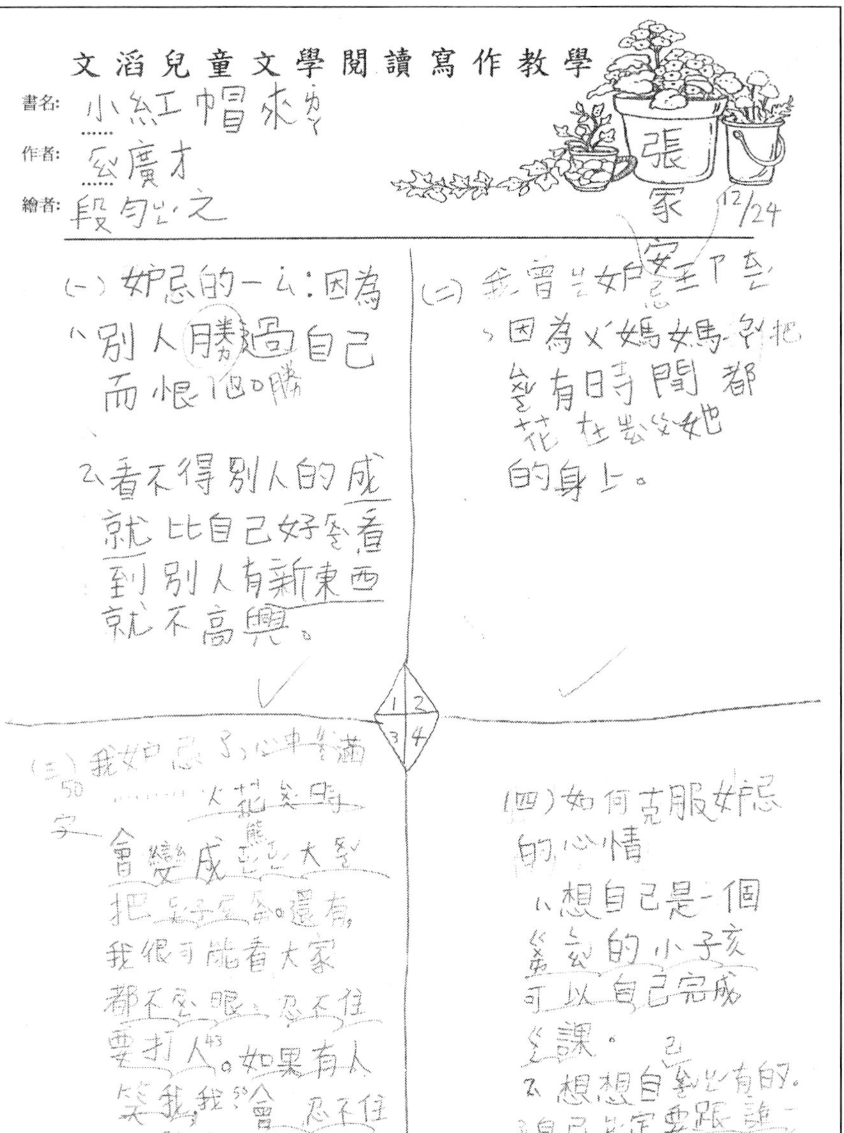

文滔兒童文學閱讀寫作教學
書名：
作者：
繪者：
1
2
3
4

圖 5

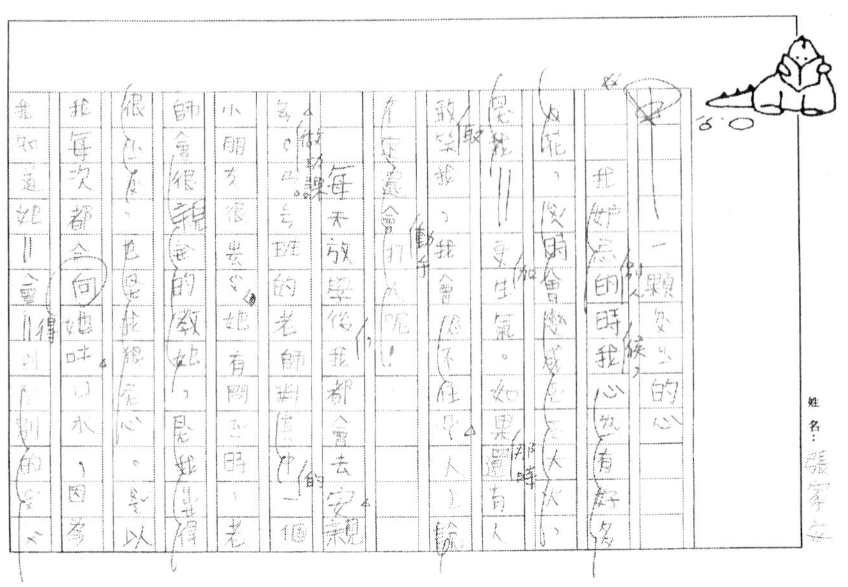

圖 6

第二節　中年級學習單教學示範

一、範例一

1. 閱讀書籍：《黑夜黑夜不要來》。
2. 故事大意：對大多數忙碌的大人而言，夜的來臨，雖然人人感受不同，但總是劃下一天的句點，可以稍稍喘一口氣。然而，對孩子來說，黑黑的世界可不是那麼具親和力了。本書的內容敘述孩子害怕黑夜，疑神疑鬼，弄得自己緊張兮兮，深怕自己會被黑夜這個大怪物抓走。故事的結局是個大逆轉，由於孩子的「害怕」太大了，居然嚇得「黑夜」倉皇逃走，還跌個東倒西歪呢！
3. 主題：克服害怕。
4. 學習單寫作策略：限定加強形容（不能只寫兩個字的形容詞）。
5. 四格重點提問問題：
   (1) 先寫出自己對黑夜的感覺，再仔細描寫（以「在黑夜中，我感到……」為開頭句）。
   (2) 寫出自己當時的需求（以「這個時候，我希望……」為開頭句）。
   (3) 寫出如何解除對黑夜的害怕（以「在黑暗中，我只要……就不會害怕了」為開頭句）。
   (4) 寫出黑夜消失後的感覺（句子）。
6. 學習單與作文示範作品（四格寫作重點如圖 7、8）。

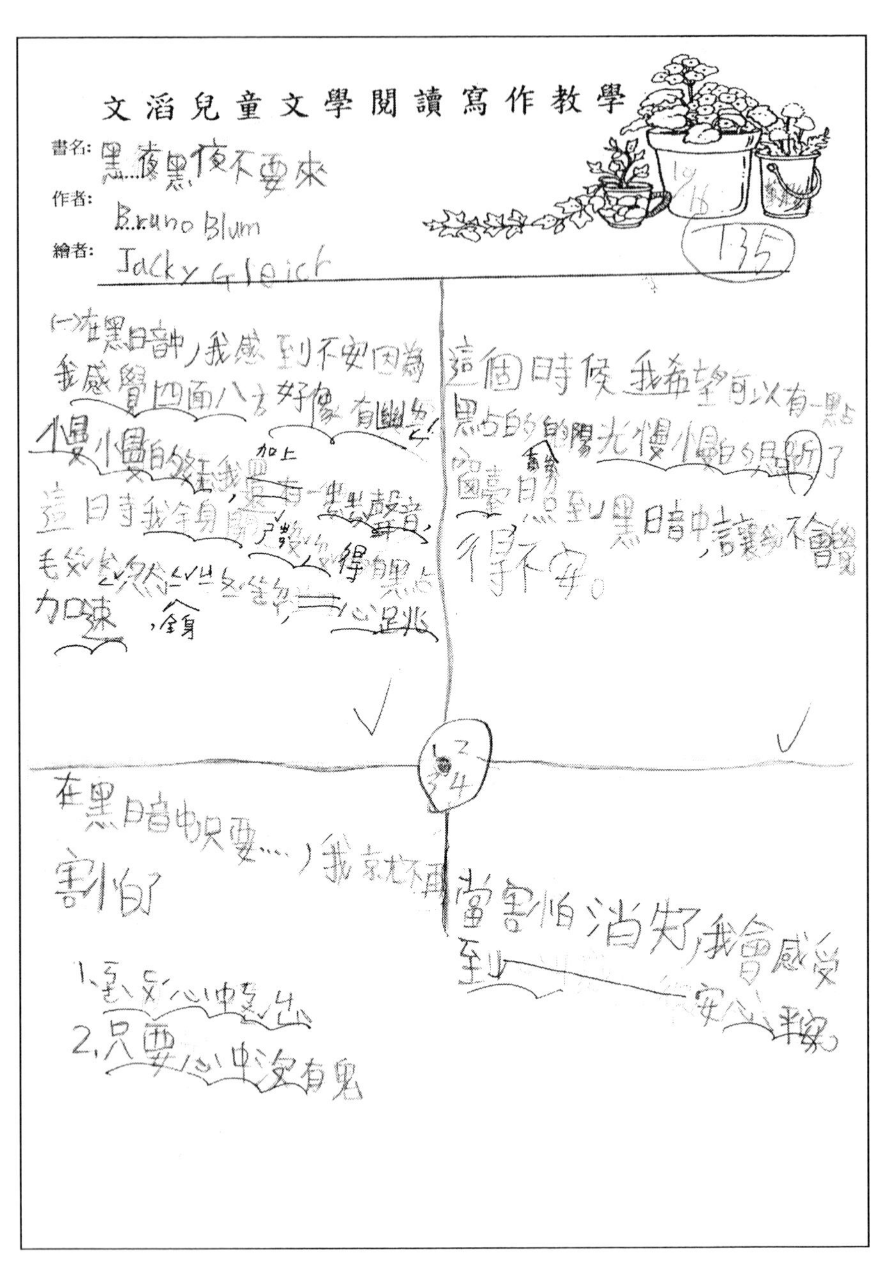

文滔兒童文學閱讀寫作教學

書名：黑夜黑夜不要來

作者：Bruno Blum

繪者：Jacky Gleich

(一)在黑暗中，我感到不安因為我感覺四面八方好像有幽靈慢慢的往我靠近，加上這時我全身顫抖，有一點點聲音，毛髮豎立，心跳加速，全身

這個時候我希望可以有一點點的陽光慢慢的照亮了房間，照到黑暗中，讓我不會覺得不安。

在黑暗中只要……，我就不再害怕了

1.鬼從心中生出

2.只要心中沒有鬼

當害怕消失，我會感覺到……安心平安

圖 7

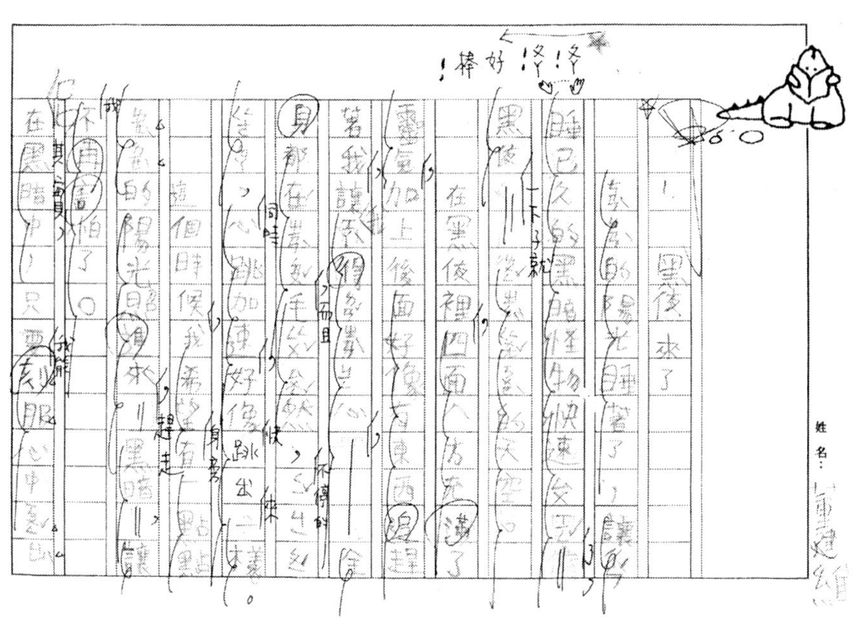

圖 8

二、範例二

1. 閱讀書籍：《卡夫卡變蟲記》。
2. 故事大意：如果有一天，我們一起床，驚訝地發現自己變成一隻甲蟲，而且全家人居然沒有注意到這個現象，那會是什麼樣的情況呢？卡夫卡就是這樣的一個小孩！他要如何去面對自己的變化呢？另外，對於父母及妹妹的不聞不問，他心中的感受如何呢？
3. 主題：關懷。
4. 學習單寫作策略：限定用比喻法形容。
5. 四格重點提問問題：
   (1) 寫出三種情況下，你需要別人的關心？（以「當我……時，我需要關心」為開頭句。
   (2) 寫出當你的心情被忽略時的感受。（三個比喻的句子）
   (3) 寫出當你的心情被忽略時的需要。（三項）
   (4) 寫出當自己的心情被關懷時的感受。（以「我開心了，因為……」三個比喻的句子）
6. 學習單與作文示範作品（四格寫作重點如圖 9、10）。

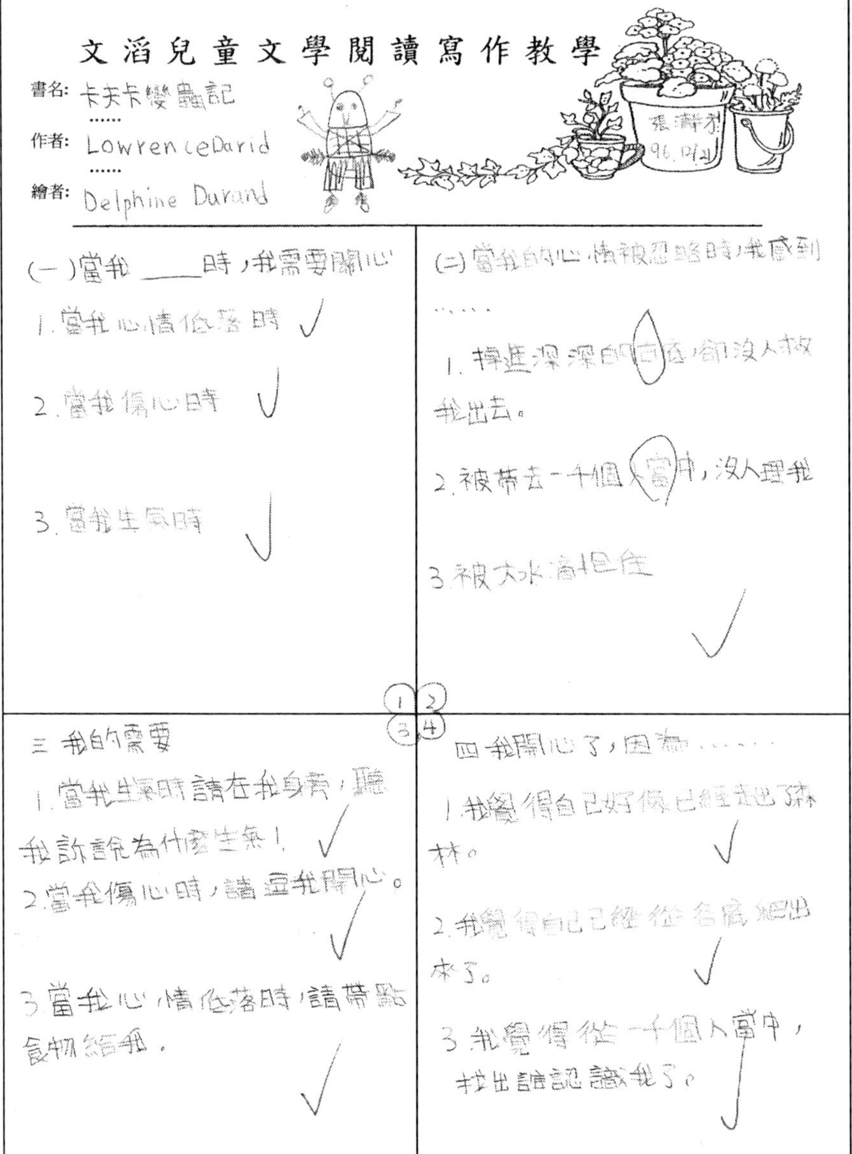
文滔兒童文學閱讀寫作教學

書名：卡夫卡變蟲記

作者：LowrenceDarid

繪者：Delphine Durand

張瀞芳

(一)當我____時，我需要關心

1.當我心情低落時

2.當我傷心時

3.當我生氣時

(二)當我的心情被忽略時，我感到……

1.掉進深深的白底，卻沒人救我出去。

2.被帶去一千個人當中，沒人理我

3.被大水滴包住

三 我的需要

1.當我生氣時請在我身旁，聽我訴說為什麼生氣！

2.當我傷心時，請逗我開心。

3.當我心情低落時，請帶點食物給我。

四 我開心了，因為……

1.我覺得自己好像已經逃出了森林。

2.我覺得自己已經從谷底爬出來了。

3.我覺得從一千個人當中，找出誰認識我了。

圖 9

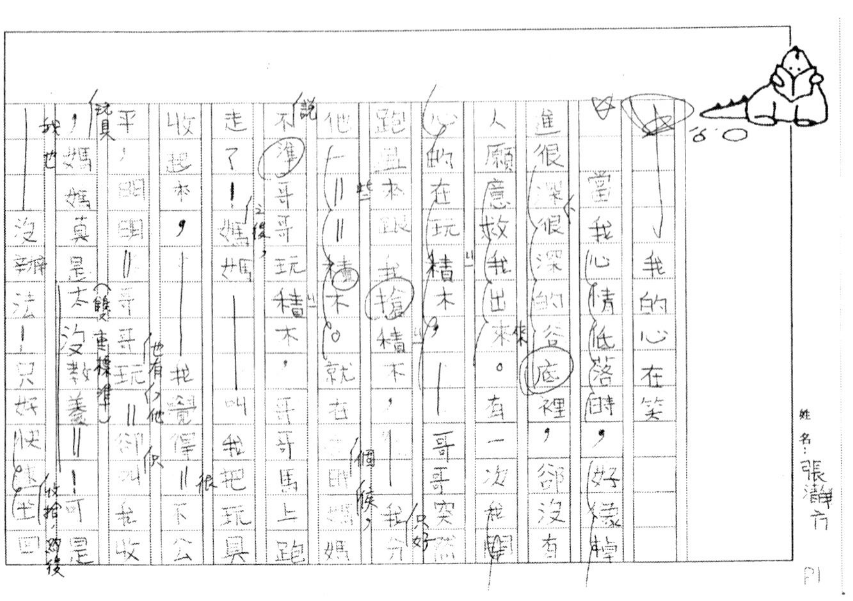
我的心在笑
姓名：張瀞方
當我心情低落時，好像掉
進很深很深的谷底裡，卻沒有
人願意救我出來。有一次我們
的在玩積木，一哥哥突然
跑出來跟我搶積木，我只好
他一＝積木。就去告訴媽媽
不準哥哥玩積木，哥哥馬上跑
走了！媽媽一一叫我把玩具
收起來，我覺得＝下公
平，明明是哥哥玩＝卻叫我收
，媽媽真是太沒教養＝！可是
我也一一沒辦法！只好快快收回
P1

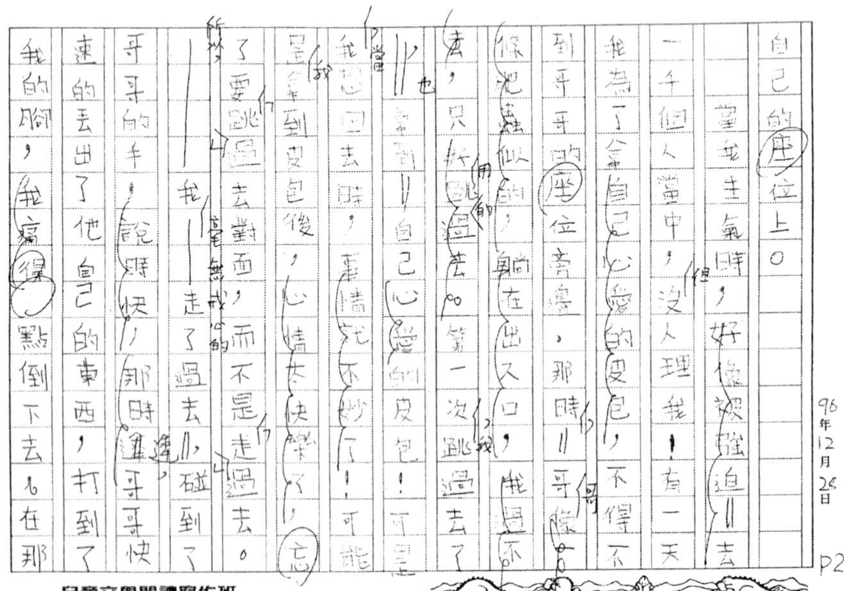
自己的座位上。
當我生氣時，好像被強迫＝去
一千個人當中，沒人理我！有一天
我為了拿自己心愛的皮包，不得不
到哥哥的座位旁邊，那時＝哥哥
像門似的，躺在出入口，我只
去，只好跳過去。第一次跳過去了
＝也拿到＝自己心愛的皮包！可是
我想回去時，事情就不妙了！可能
是拿到皮包後，心情太快樂了，忘
了要跳過去對面，而不是走過去。
一一我一一走了過去，碰到了
哥哥的手，說時快，那時遲，哥哥快
速的丟出了他自己的東西，打到了
我的腳，我痛得差點倒下去，在那
96年12月28日
P2
兒童文學閱讀寫作班

圖 10

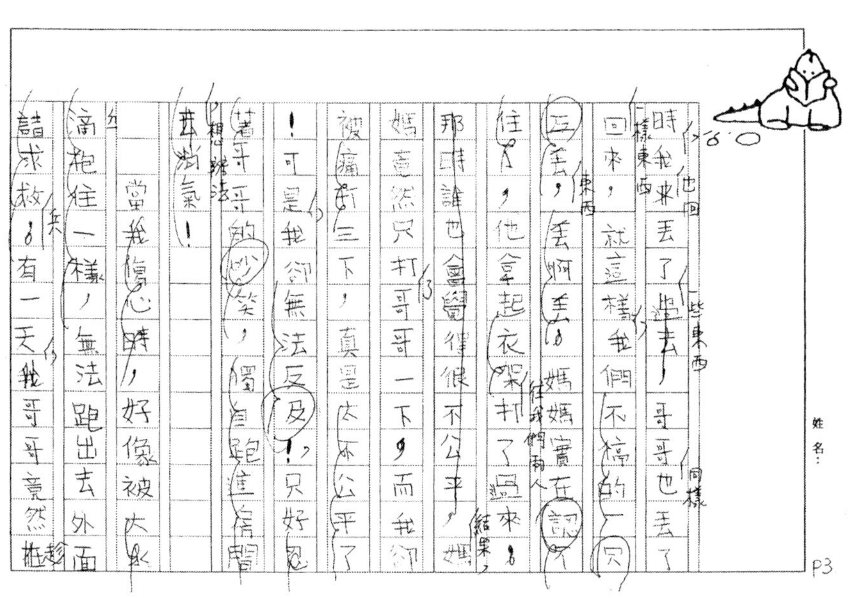
時我來丟了些去，哥哥也丟了
回來，就這樣，我們不停的一只
丟去，丟啊丟，媽媽實在認不
住了，他拿起衣架打了過來；
那時誰也會覺得很不公平，媽
媽竟然只打哥哥一下，而我卻
被痛打三下，真是太不公平了
！可是我卻無法反及！只好忍
著哥哥的吵架，獨自跑進房間
去出氣！

當我傷心時，好像被大水
滴抱住一樣，無法跑出去外面
請求救，有一天我哥哥竟然拖趁

P3

我不在時偷偷拿走我心愛的棒球
，當我發現時已經無法跑回了！我
秋只好計畫出各種方法來功回去。
我不準他玩我的氣球，可是他卻不
聽，我好難過，想說媽媽也不罵我
哥說一大，就讓他那麼誰便的
，真是令人難過、生氣啊！
當我心情低落時，請帶點食物
給我，讓我愈吃愈快樂；當我傷心
時，請逗我開心；當我生氣時，請
在我身旁，聽我訴說為什麼生氣！
終於我開心了！我覺得自己好
像已經走出了森林！我覺得我好像已
經從很深很深又很黑很黑的古底裡
爬出來一樣好舒服！我覺得我好像

兒童文學閱讀寫作班

P4

圖 10（續）

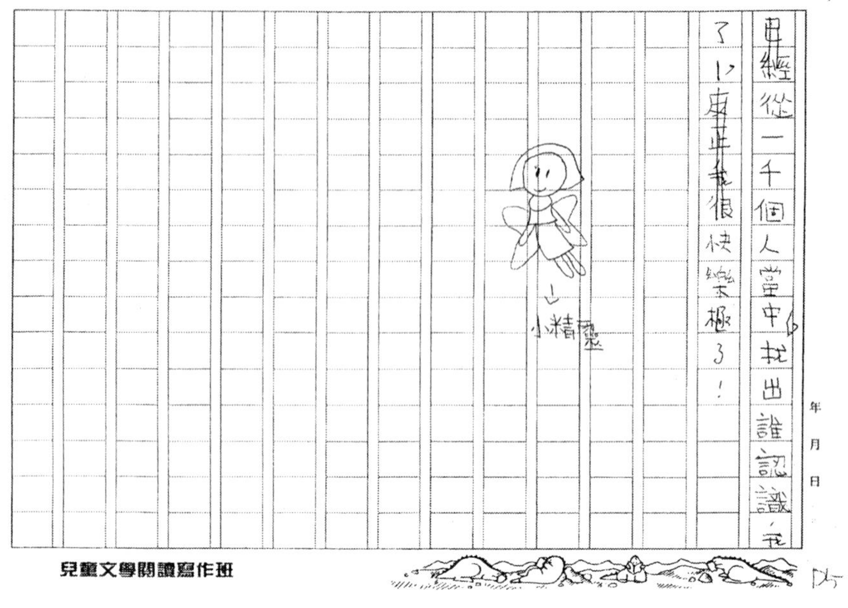

圖 10（續）

三、範例三

1. 閱讀書籍：《大海》。
2. 故事大意：夏日傍晚時分，海風清涼吹拂大地，悠閒的媽媽帶著小女兒漫步在沙灘上，享受皎潔明月的寧靜及母女貼心的耳語時刻。整個故事充滿人生難得的愜意，也是媽媽對女兒的永遠祝福。
3. 主題：享受悠閒時刻。
4. 學習單寫作策略：限定利用感官知覺寫出心情。
5. 四格重點提問問題：

   (1) 寫出一個印象深刻的悠閒時刻。（涵蓋天氣狀況、地點、人物）

   (2) 寫出過程中令你印象深刻的人或物或景象。（運用感官知覺）

   (3) 寫出當時的心情。（比喻）

   (4) 寫出放鬆心情的優點。（二句）
6. 學習單與作文示範作品（四格寫作重點如圖 11、12）。

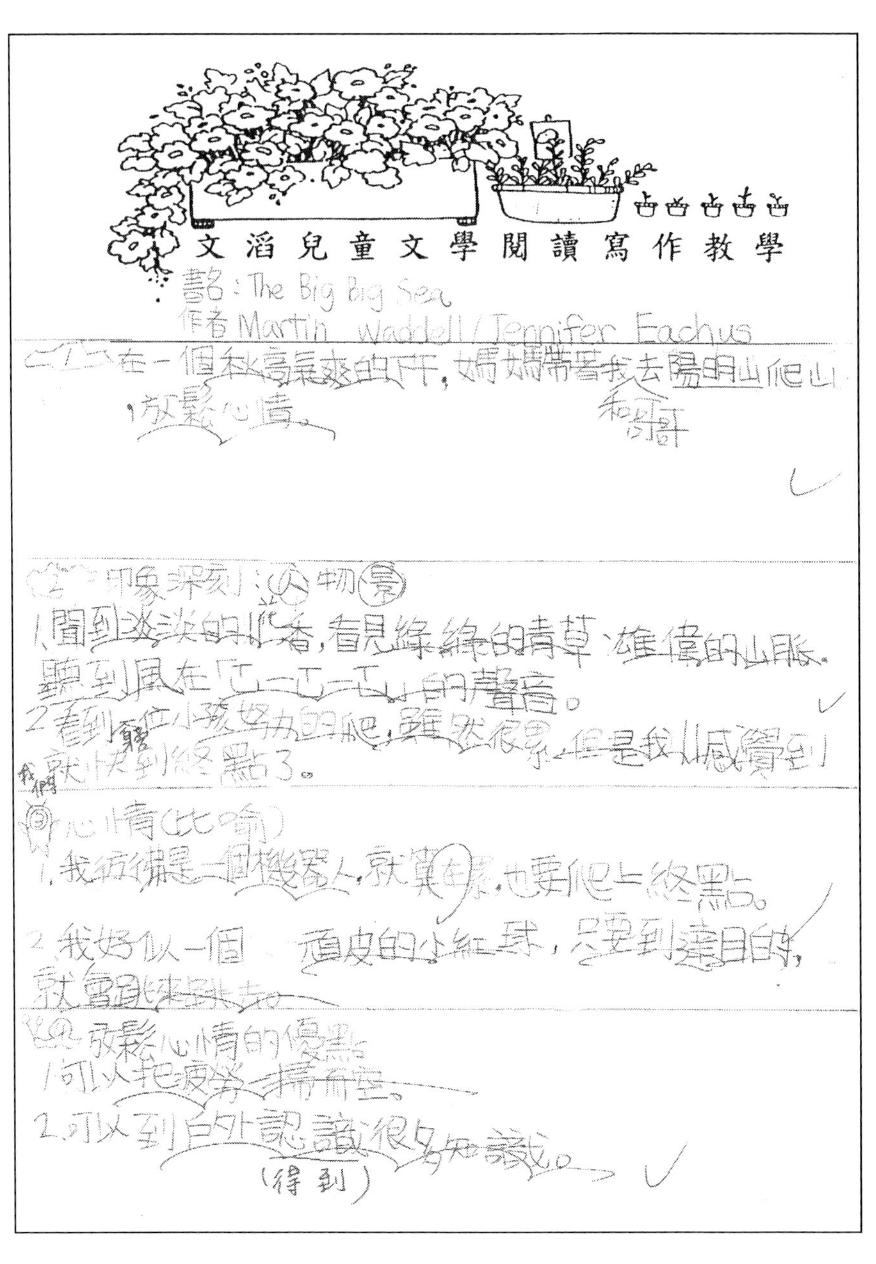

文滔兒童文學閱讀寫作教學

書名：The Big Big Sea
作者 Martin Waddell / Jennifer Eachus

在一個秋高氣爽的下午，媽媽帶著我和哥哥去陽明山爬山，放鬆心情。

印象深刻：人 物 景
1.聞到淡淡的花香，看見綠綠的青草、雄偉的山脈，聽到風在「ㄒㄧㄒㄧㄒㄩ」的聲音。
2.看到一位小孩努力的爬，雖然很累，但是我們感覺到就快到終點了。

心情（比喻）
1.我彷彿是一個機器人，就算在累，也要爬上終點。
2.我好似一個頑皮的小紅球，只要到達目的，就會跳來跳去。

放鬆心情的優點
1.可以把疲勞一掃而空。
2.可以到戶外得到很多知識。

圖 11

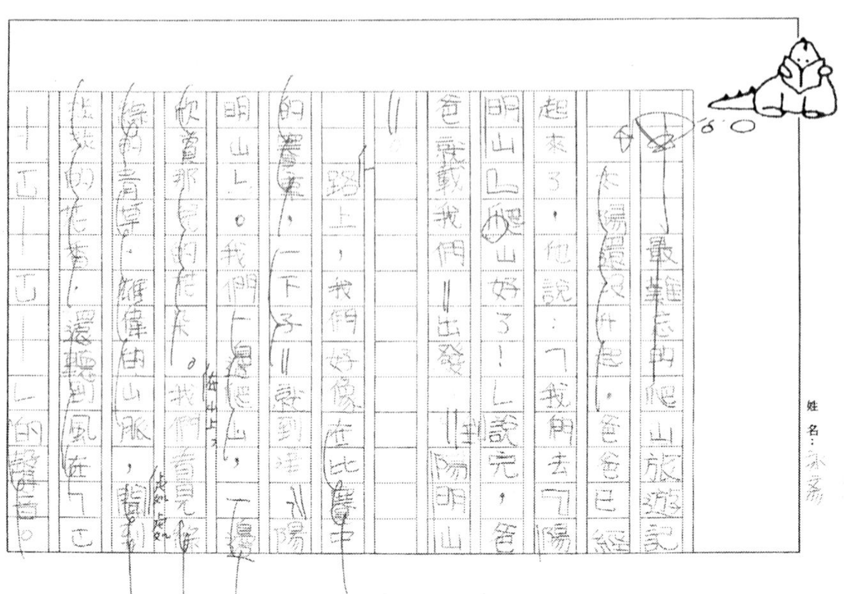

最難忘的爬山旅遊記

姓名：

太陽還沒升起，爸爸已經起床了，他說：「我們去「陽明山」爬山好了！」說完，爸爸就載我們出發到「陽明山」。

路上，我們好像在比賽中的賽車，一下子就到達「陽明山」。我們一邊爬山，一邊欣賞那兒的花朵。我們看見綠綠的青草，雄偉的山脈，聞到花朵的花香，還聽到風在「ㄈㄨ ㄈㄨ ㄈㄨ」的聲音。

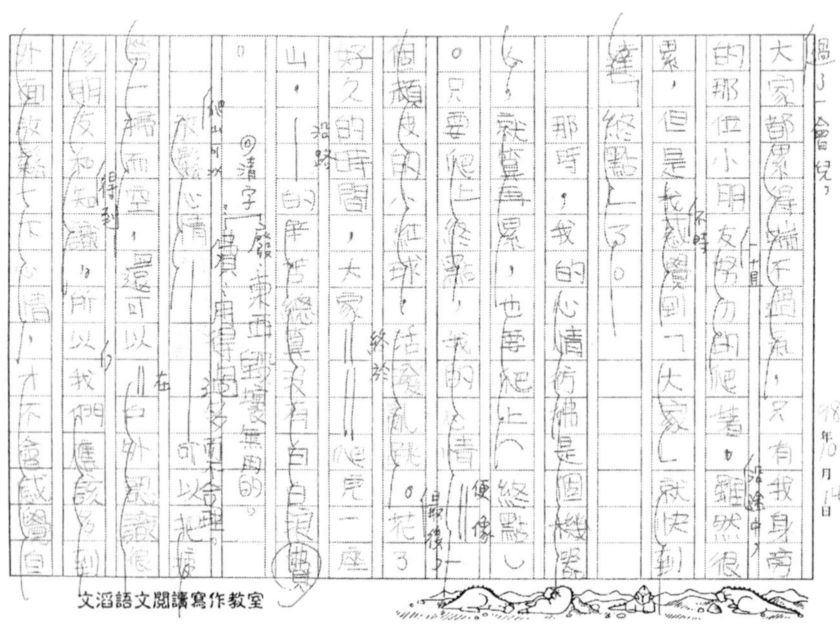

大家都累得喘不過氣，只有我身旁的那位小朋友努力的爬著，雖然很累，但是她感覺到「大家」就快到達「終點」了。

那時，我的心情彷彿是個機器人，就算再累，也要爬上「終點」。只要爬上終點，我的心情便像個頑皮的小紅球，活發亂跳。花了好久的時間，大家才爬完一座山。一路上的辛苦總算沒有白白浪費。

放鬆心情，可以把勞累一掃而空，還可以在戶外認識很多朋友和知識，所以我們應該多到外面放鬆一下心情，才不會感覺空白。

98年10月14日

文滔語文閱讀寫作教室

圖 12

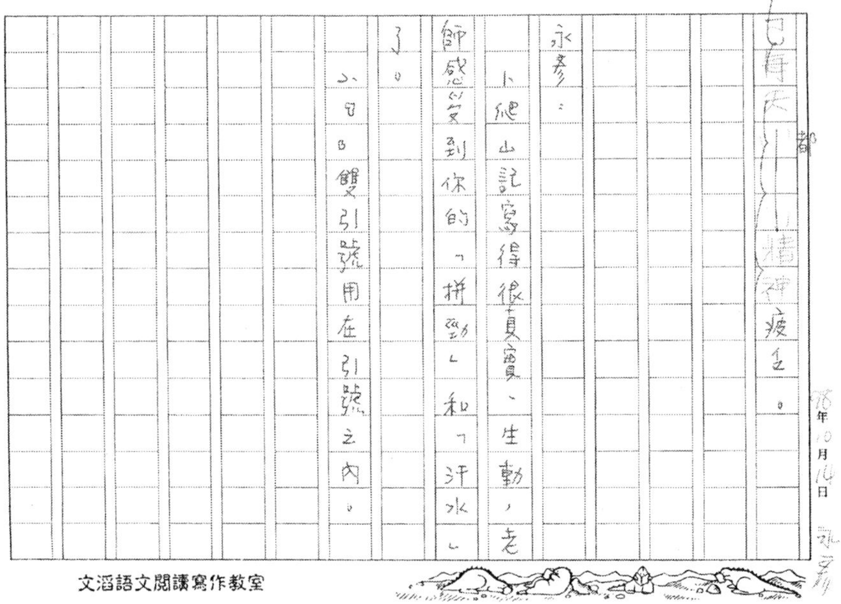

圖 12（續）

四、示範四

1. 閱讀書籍：《蝴蝶和大雁》。
2. 故事大意：蝴蝶與大雁，一對相知相惜的好朋友，儘管曾經失去一陣子的音訊，仍然無法磨滅彼此在對方心中所留下的感覺。溫和的眼神、迷人的笑容讓彼此在容顏改變之後，仍能再度重逢，並決定從此相伴一生。
3. 主題：友誼。
4. 學習單寫作策略：使用生活化的形容詞（不受制式語詞限制）。
5. 四格重點提問：
   (1) 寫出你對好朋友的感覺。
   (2) 寫出朋友的外表。
   (3) 寫出朋友的專長。
   (4) 寫出朋友對自己的影響。
6. 學習單與作文示範作品（四格寫作重點如圖 13、14）。

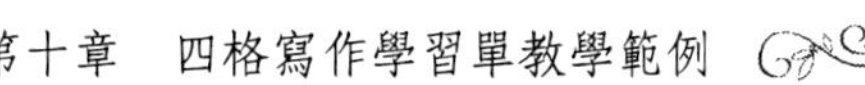

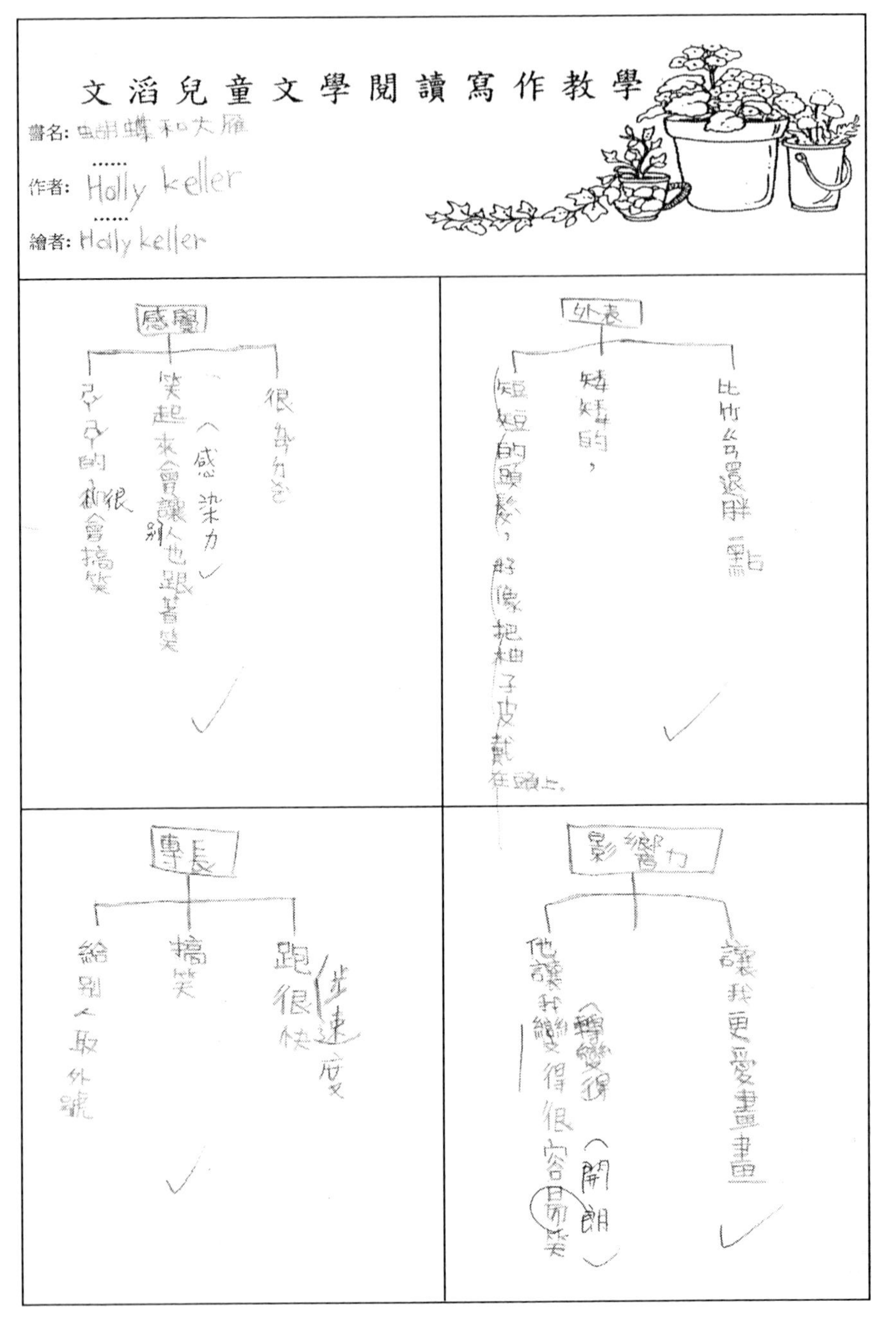

文滔兒童文學閱讀寫作教學

書名：蝴蝶和大雁

作者：Holly keller

繪者：Holly keller

感覺
- 孓孓的和很會搞笑
- 笑起來會讓別人也跟著笑（感染力）
- 很努力

外表
- 短短的頭髮，好像把柚子皮戴在頭上。
- 矮矮的，
- 比他爸還胖一點

專長
- 給別人取外號
- 搞笑
- 跑很快（速度）

影響力
- 他讓我變得很容易笑（變得開朗）
- 讓我更愛畫畫

圖 13

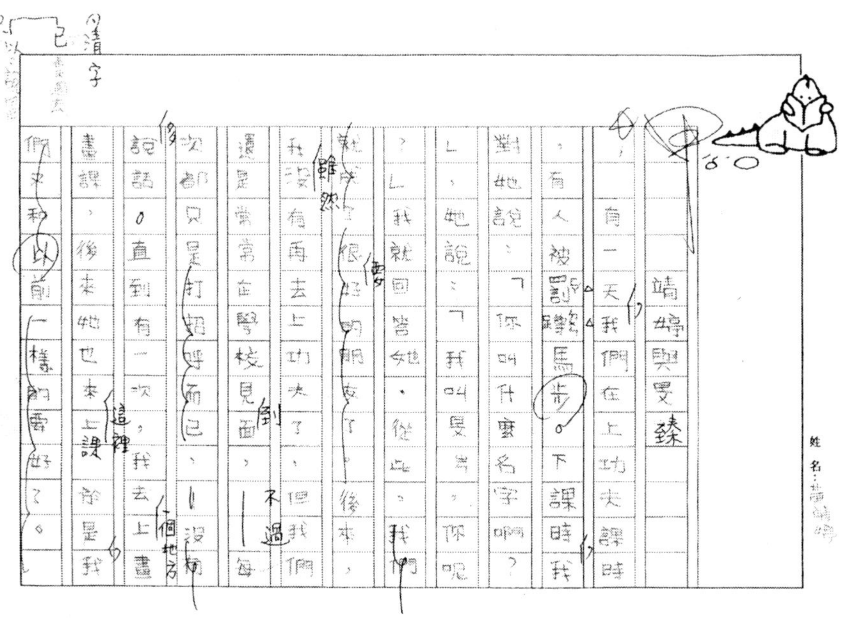

蜻蜓與叉錶

，有一天我們在上功夫課時
，有人被罰蹲馬步。下課時我
對她說：「你叫什麼名字啊？
」，她說：「我叫旻岑。你呢
？」我就回答她。從此，我們
就成了很好的朋友了。後來，
我沒有再去上功夫了，但我們
還是常常在學校見面，每
次都只是打招呼而已，沒有
說話。直到有一次，我去上畫
畫課，後來她也來上課，於是我
們又和以前一樣的要好了。

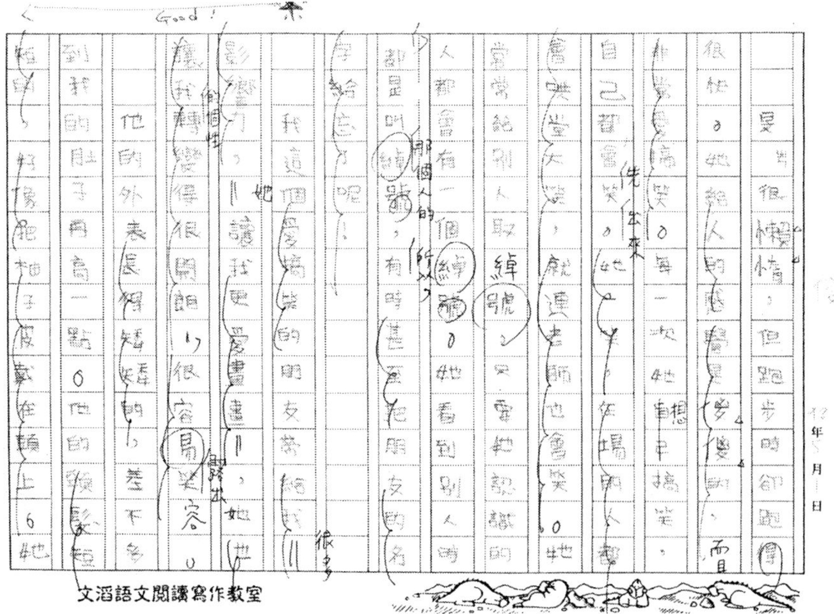

旻岑很懶惰，但跑步時卻跑得
很快。她給人的感覺是很傻的，而
非常愛搞笑。每一次她都想出搞笑，
自己都會笑，她一笑，全場的人都
會哄堂大笑。就連老師也會笑。她
常常給別人取綽號，只要她認識的
人都會有一個綽號。她看到別人的
都是叫綽號，有時甚至把朋友的名
字給忘了呢！

我這個愛搞笑的朋友，帶給我很
影響力，讓我更愛畫畫，她把
讓我轉變得很開朗，很容易笑容。
他的外表很矮矮的，差不多
到我的肚子再高一點。他的頭髮短
短的，好像把帽子戴在頭上。她

文滔語文閱讀寫作教室

圖 14

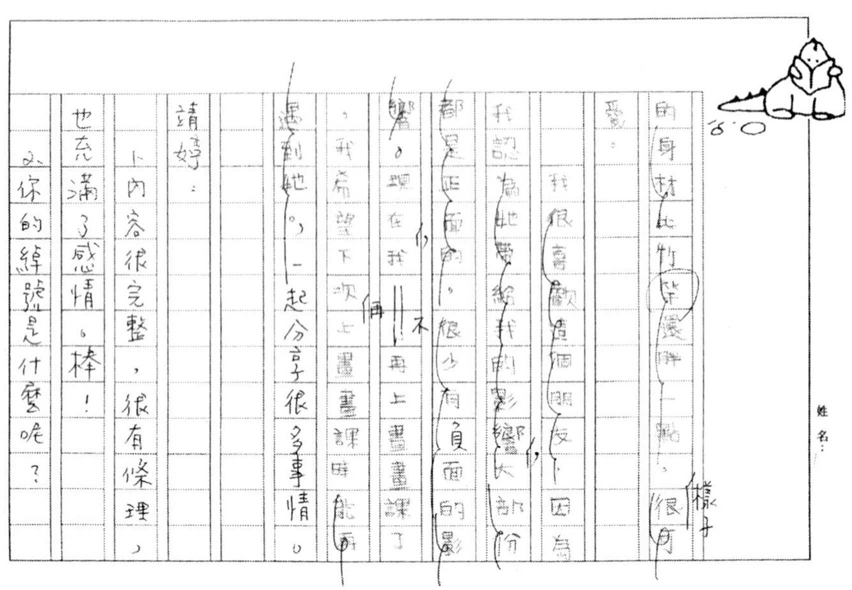
姓名：

的身材比竹竿還胖一點。很有
趣。
我很喜歡這個朋友，因為
我認為他帶給我的影響大部份
都是正面的，很少有負面的影
響，現在我不再上圖畫課了
，我希望下次上圖畫課時能再
遇到他，一起分享很多事情。

靖婷：
內容很完整，很有條理，
也充滿了感情。棒！
2、你的綽號是什麼呢？

圖 14（續）

第三節　高年級學習單教學示範

一、示範一

1. 閱讀書籍：《石癡》。
2. 故事大意：這個中國味十足的聊齋故事，給小朋友一種新的感受。故事內容敘述愛石成癡的邢雲飛，無意中與靈石石虛清相遇，接著展開一段感人的故事。邢雲飛知道靈石的來歷後，為了保有這顆石頭，寧願為它折壽三年，靈石深受感動，在邢雲飛離開人世那一天，選擇以身相殉，與自己的主人長眠地下。
3. 主題：收藏品。
4. 學習單寫作策略：限制形容方式。
5. 四格重點提問：
   (1) 清字。（將故事中需要確認意思的詞彙先抄錄下來，再查字典釐清意思並造句）
   (2) 我的收藏品有……（寫出三樣自己的收藏品），接下來鎖定其中一樣並描述其形狀、材質、顏色、大小。
   (3) 簡述收藏方法。（保管與收拾）
   (4) 寫出收藏的樂趣與成就。（各二句）
6. 學習單與作文示範作品（四格寫作重點如圖 15、16）。

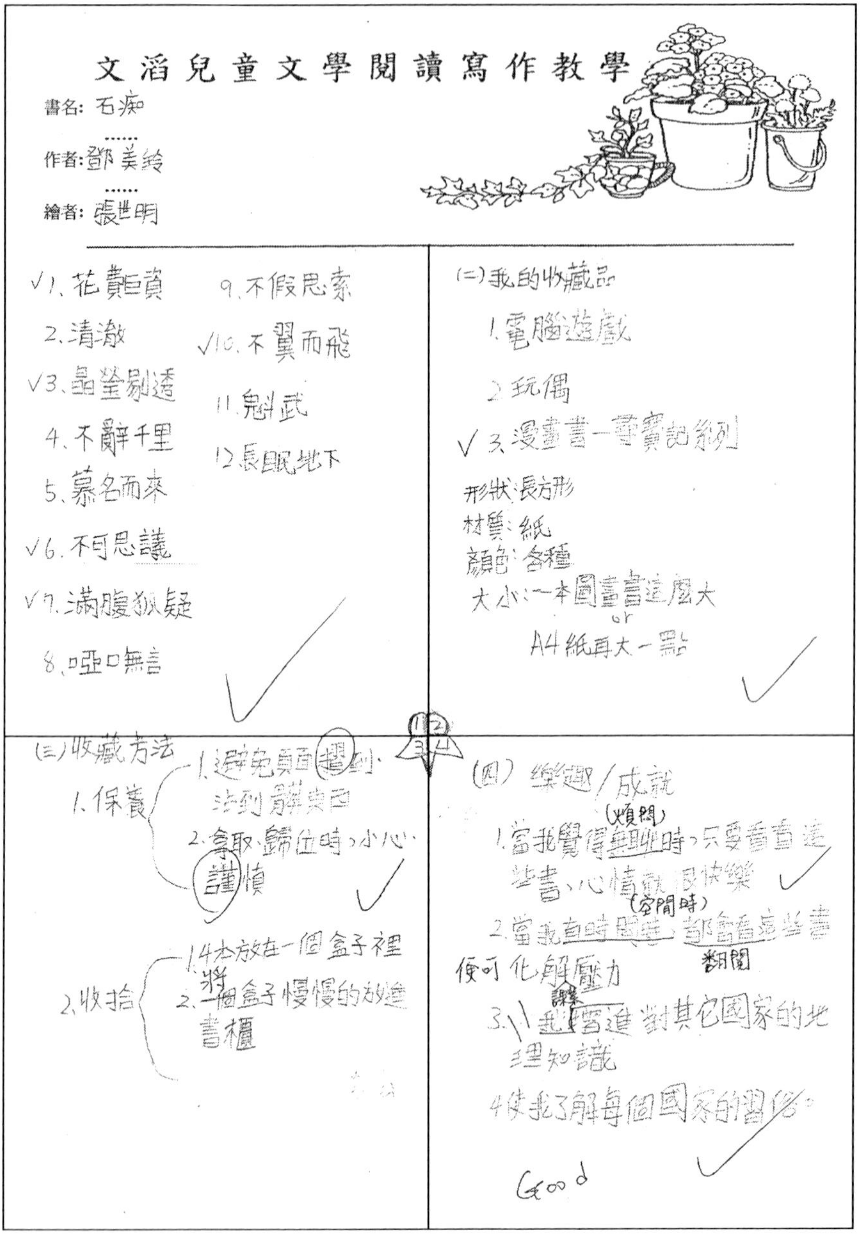

文滔兒童文學閱讀寫作教學

書名：石痴

作者：鄧美玲

繪者：張世明

√1. 花費巨資
2. 清澈
√3. 晶瑩剔透
4. 不辭千里
5. 慕名而來
√6. 不可思議
√7. 滿腹狐疑
8. 啞口無言
9. 不假思索
√10. 不翼而飛
11. 魁武
12. 長眠地下

(二) 我的收藏品
1. 電腦遊戲
2. 玩偶
√3. 漫畫書—尋寶記系列

形狀：長方形
材質：紙
顏色：各種
大小：一本圖畫書這麼大 or A4紙再大一點

(三) 收藏方法
1. 保養
   1. 避免自己摺到、沾到髒東西
   2. 拿取、歸位時，小心謹慎
2. 收拾
   1. 4本放在一個盒子裡
   2. 將一個盒子慢慢的放進書櫃

(四) 樂趣／成就
1. 當我覺得無聊(煩悶)時，只要看看這些書，心情就很快樂
2. 當我有時間時(空閒時)，都會看這些書(翻閱) 便可化解壓力
3. 讓我增進對其它國家的地理知識
4. 使我了解每個國家的習俗。

Good

圖 15

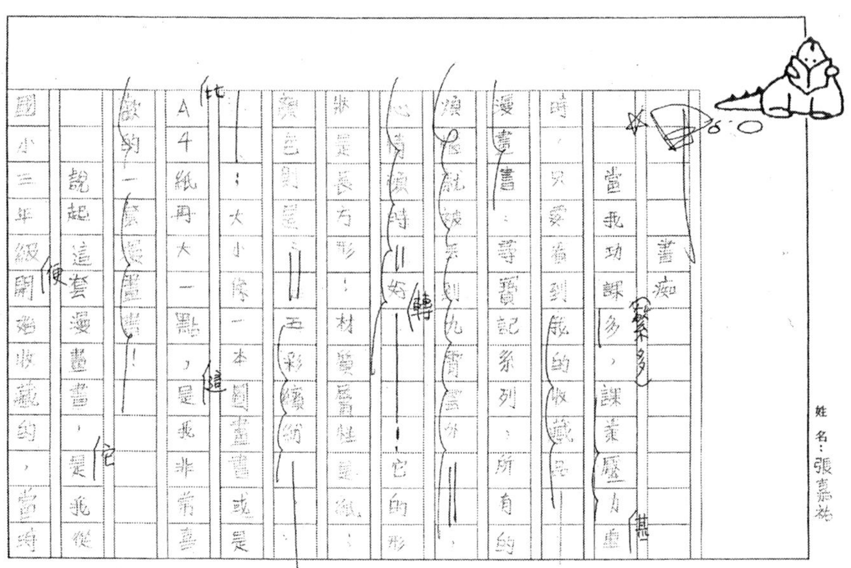

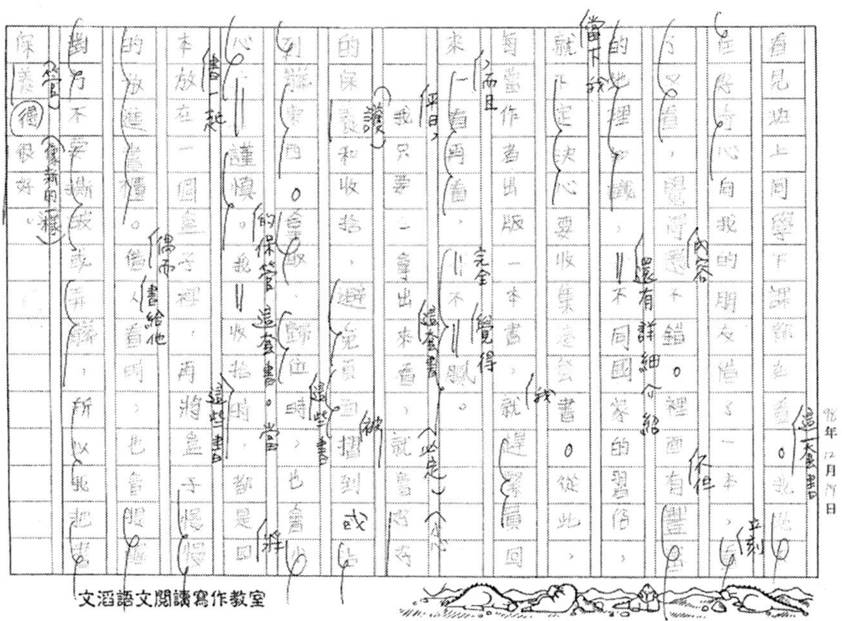

圖 16

文滔語文閱讀寫作教室

圖 16（續）

二、示範二

1. 閱讀書籍：《紅氣球》。
2. 故事大意：爸爸、媽媽因某些觀念的差距，選擇離婚作為解決彼此紛爭的方法。小主角雖然無法真正理解大人的世界，但因體會父母仍然愛他的狀況而坦然面對。
3. 主題：正確的婚姻觀。
4. 學習單寫作策略：清字。
5. 四格重點提問：

   (1) 寫出「婚姻」與「夫妻」二詞在字典上的定義。

   (2) 寫出離婚的原因。

   (3) 決定離婚時所採取的態度。

   (4) 我的正確婚姻觀。
6. 學習單與作文示範作品（四格寫作重點如圖 17、18）。

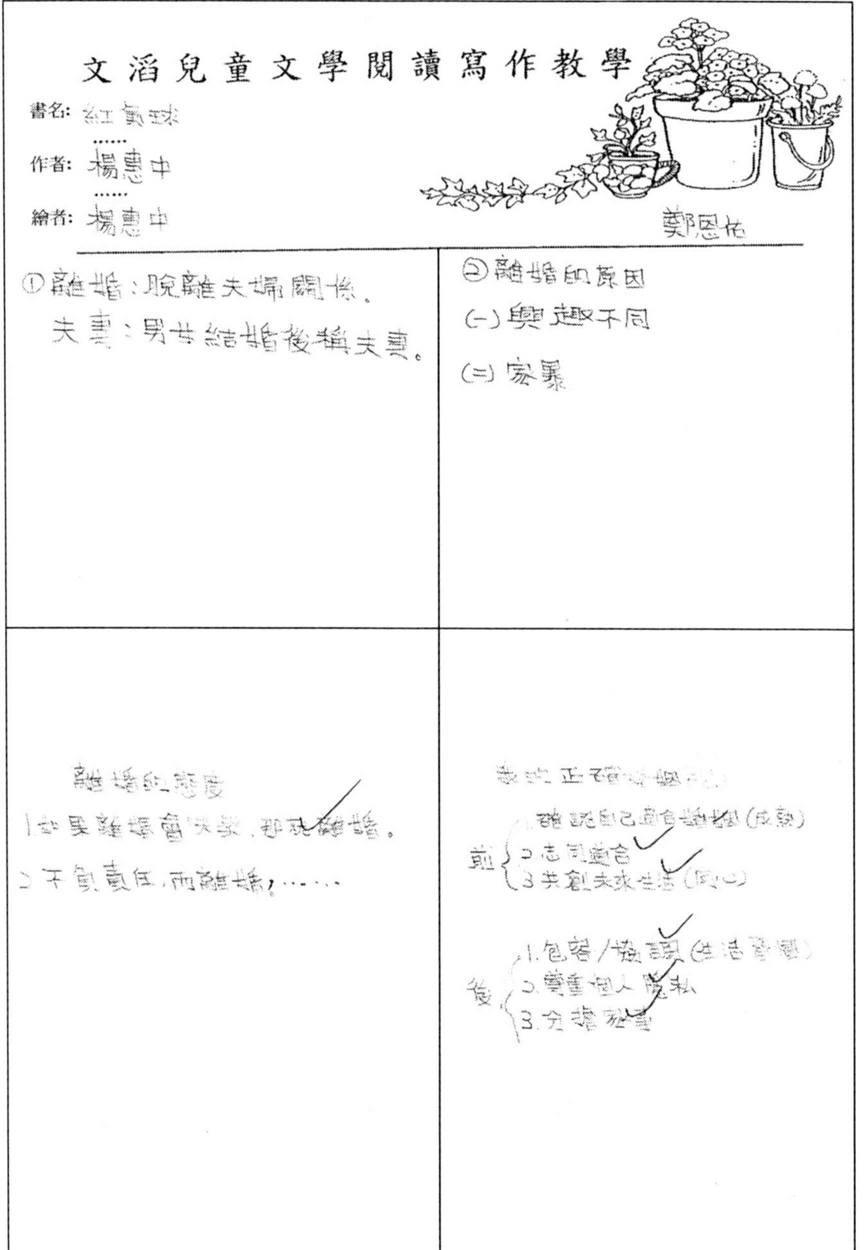
文滔兒童文學閱讀寫作教學
書名：紅氣球
作者：楊惠中
繪者：楊惠中
鄭恩佑
①離婚：脫離夫婦關係。
夫妻：男女結婚後稱夫妻。
②離婚的原因
(一)興趣不同
(二)家暴
離婚的態度
1.如果離婚會快樂，那就離婚。
2.不負責任，而離婚，……
前
1.確認自己適合婚姻(成熟)
2.志同道合
3.共創未來生活(同心)
後
1.包容/協調(生活習慣)
2.尊重個人隱私
3.分擔家事

圖 17

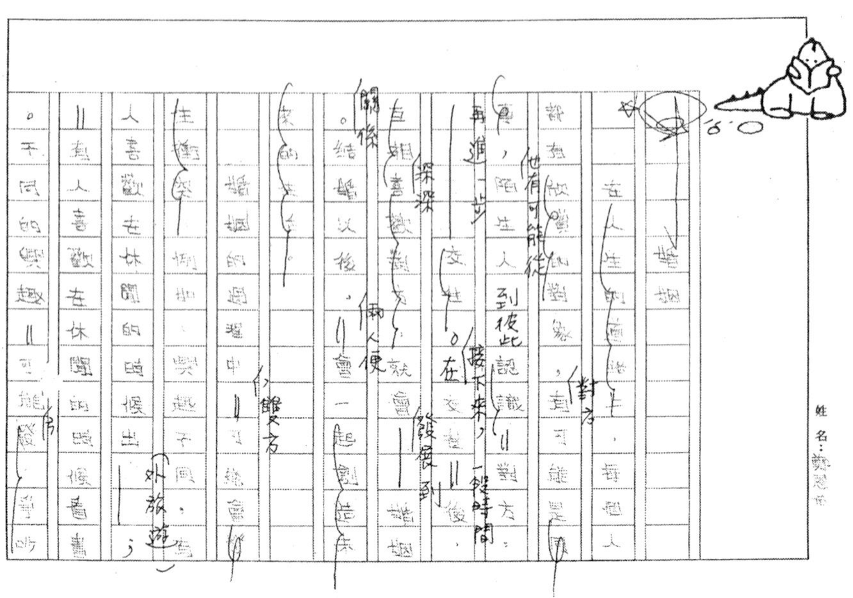

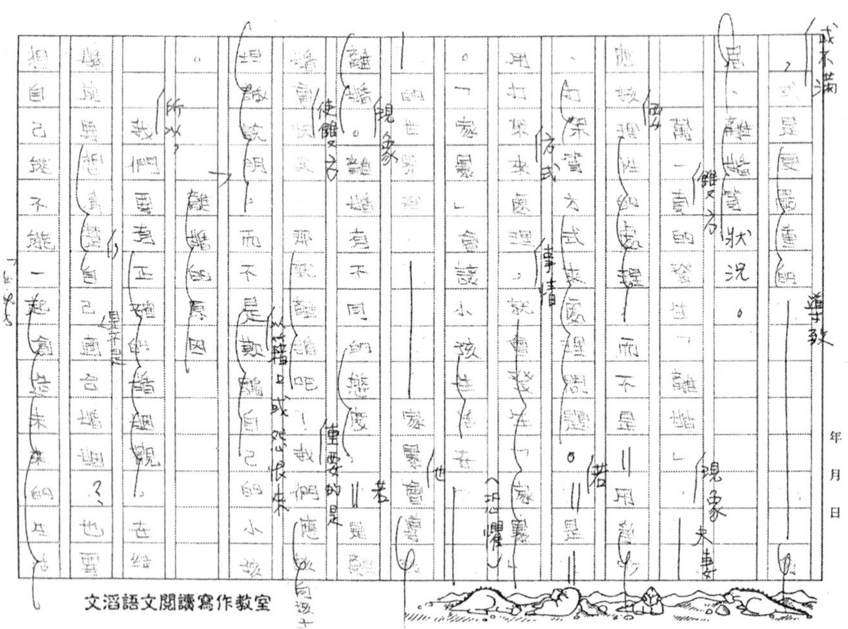

圖 18

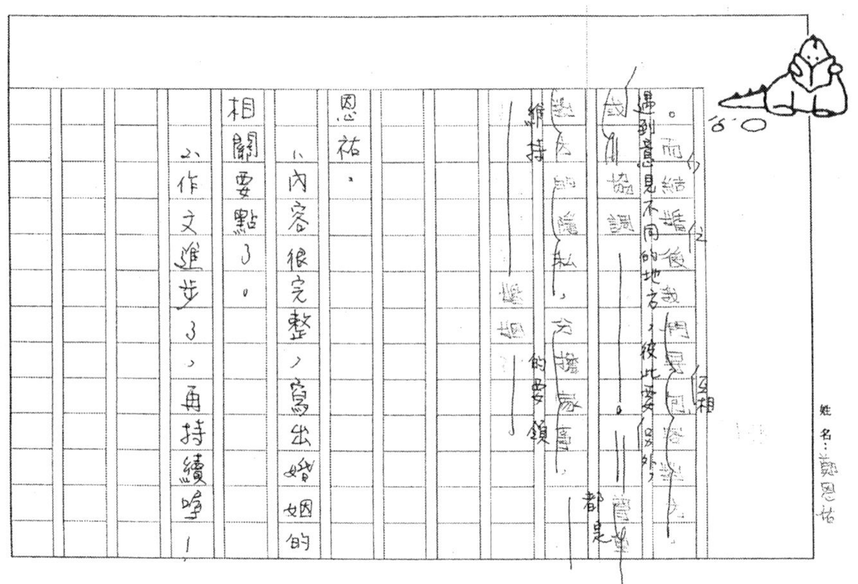
恩祐，
內容很完整，寫出婚姻的相關要點了。
作文進步了，再持續喔！

姓名：鄭恩祐

圖 18（續）

三、示範三

1. 閱讀書籍：《熊夢蝶蝶夢熊》。
2. 故事大意：熊與蝴蝶各自以自己的觀點觀看對方的生活型態，感嘆自己的生活不如對方。然而，夢的翅膀帶他們進入雙方不同的世界中。經由夢境的體驗，蝴蝶與熊發現生活中的現實面。
3. 主題：面對自己的人生。
4. 學習單寫作策略：模仿原作的寫作模式。
5. 四格重點提問：
   (1) 抄錄原文並模仿。（原始的環境）
   (2) 抄錄原文並模仿。（夢中的環境）
   (3) 變身後的生活情況。
   (4) 變身後可能出現的危機。
6. 學習單與作文示範作品（四格寫作重點如圖 19、20）。

文滔兒童文學閱讀寫作教學

書名：熊夢蝶 蝶夢熊

作者：郝廣才

繪者：歐尼可夫 Igor Oleynikov

(一)月亮漸漸失去光芒，我抱著柔軟的棉被，蓋著眼睡覺，帶領我進入一個新奇的地方。	微風、日暖、晴空 蟲鳴 鳥叫 腳步聲 跑東跑西 搖尾巴 綠草如茵 小狗追著尾巴繞 在草原裡
三、我夢狗 1、吃飽睡，睡飽吃 2、只要等主人餵食 不必自己準備食物 3、可以整天閒逛 不必做事	(四) 1、會被小孩追打 2、遇到捕狗大隊

圖 19

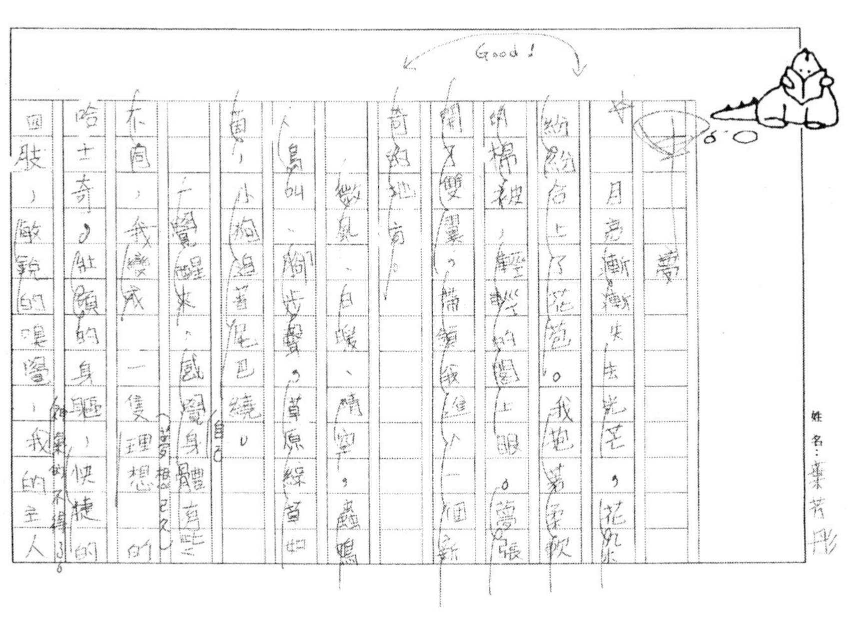

夢

月亮漸漸失去光芒，花朵紛紛合上了花苞。我也蓋著柔軟的棉被，輕輕的閉上眼。夢張開了雙翼，帶領我進入一個新奇的地方。

微風、白雲、晴空，蟲鳴鳥叫、腳步聲，草原綠茵如茵，小狗追著尾巴繞。

一覺醒來，感覺身體有些不同，我變成一隻理想的哈士奇，壯碩的身軀，快捷的四肢，敏銳的嗅覺，我的主人

姓名：葉芳彤

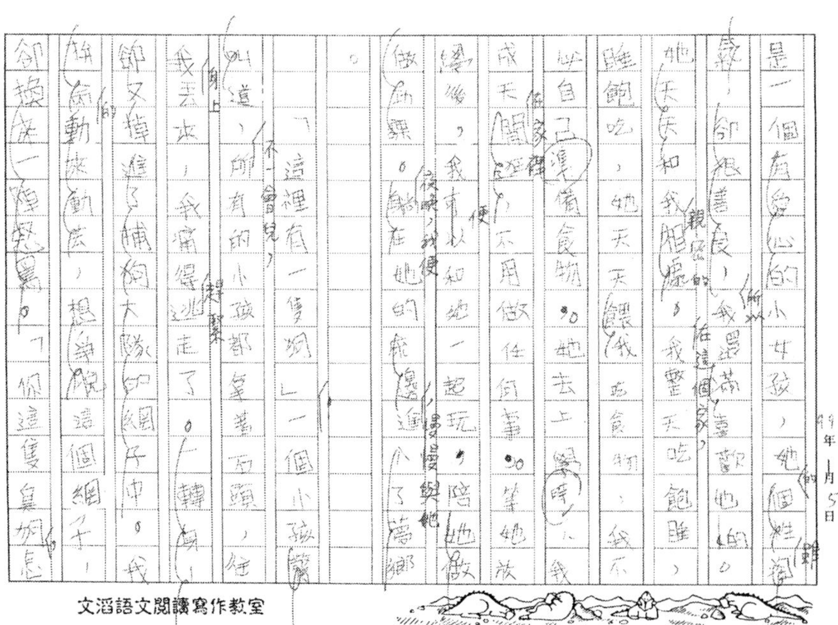

是一個有愛心的小女孩，她個性親切，卻很善良，我愛喜歡她。她天天和我相處，我整天吃飽睡，睡飽吃，她天天餵我吃食物，我不必自己準備食物。她去上學時，我成天不用做任何事。等她放學後，我才和她一起玩，陪她做做功課。躺在她的床邊進入了夢鄉。

「這裡有一隻狗！」一個小孩驚叫道，所有的小孩都拿著石頭，往我丟來，我痛得逃走了。一轉身，卻又掉進了捕狗大隊的網子中。我拚命動來動去，想掙脫這個網子，卻換來一陣怒罵。「你這隻臭狗息

99年1月5日

文滔語文閱讀寫作教室

圖 20

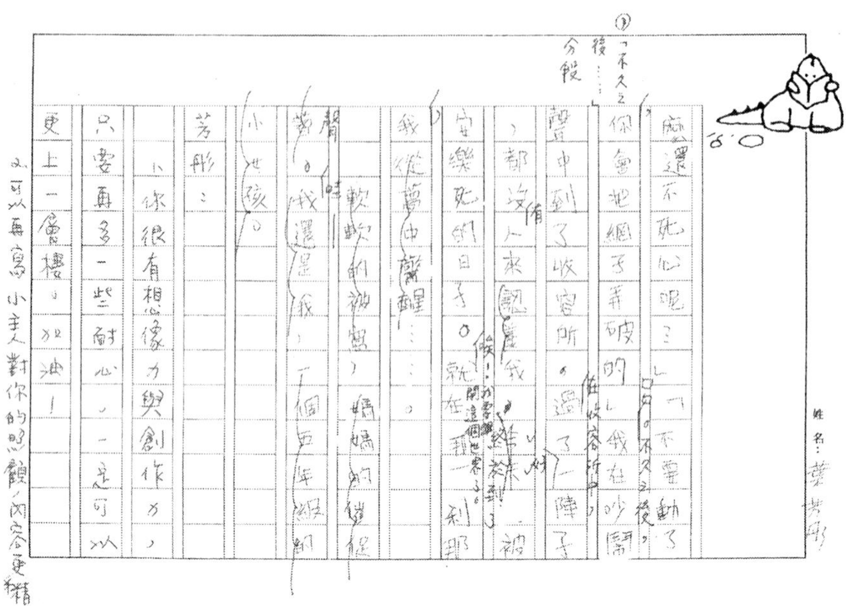

圖 20（續）

第十一章　清字技巧與閱讀理解

一般而言，當我們想檢視小朋友的閱讀理解力時，可以概括性的利用兩個大方向來了解：(1)小朋友是否了解閱讀文本中的每一個字或詞的意思；(2)小朋友是否能掌握文本中每一段與整篇（整本）內文所表達的主旨。換句話說，假使小朋友閱讀過任何文本，他能夠直接的、肯定的說出每一個字或詞的意思，並且能將這些字或詞運用在學習或生活上，那麼他就達到第一個層次的能力了。接下來，如果他能有所依據的說出或寫出每一段、每一節、每一章……的要旨，他便達到第二個層次的能力了。

所以，如何引導小朋友確切的掌握字、詞的讀音與意義，即為「清字」的基本概念。一旦小朋友擁有並熟練清字的技巧，加上運用閱讀策略，自然而然能吸取任何閱讀文本所傳達的訊息或要旨，並能加以運用（本章的概念源於L. Ron Hubbard的學習技術，再結合實際運用在教學上所產生的經驗分享）。

第一節　清字的意義

確切了解閱讀文本中每一個字或詞的定義，可以提升並增進小朋友的閱讀理解能力。當一個小朋友在閱讀任何一文本時，他願意將內容中任何不懂、不確定的字和詞的意思，利用工具書去做釐清或了解的動作，使自己更精確的掌握文本的意義與要旨，以便順利的繼續閱讀，他便做到清字的「動作」與達到清字的「目的」了。所以，簡而言之，清字的意義就如同「清」這個字的定義之一：明晰、不亂，閱讀者的思緒與理解力必須有條不紊的延伸，直到整個閱讀活動結束為止。

另外，當小朋友正在閱讀一本書、一篇文章、一份資料……的當時，若是呈現心不在焉、疲倦、塗鴉、在同一個地方（句、段、頁）花費太多時間，卻得不到成果的現象，便是小朋友在文本中遇到不懂的字或詞，所以他們閱讀的行動和興趣被阻礙了。此時，我們若能協助小朋友做清字的動作，他便會重拾閱讀的能力與樂趣。

第二節　清字的步驟

為了讓小朋友獲得閱讀的能力與興趣，希望教師能夠指導小朋友學習清字的技巧。清字的基本步驟如下。

一、瀏覽全文

當小朋友在閱讀一本書、一篇文章、一篇報導、一張說明書……時，請小朋友先仔細的將內容瀏覽一遍。如果遇到不確定或不懂的字或語詞，可以用螢光筆做記號，畫線或將詞抄在筆記本上……，再挑選適合的工具書（字典、辭典、成語典），從中找出那個字或詞的所在位置。

閱讀文本

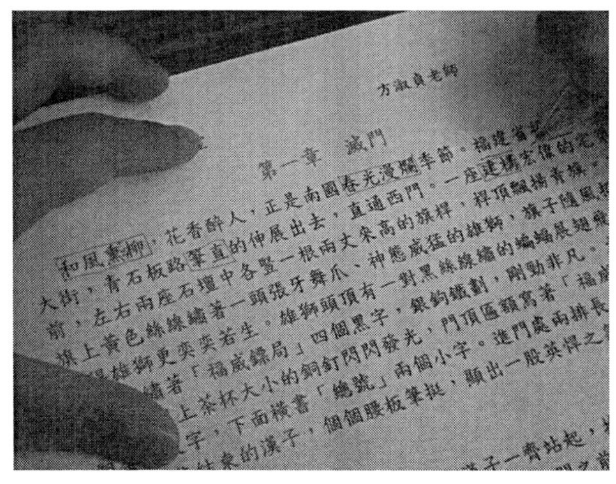

方淑貞老師

第一章　滅門

和風熏柳，花香醉人，正是南國春光漫爛季節。福建省

大街，青石板路筆直的伸展出去，直通西門。一座建構宏偉的宅

前，左右兩座石壇中各豎一根兩丈來高的旗桿，桿頂飄揚青旗。

旗上黃色絲線繡著一頭張牙舞爪、神態威猛的雄獅，旗子隨風

雄獅更奕奕若生。雄獅頭頂有一對黑絲線繡的蝙蝠展翅

繡著「福威鏢局」四個黑字，銀鉤鐵劃，剛勁非凡。

上茶杯大小的銅釘閃閃發光，門頂匾額寫著「福威

字，下面橫書「總號」兩個小字。進門處兩排長

個個腰板筆挺，顯出一股英悍之

圈出不懂的語詞

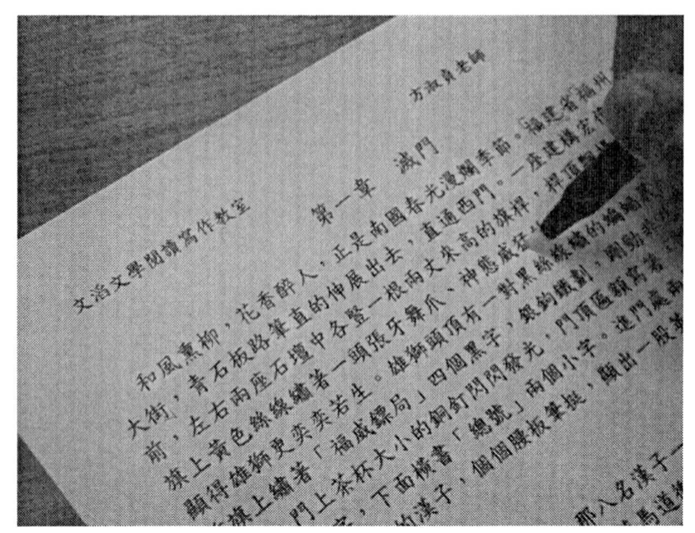

標示不懂的語詞

抄錄需要清字的語詞

尋找語詞在工具書中的位置

二、閱讀字或詞的定義

閱讀定義(一)

小朋友在工具書上找到不確定或不懂的字或詞時，首先將這個字或詞的定義讀一遍，藉此了解該字或詞意思。一般而言，詞的定義比較單純，因為字（辭）典中會用一句話或是一小段文字解釋，只要小朋友明白內容，便可以解除對原先不了解或需釐清語詞的意思的狀況。當然，有些詞在字（辭）典上有一個以上的意思，小朋友必須根據閱讀文本的上下文去做正確的選擇。

閱讀定義(二)

至於界定不懂或不確定字的意思呢？小朋友就必須多費工夫了。任何一個字在字（辭）典都註明了許多不同的意思，所以，小朋友若是想界定「那個字」在上下文中的意思，則必須先將這個字在詞（字）典的所有的定義看一遍，再找出一個能與文章上下文意思相符合的定義，才算是做到清字的動作。

舉個例子說明：

……小香菇回過頭來，瞇著眼睛，「衝」著小幸一直笑。……《養天使的方法》

「衝」在辭典（《新編國語日報辭典》）上有兩個讀音（ㄔㄨㄥ和ㄔㄨㄥˋ），第一聲的「衝」有五個意思，第四聲的「衝」也有五個意思。當老師告訴小朋友讀音是第四聲後，小朋友便需閱讀ㄔㄨㄥˋ下面的五個意思，再從中挑選一個適合上下文的意思。

然而，小朋友在閱讀辭（字）典中字或詞的定義時，若是在解釋的句子中遇到不了解的字或詞，必須先查清楚那個字或詞的意思，再回到原始該查的字或詞上，繼續做清字的動作。

例如：

……賓公館的花園十分深闊，錢夫人打量了一下，滿園子裡影影綽綽，都是些樹木花草。……《遊園驚夢》

「影綽綽綽」在辭典上（五南最新修訂國語辭典，二〇〇六年十月三版十刷）的解釋為：隱隱約約。小朋友若是不了解「隱隱約約」的意思，他必須先查「隱隱約約」的意思，才能徹底的知道「影影綽綽」的涵義。

三、選擇合乎上下文的正確詞或字的意思

小朋友閱讀過該字（不懂或不明確）在字典上的所有定義後，他必須根據上下文「選擇」出適當的定義後。例如：……小香菇回過頭來，瞇著眼睛，「衝」著小幸一直笑。……這段內容中，小朋友如果能選出ㄔㄨㄥˋ字下的第一個意思，也就是「向」，便表示他已了解內容了。

選擇合適的定義(一)

選擇合適的定義(二)

四、利用造句練習以增進對字或詞的理解純熟度

小朋友閱讀辭（字）典上字或詞的定義後，接下來試著用自己的話說出該字或詞的意思，並用那個字或詞造一些句子，直到他能流暢的運用那個字或詞為止。在造句練習時，小朋友若毫不猶豫或沒有結巴、停頓的現象，表示他已經了解字或詞的意思了。

運用語詞造句(一)

運用語詞造句(二)

五、繼續閱讀

教師協助小朋友清字

當小朋友將閱讀過程中遇到的阻礙（不懂的字與語詞），確實的做完清字的動作後，他們便能夠繼續閱讀，而且是順暢、有意義閱讀。倘若在閱讀的過程中，小朋友又出現心不在焉、疲倦、塗鴉、停留在某一個地方無法前進時……，那麼他正在閱讀的文章中，一定還有不懂或不清楚的字或詞。這時，老師必須協助小朋友再找到需要做清字的字或語詞。

教師協助小朋友選擇定義

第三節　清字技巧的教學示範

一、如何清「語詞」的示範

閱讀過程中，小朋友遇到不懂意思的語詞時，教師可以利用工具書引導他們克服不愉快且沒有效率的閱讀。

華華（五年級）正在讀一篇文章如下：

傳這份情

……這已經是二十年前的往事，但在我的腦海中，這件事仍像記憶中的奧瑞岡藍天一般清晰如昨。當我醒來時，摸索著打開電燈開關，卻發現自己仍現在一片黑暗中……

讀著、讀著，華華開始東張西望，眼睛無法專注在文章上的內容。經過老師詢問，華華才告訴老師說：「我不知道『清晰』是什麼意思？」

於是，老師請華華拿出辭（字）典查「清晰」的意思。根據《新編國語日報辭典》的解釋是：「清楚明白」。華華認為自己了解意思後，老師請他用「清晰」造句。華華非常順暢的造了兩個句子後，老師便確認華華了解「清晰」的意思了。

但是，華華又問老師：「為甚麼提到『奧瑞岡』的天空呢」？所以老師引導華華看世界地圖，指出奧瑞岡在美國的位置，並拿出數張奧瑞岡的圖片，告訴他奧瑞岡的天氣晴朗時，因為環境很少被汙染，天空一片湛藍，非常乾淨美麗。

透過老師的協助，華華終於了解作者在這段文章中所要表達的意思是：這份記憶非常清楚的留在他的腦中。

清字過後，華華又可以順暢的繼續閱讀了。

二、如何清「字」的示範

小朋友在閱讀過程中，有時遇到不懂的語詞，但是無法在工具書中找到那一個語詞時，下列的方法可以協助小朋友解除困難，重拾閱讀樂趣。

言言（六年級）正在閱讀下面一篇文章：

> 作文是一個循序漸進的創作過程，從拿到一個題目到一篇洋洋灑灑的文章完成，都有一定的程序。
>
> 審題，指仔細的分析題目的意思和要求，這是命題作文和專有名詞的第一個階段。審題的時候要注意下列四點：抓

住重點、明白題旨、分辨體裁、看清要求。

在閱讀的過程中，言言不確定「審題」的意思，他翻閱字典卻無法找到「審題」這一個詞，感到很挫折，於是在閱讀接下來的內容時，他失去閱讀的興趣和效率。

教師發現這個情形後，請言言拿出工具書（《新編國語日報辭典》）先找出「審」這個字，然後詳細閱讀所有定義（詳細，慎密、仔細考查分析、訊問案件、知道）。接下來，老師請言言仔細閱讀這篇文章中，出現「審題」這個詞的上下文。然後請言言想一想，再從辭典的定義中找出一個適合上下文的意思。果然，言言立刻明瞭「審題」的意思就是：仔細分析題目的意思，下筆寫作更順暢。

當言言確認意思以後，接下來閱讀的內容就流暢多了。

第四節　清字技巧的靈活運用

錯別字的更正

在教學情境中，教師經常在小朋友的作業、學習單、作文……發現錯字或別字，這些錯別字如同小朋友的護身符一般，很難被丟棄，儘管小朋友在被糾正的當下寫出正確的字，但是再次寫錯的機率仍相當大。

這種令教師、家長，甚至小朋友本身感到很無力的現象，到底是什麼原因導致而成的呢？不專心，完全不知道該寫什麼字，只好隨意抓一個同音字湊數，在兩個同音字間徘徊猶豫，無法明確知道做何選擇，只能憑運氣……。其實，無論何種因素，歸究其根本原因就是：不明白字的本意。換句話說，小朋友對每一個字的本意，缺乏一個基底，所以無法在適當的時候，從自己的字庫中，選取正確的字來滿足需求。這樣的狀況，隨著小朋友識字量的增加，情形只會每下愈況，愈演愈烈。

因此，如何利用清字技巧來強化小朋友的字庫基底？如何讓小朋友在反覆練習清字技巧，不斷加深印象下，徹底解決寫錯別字的現象，正是下面筆者想分享的教學經驗。

(一) 錯字

當教師發現小朋友寫錯字時，可以先給他們一個機會，確認他們是不專心或是真的不懂才寫錯字。如果小朋友真的不知道該寫哪一個字？教師可請他們拿出辭（字）典，利用注音符號的方式先找到同音字的那一欄，教師再協助小朋友挑出正確的字，並翻到那一個字的頁數。接下來，請小朋友仔細研讀該字的所有定義，再配合內容上下文鎖定一個意思。最後，請小朋友利用這個定義造一個或多個詞，以加深了解這個字的定義。經過這個程序，小朋友必定能逐漸累積有意義的字庫。

例如：這個交「享」樂團頗富盛名。（「享」為錯字）

教師先協助學生從注音查字法中鎖定正確的字應是「響」，再請他將寫錯的字和正確的字並排。接下來，小朋友必須利用辭典確認兩個字的定義，再抄錄定義和造詞。例如：

享：受用。享用。
響：聲音。交響樂團。

(二) 別字

一般而言，小朋友寫別字的情形，都是因為不知道或不確定該寫哪一個字，所以隨意找個同音字碰運氣，這樣的運作方式長久延續下來，只會混淆他們自身的識字能力，而且隨著他們閱讀深度遞增，辨識能力反而會遞減。所以建議教師利用清字策略，幫助學生逐漸釐清字的本意，建立正確的字庫。

當教師發現學生寫別字時，可以將「別字」和「正字」並列寫出，請小朋友利用字（辭）典將這兩字分別挑出來（建議老師讓小朋友將兩字在字（辭）典出現的頁數寫下來，往後如果需要再使用時，便可在最短的時間內翻閱，節省很多時間）。接下來，引導他們根據上下文（作文內容、習作的句子，或任何小朋友當時需要完成的內容）的意思，從所有定義中鎖定一個正確的意思，並把該定義抄在「正」字的下面，隨即造一個詞，或利用那一個詞造一個句子。同樣的，請小朋友以此方式繼續完成「別字」的清字動作。但，在選取定義的過程中，唯一不同的地方是：「正字」必須選取符合上下文的定義；「別字」則可以請小朋友任選取一個他了解意思的定義，再將定義抄錄下來。

例一

我覺得這次的旅行收「獲」不少，值得我珍惜。

小朋友因混淆「獲」和「穫」的意思，所以他必須將兩個字並排抄錄，再利用工具書做清字的動作。例如：

獲：得到。不勞而獲。
穫：莊稼收割穀物，引申為工作或學習中有所得。

例二

我們必「需」努力讀書才不會辜負父母的期望。

「需」是「須」的別字，所以將兩個字並列抄錄，再做清字的動作

需：物質上有所需求。需要。
須：必得（ㄉㄟˇ），應當。必須。

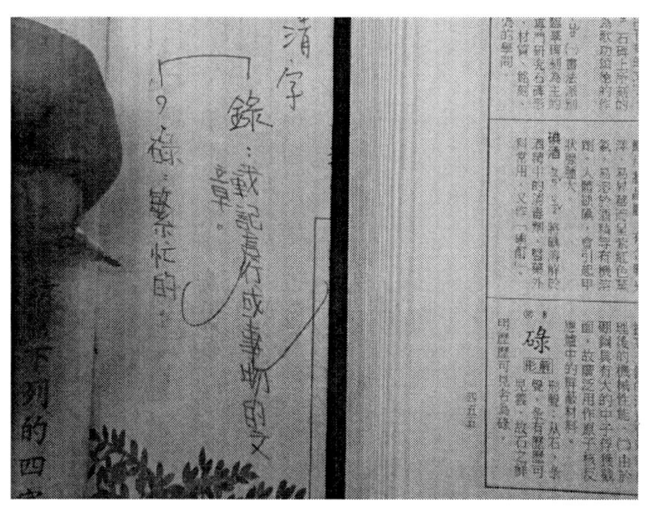

小朋友做清字動作

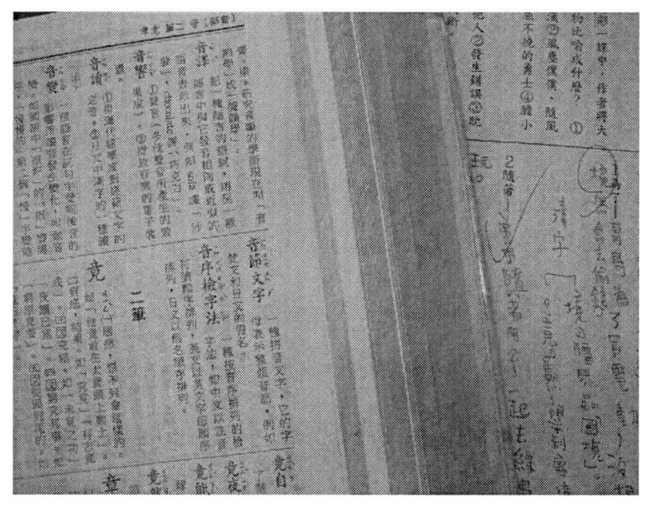

小朋友利用字典做清字動作

(三) 循序漸進的策略

清字技巧確實可以提升小朋友的語文能力，然而當小朋友寫錯字或別字時，身為老師的我們該如何做，才能讓他們得到真正的學習？我們要「幫助」多少，才不會流於直接灌輸小朋友知識和技能呢？這是一個見仁見智的問題，因為在教學現場上，可能有些許因素會影響到教學方法，例如：小朋友的程度？時間的多寡？小朋友的個性？教師的態度？……然而，一般而言，下面的一些原則可以作為教師施行的參考：

1. 先請問小朋友能否自行訂正？如果小朋友願意嘗試自行訂正，教師可以鼓勵他們大膽猜測，教師再做驗證的工作。如此做法可以增加小朋友的自信心和語文判斷能力。
2. 低年級或語文程度不佳的小朋友，教師可以直接告知答案（正確的字），再協助他們查閱字典、閱讀定義、選取定義，並當場檢驗造詞和造句的正確性。
3. 基本上，中、高年級的小朋友，教師可以讓學生先將被紅筆圈出來的錯字（或別字），以及正確的字（教師要確認）抄錄下來。小朋友進行此步驟時，教師切記讓小朋友將這一組字（錯別字與正字）並排抄錄，讓學生很「清晰」的看到兩個字的區別，再指導他們查閱字典、閱讀定義、選取定義、造詞或造句等後續動作。
4. 針對低成就感、無法專心、閱讀速度慢、個性較依賴……的小朋友，教師宜花費較多時間指導或請班上優秀的小朋友協助，讓這些小朋友也能漸漸累積信心和實力。

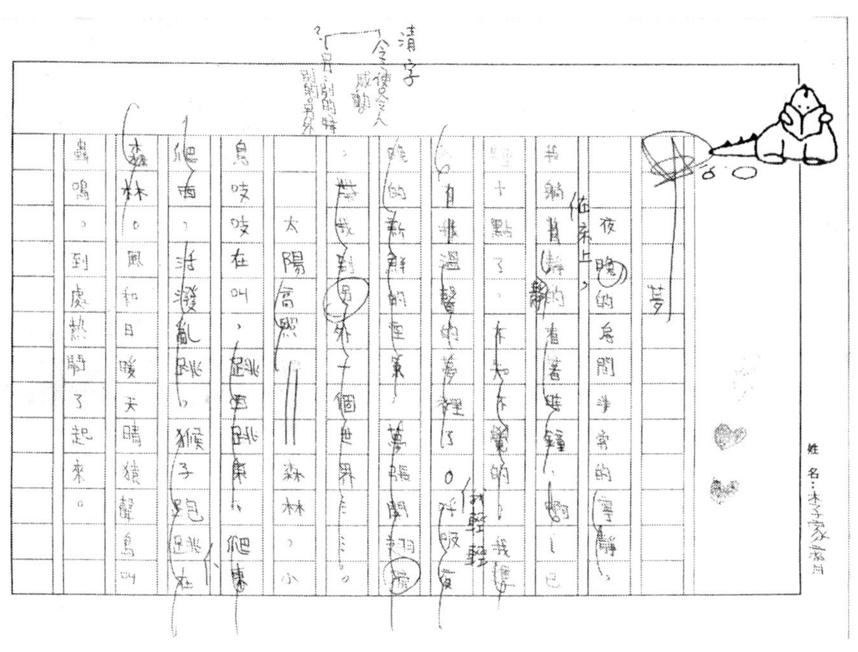

小朋友將圈起來的錯字做清字動作

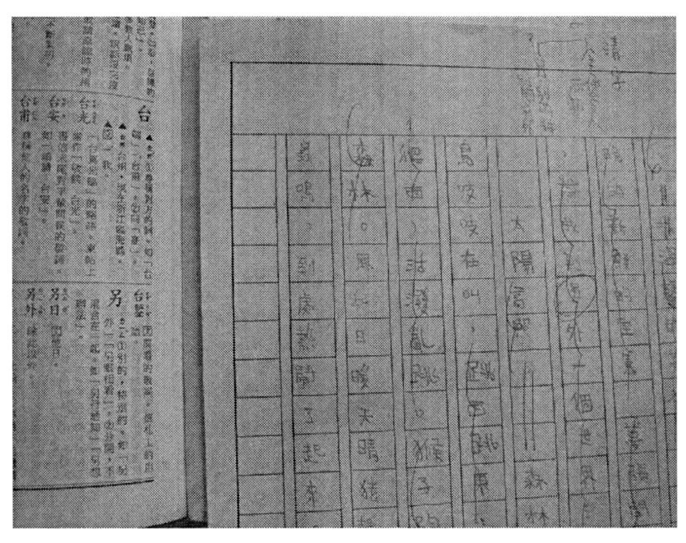

小朋友利用辭典釐清誤解的字

第五節　結語

閱讀的目的是什麼？閱讀可以取得資訊、增加經驗、提升生活能力、解決問題、啟迪思考、尋求知己、提供樂趣……。但，閱讀的過程中，若是因誤字（會錯意、混淆意念、不知意思）現象所導致的閱讀障礙，以至於誤導、扭曲觀念，那麼閱讀便成為可怕的隱形禍源了。

因此，培養小朋友徹底進行清字動作，加強對字、詞、句的正確定義的掌握，小朋友便能融入閱讀情境並喜愛閱讀。

參考文獻

台灣海洋翻譯社（譯）（2005）。**學習如何學習**。台北：快樂。

墨高君（譯）（1996）。**在文學中成長幼兒文學**。台北：揚智。

Anderson, R., Hiebert, E., Scott, J., & Wilkinson, I. (1985). *Becoming a nation of readers: The report of the commission on reading.* Washington, DC: National Institution of Edcation.

Averill, E. (1957). What is a picture book? In B. Miller & E. Field (Eds.), *Caldecott medal books: 1938-1957.* Boston: The Horn Book, Inc.

Calkins, L. (1985). Learning to think through writing. In A. Jaggar & M. T. Smith-Bruke (Eds.), *Observing the language learner.* Newark, DE: International Reading Association.

Cohen, D. (1968). The effect of literature on vocabulary and reading achievement. *Elementary English, 45,* 209-213, 217.

Cullinan, B. E. (1977). Books in the Life of the Young Child. In B. Cullinan & C. Carmichael (Eds.), *Literature and young children.* Urbana, ILL.: National Council of Teachers of English.

Cullinan, B. E., Jaggar, A., & Strickland D. (1974). Language expansion for black children in the primary grades: A research report. *Young Children, 29,* 98-112.

De Carlo, J. E. (1995). *Perspectives in whole language.* Boston, MA: Allyn and Bacon.

Duffy, G. G., & Roehler, L. R. (1986). *Improving classroom reading instruc-*

tion: A decision-making approach. New York: Random House.

Eldredge, J. L., & Butterfield, D. (1986). Alternatives to traditional reading instruction. *The Reading Teacher, 20,* 419-425.

Goodman, K. S. (1986). Children coming to know literacy. In W. H. Teale and E. Sulzby (Eds.), *Emergent literacy: Writing and reading.* Norwood, NJ: Ablex.

Goodman, K. S. (1989). Whole language research: Foundations and development. *The Elementary School Journal, 90,* 207-221.

Goodman, Y. M. (1980). *The roots of literacy.* In M. Douglas (Ed.), *Claremont reading conference forty-fourth yearbook* (pp. 1-32). Claremont, CA: The Claremont Reading Conference.

Goodman, Y. M. (1989). Roots of the whole language movement, *The Elementary School Journal. 90,* 113-127.

Graves, D. H. (1983). *Writing: Teachers and children at work.* Exeter, NH: Heinemann.

Hall, N. (1981). *Teaching reading as a language experience* (3rd ed.). Columbus, OH: Charles E. Merill.

Hall, N. (1987). *The emergency of literacy.* Postmouth, NH: Heinemann.

Harp, B., & Brewer, J. A. (1996). *Reading and writing: Teaching for the connections.* Orlando, FL: Harcourt Brace & Company.

Heald-Taylor, G. (1989). *The Administrator's guide to whole language.* Katonah, NY: Richard Cowen.

Heilman, A. W., Blair, T. R. & Rupley, W. H. (1986). *Principles and practices of teaching reading* (6th ed.). Columbus, OH: Charles E. Merill.

Heilman, A. W., Blair, T. R., & Rupley, W. H. (1990). *Principles and practices of teaching reading* (7th ed.). Columbus, OH: Charles E. Merill.

Hiebert, E. H. (1981). Developmental patterns and interrelationships of preschool children's print awareness. *Reading Research Quarterly. 16,* 236-260.

Holdaway, D. (1982). Shared book experience: Teaching reading using favorite books. *Theory Into Practice, 21(4),* 293-300.

Kamii, C., Manning, M., & Manning , G. (Eds.) (1991). *Early Literacy: A constructivist Foundation for Whole Language.* National Education Association publication.

Maley, A. (1989). *ESL-Annual reports*. Oxford University.

McCarthy, T. (1997). *Teaching literary elements.* NY: Scholastics.

Norton, D. E. (1987). *Though the eyes of a child: An introducation to children's literature.* Columbus, OH: Merrill.

Norton, D. E. (1992). *The impact of literature-based reading.* New York, NY: Merrill.

Sawyer, W., & Comer, D. E. (1991). *Growing up with literature.* Delmar Publishers Inc. through International Thomson Publishing.

Slaughter, H. B. (1988). Indirect and direct teaching in a whole language program. *The Reading Teacher,* 30-34.

Sutherland, Z. & Hearne, B. (1984). In search of the perfect picture book definition. In P. Barron & J. Burley (Eds.), *Jump over the moon: Selected professional readings*. New York: Holt. Rinehart and Winston.

Teale, W. H., & Martinez, M. G. (1988). Getting on the right road to reading: Bringing books and young children together in the classroom. *Young Children, 41,* 568-573.

Trelease, J. (1989). *The new read-aloud handbook.* New York: Viking Penguin.

Watson, D. J. (1989). Defining and describing whole language. *The Elementary School Journal. 90,* 129-141.

附錄一：圖畫書主題寫作

一個正確的選擇　私立光仁國小 五年級 張嘉祐

一個正確的選擇

姓名：張嘉祐

　　一個誠實？作弊？這真是一個兩難情況的選擇，一會兒高與，一會兒緊張。你是否有過像這樣的經驗呢？

　　當考卷發下來時，我的心就加速，心情好緊張。我寫完考卷，回頭檢查，發現有一題我不會寫，而且這題是我在家中複習過的題目，但現在我卻忘了答案，這時我的腦中浮現兩個念頭，要作弊還是誠實呢？我的良心不斷的掙扎，一直理不出頭緒。

　　如果選擇作弊，好處是考滿分、全部答對，還能上台領獎。壞處是整天提心吊膽，怕被發現，同學再也不信任我，跟我絕交、回家被處罰得很慘。如果選擇誠實，好處是心裡很踏實，壞處是回家必定會被罵。最後我做了一個重大的決定：我選擇誠實！這樣的結果我非常滿意，雖然考試成績並不理想，回家被父母罵，但是心裡很踏實，同學還會持續的信任我，下次再加油就好了。這真是一個聰明的選擇！

98年9月12日

嘉祐：你好用心，寫作能力又進了一步，內容有組織，……好精采的文章！

文滔語文閱讀寫作教室

附錄二：問題式寫作大綱作品示範

小雛菊的心聲　北市民權國小 四年級 趙梓辰

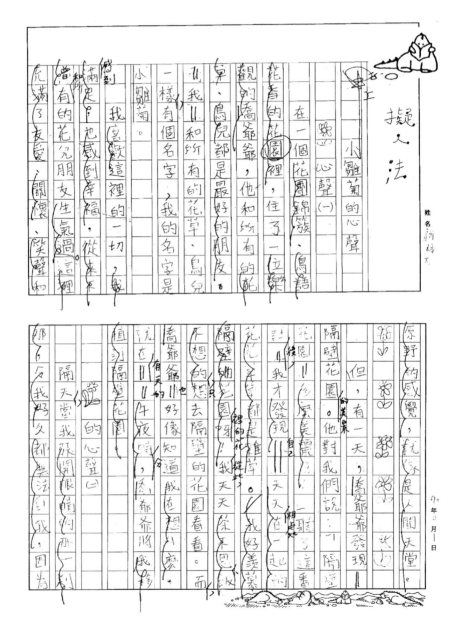

擬人法

小雛菊的心聲

姓名 趙梓辰

心聲(一)

在一個花團錦簇、鳥語花香的花園裡，住了一位樂觀的喬爺爺，他和所有的花草、鳥兒都是最好的朋友。我和所有的花草、鳥兒一樣有個名字，我的名字是小雛菊。

我喜歡這裡的一切，我感到滿足，也感到幸福，從來不曾和有的花兒朋友生氣過。這裡充滿了友愛、關懷、笑聲和原野的感覺，就像是人間天堂。

但，有一天，喬爺爺發現隔壁花園。他對我們說：「隔壁花園多麼美麗啊！」這番話，我才發現自己天天在一起的花花草草都是雜草。我好羨慕隔壁的花園呀！我天天朵不思飯不想的想去隔壁的花園看看。而喬爺爺也好像知道我在想什麼，就在一天的午夜時分，喬爺爺將我移植到隔壁花園。

的心聲(二)

隔天當我張開眼睛的那一刻卻令我好久都無法自我，因為

90年□月1日

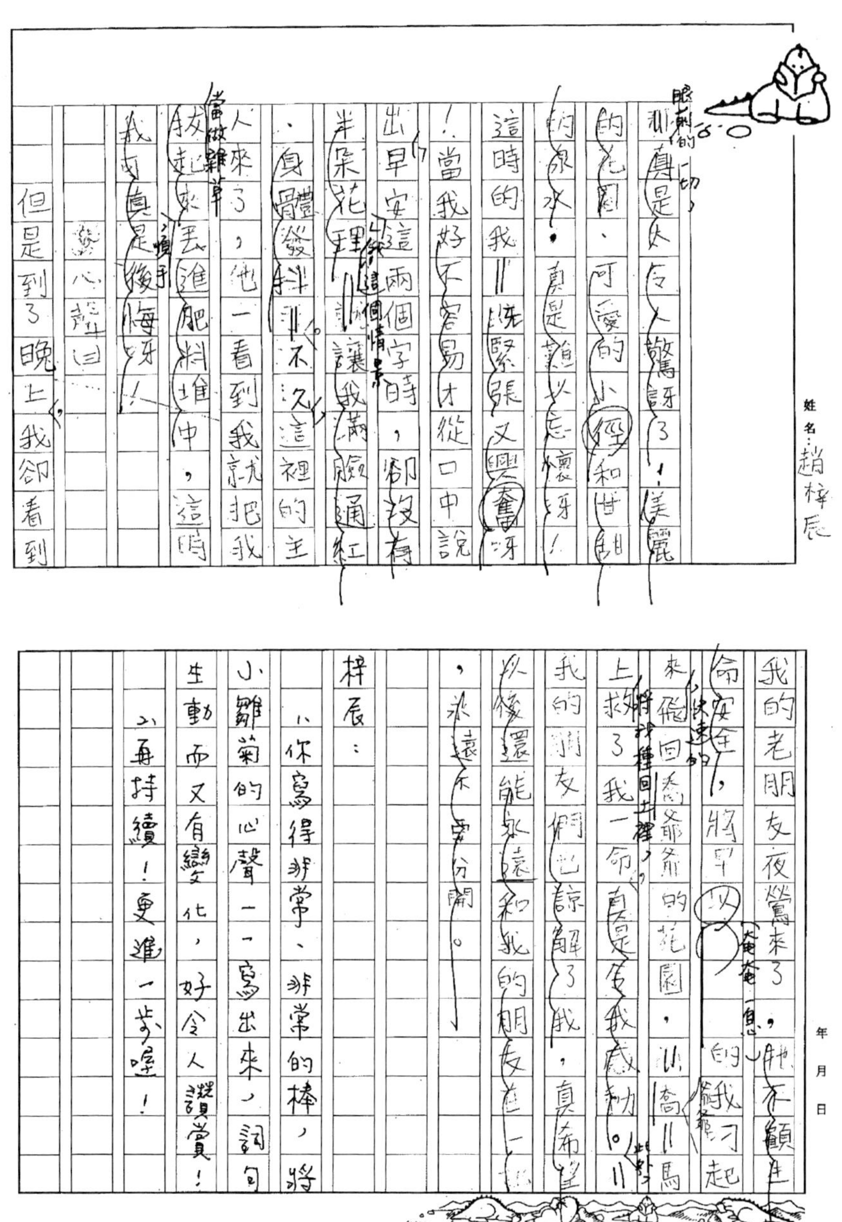
姓名：趙梓辰

真是太令人驚訝了！美麗的花圃、可愛的小徑和甘甜的泉水，真是難以忘懷呀！這時的我＝既緊張又興奮呀！當我好不容易才從口中說出「早安」這兩個字時，卻沒有半朵花理睬，讓我滿臉通紅、身體發抖。不久，這裡的主人來了，他一看到我就把我拔起來丟進肥料堆中，這時我才真是後悔呀！

菊心聲(三)

但是到了晚上，我卻看到

我的老朋友夜鶯來了，牠不顧生命安全，將早以的我叼起來飛回爺爺的花園，「小喬」馬上救了我一命，真是令我感動。」我的朋友們也諒解了我，真希望以後還能永遠和我的朋友在一起，永遠不要分開。

梓辰：

你寫得非常、非常的棒，將小雛菊的心聲一一寫出來，詞句生動而又有變化，好令人讚賞！再持續！更進一步喔！

年 月 日

「害怕」不見了　北市光復國小 三年級 李元顥

姓名：李元顥

「害怕」不見了

我最害怕的是「地震」。只要「地震」我就很害怕，房子會倒，這樣我們就沒有房子住了。記得九二一大地震時，我正在睡覺。迷迷糊糊中我看見爸爸媽媽快馬加鞭的跑了進來那時我還感覺不到「地震呢！

我很害怕小偷，我怕他會把我們家的錢都偷光。有時候，我看到新聞上有人家遭小偷，他們家被翻得東倒西歪的，可是我們的社區有很多監視器，我家的門也是很好的，所以現在我不怕小偷了。

最後，我再說一個我怕的，這個東西很小，可是我還是害怕，那個東西就是「蚊子」。我害怕牠的原因是：牠會咬得讓我們全身不舒服，而且還會「登隔熱」！所以我才會害怕牠。可是，只要我們不要一直開著門窗就不會有蚊子來了。

「害怕」都是在我們不會解決的中出現，只要我們的知識豐富知道解決的方法「害怕」就再也不會出現。

元顥：你寫得很有道理，內容也很通順，很棒的一篇作文！乖小孩，再加油！

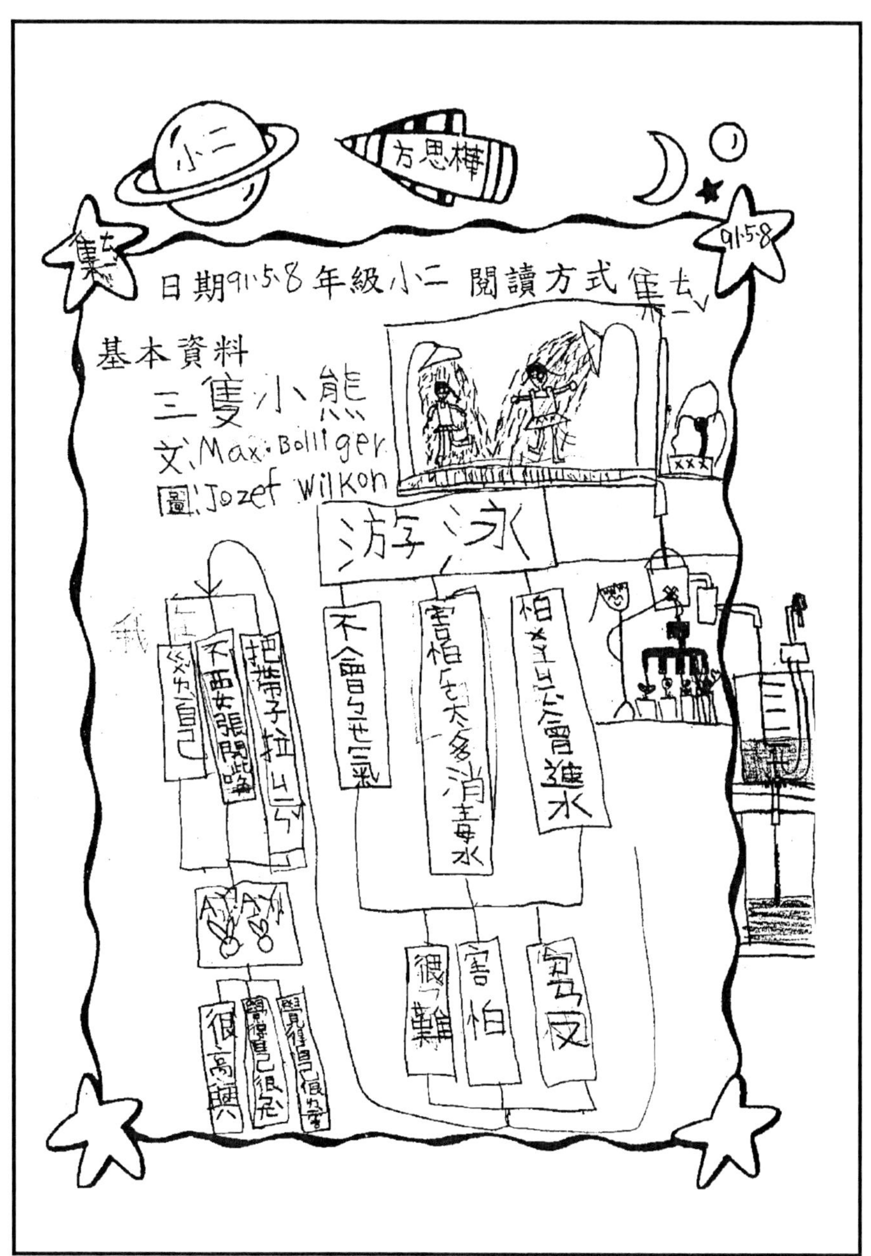
小二
方思樺
91.5.8
日期91.5.8年級小二 閱讀方式
基本資料
三隻小熊
文:Max·Bolliger
圖:Jozef wilkon
游泳
很難
害怕

學游泳　北市康寧國小 二年級 方思樺

學游泳

我有一次看到哥哥在游泳，他看起來好像很享受，所以我才會想學游泳。

在上游泳課的時候，教練說要憋氣，可是我不會憋氣，而且也怕下水以後會喝太多消毒水，還有怕耳朵會進水。這時我很害怕，我認為學游泳很難，我心裡有一點害怕。

不久我告訴自己要努力，不要害怕，我也鼓勵自己

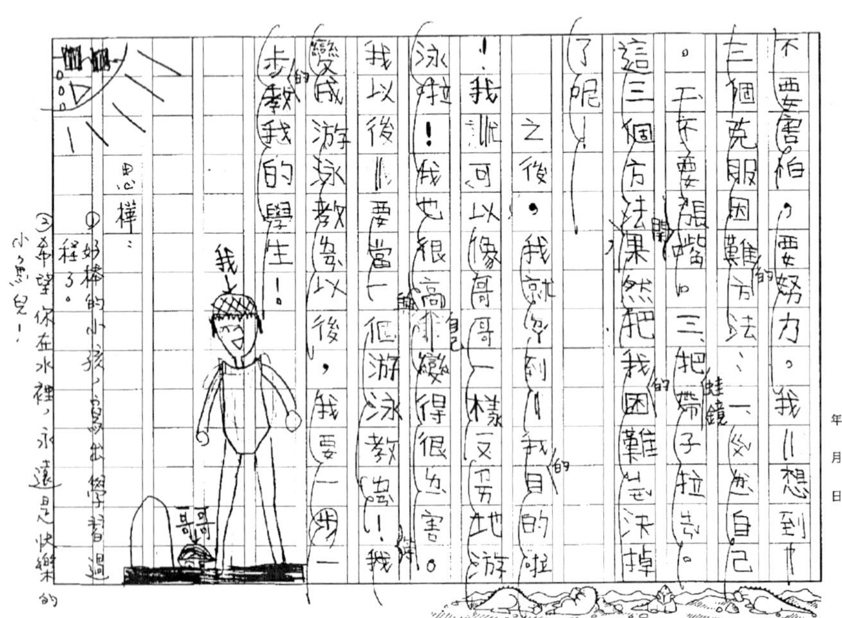
不要害怕，要努力。我想到三個克服困難的方法：一、鼓勵自己。二、不要張開嘴巴。三、把蛙鏡帶子拉緊。這三個方法果然把我的困難都沖掉了呢！

之後，我就找到了我的目的啦，我可以像哥哥一樣享受地游泳啦！我也很高興自己變得很厲害。我以後也要當一個游泳教練！我變成游泳教練以後，我要一步一步的教我的學生！

思樺：
①好棒的小孩，寫出學習過程了。
②希望你在水裡，永遠是快樂的小魚兒！

附錄五：織網式寫作大綱——我

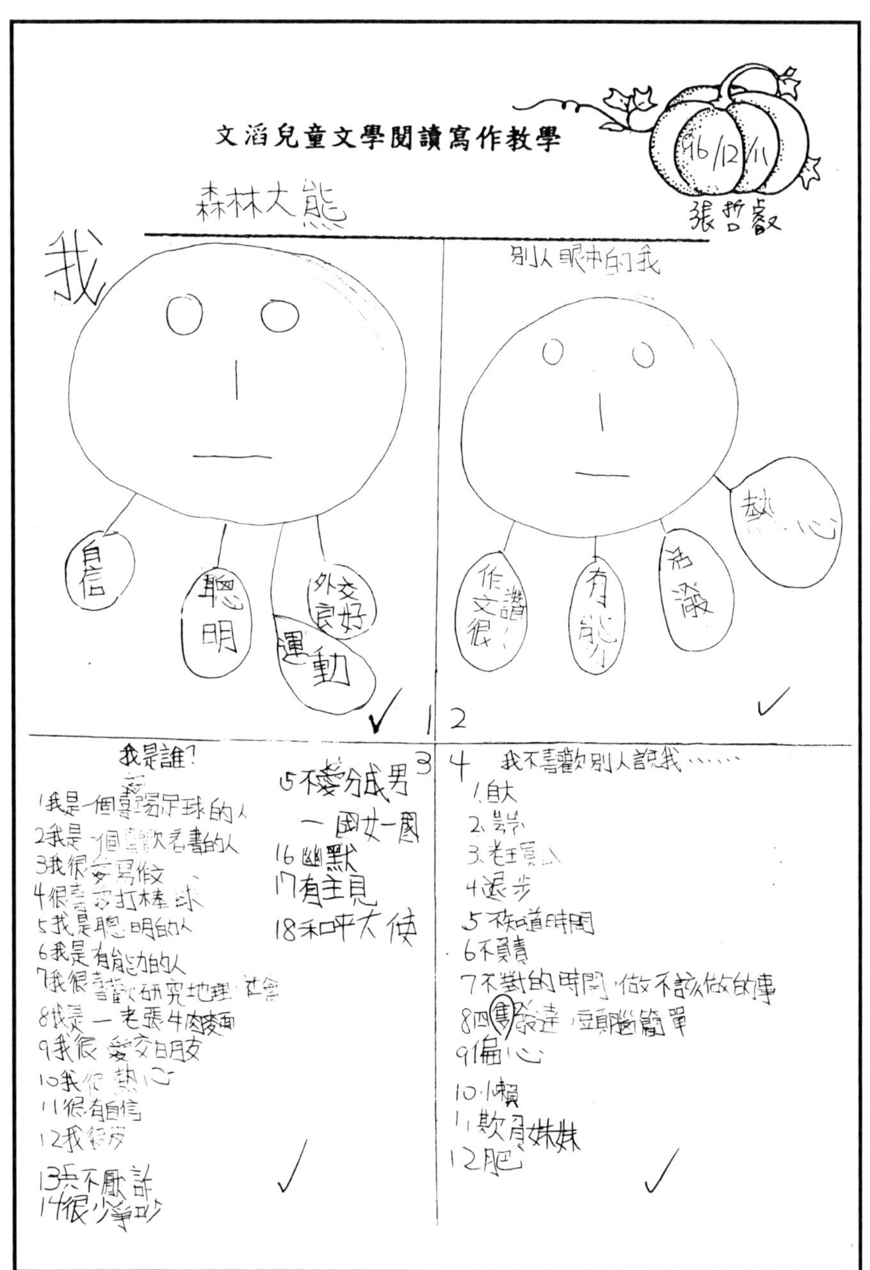

文滔兒童文學閱讀寫作教學
96/12/11
森林大熊
張哲叡
我
自信
聰明
外交良好
運動
別人眼中的我
作文很讚!
有能力
活潑
熱心
我是誰?
1我是一個喜歡踢足球的人
2我是一個喜歡看書的人
3我很愛寫作文
4很喜歡打棒球
5我是聰明的人
6我是有能力的人
7我很喜歡研究地理、社會
8我是一老張牛肉麵
9我很愛交朋友
10我很熱心
11很有自信
12我很安
13兵不厭詐
14很少爭吵
15不愛分成男一國女一國
16幽默
17有主見
18和平大使
我不喜歡別人說我……
1自大
2呆
3老王賣瓜
4退步
5不知道時間
6不負責
7不對的時間做不該做的事
8四肢發達，頭腦簡單
9偏心
10懶
11欺負妹妹
12肥

我　中正國小 五年級 張哲叡

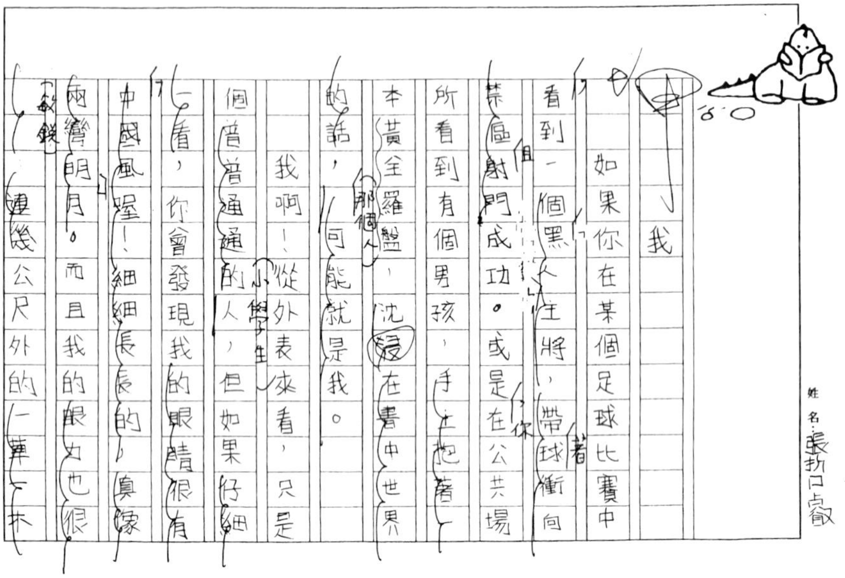

我

如果你在某個足球比賽中看到一個黑人主將，帶球衝向禁區射門成功。或是在公共場所看到有個男孩，手上抱著一本黃金羅盤，沈浸在書中世界的話，可能就是我。

我啊！從外表來看，只是個普普通通的人，但如果仔細一看，你會發現我的眼睛很有中國風堅！細細長長的，真像兩彎明月。而且我的眼力也很「敏銳」連幾公尺外的一草一木

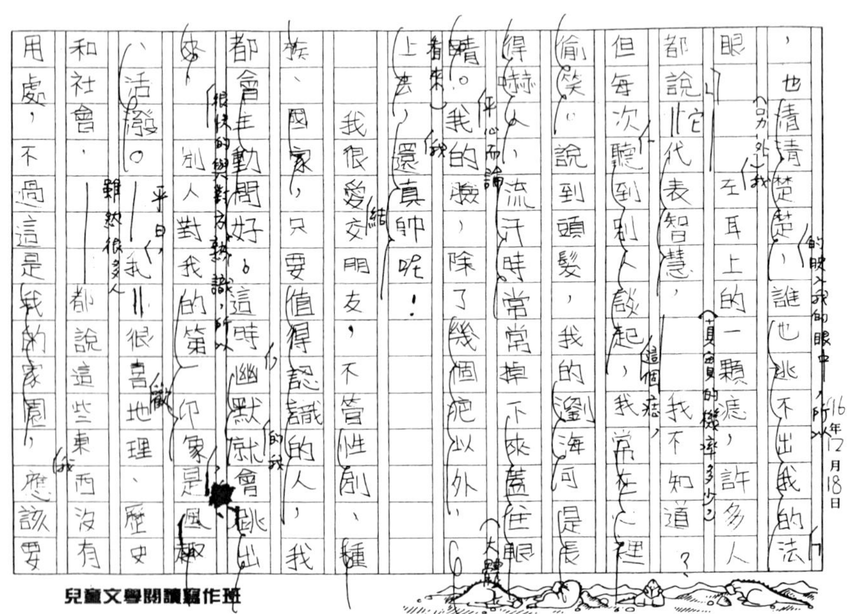

，也清清楚楚，誰也逃不出我的法眼。在耳上的一顆痣，許多人都說它代表智慧，我不知道？但每次聽到別人談起，我常在心裡偷笑。說到頭髮，我的瀏海可是長得嚇人，流汗時常常掉下來蓋住眼睛。我的臉，除了幾個痘以外，上去，還真帥呢！

我很愛交朋友，不管性別、種族、國家，只要值得認識的人，我都會主動問好。這時幽默就會跳出來，別人對我的第一印象是風趣、活潑。平日，我很喜地理、歷史和社會，都說這些東西沒有用處，不過這是我的家園，應該要

姓名：張哲叡

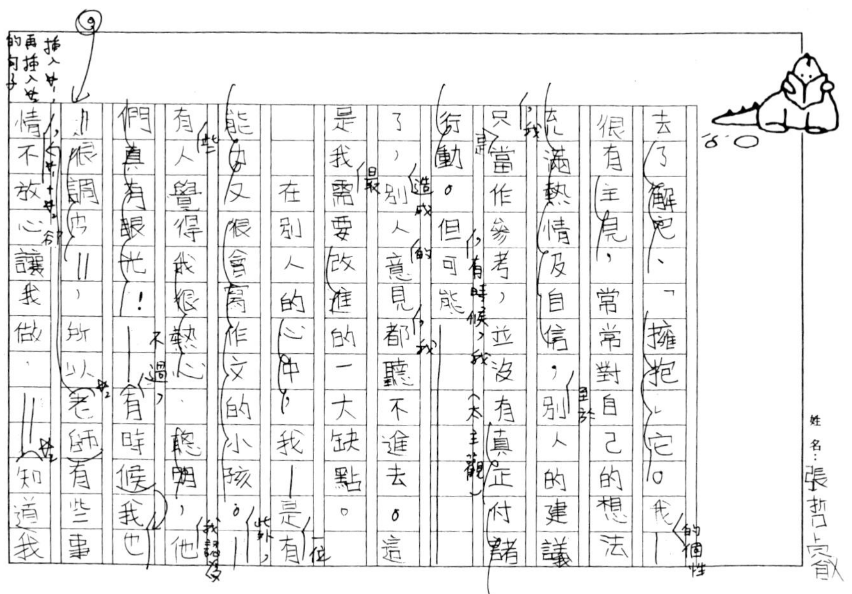
去了解吧、「擁抱」它。我的個性很有主見，常常對自己的想法充滿熱情及自信，別人的建議只當作參考，並沒有真正付諸行動。但可能造成有時候別人意見都聽不進去。這是我需要改進的一大缺點。

在別人的心中，我是有能力又很會寫作文的小孩，有人覺得我很熱心、聰明，他們真有眼光！不過，有時候我也很調皮，所以老師有些事情不放心讓我做，知道我

有能力，真是可惜。我最討厭爸媽說我沒有時間觀念或不負責，因為我一直盡心在做啊！

雖然我有一些缺點，但沒有人是十全十美的，只要發現自己的缺點，就立即積極補救，不能逃避，未來才能成為一個成功的人。

96年12月25日

哲叡：

1.前面部分寫得相當成功，呈現出自己的特色了。

2.最後二段如果再加強組織，內容更通暢。

附錄六：圖畫書主題寫作

我的玩具　北市西松國小 二年級 彭丞麒

我的玩具

西松國小 彭丞麒

如果玩具ㄊㄞˋ多就ㄖㄜˇ ㄊㄠˇ ㄧㄢˋ。我就是一個ㄊㄢ ㄒㄧㄣ小ㄏㄞˊ。我有很多玩具，像是ㄖㄨㄥˊ毛狗、ㄈㄟ ㄐㄧ、汽車、球。我最喜歡ㄖㄨㄥˊ毛狗，它是ㄏㄣˇ東西ㄓˋ ㄗㄨㄛˋ ㄔㄥˊ的。它叫ㄆㄚˋ五ㄎㄜˇ。

我喜歡它，因為它很可愛。

他的ㄅㄧˊ子是黑色的，ㄦˊ且很大。他的手和腳上有ㄈㄣˇ ㄏㄨㄥˊ色的手ㄓㄤˇ，ㄕㄣ ㄊㄧˇ ㄑㄩㄢˊ ㄅㄨˋ是黑色的。它像一張ㄓˇ一樣大，他ㄎㄢˋ起來ㄖㄨㄢˇ ㄖㄨㄢˇ的，ㄖㄨㄥˊ ㄖㄨㄥˊ的。我ㄇㄟˇ ㄇㄟˇ ㄅㄠˋ著它ㄕㄨㄟˋ ㄐㄧㄠˋ。星期天的時ㄏㄡˋ，我會ㄈㄤˋ到ㄍㄨˋ子裡玩。我ㄗㄨㄟˋ的是ㄆㄞˊ五ㄍㄜˋ，我ㄍㄜ ㄍㄜ的是ㄏㄨㄥˊ白ㄏㄨㄚ ㄏㄨㄚ的金魚。

ㄉㄤ我玩它的時ㄏㄡˋ，我會ㄒㄧㄤˇ到他有自己的ㄐㄧㄚ ㄊㄧㄥˊ。我有時ㄏㄡˋ玩的ㄊㄞˋ ㄎㄞ心會ㄨㄤˋ了吃ㄈㄢˋ！我玩ㄨㄢˊ玩具出後我會把他ㄈㄤˋ到ㄏㄜˊ子裡，這樣我就不會ㄋㄨㄥˋ到它，它也不會ㄎㄨ ㄌㄚ！

丞麒：

1. 你寫得很完整又生動喔！

2. 你為什麼覺得它有ㄕㄥ ㄇㄧㄥˋ呢？

年 月 日

附錄七：文學基本要素教學——編擬故事綱要學習單

書名：火童　　姓名：凌叙偉　　日期：97、4、9

學習目標：編小故事

角色	時間	地點	事件	物品
阿札、馬莎兒、大魔怪	三年、二十一年	石門山、祕密通道	尋找火種、紀念	金雞毛、葫蘆
叔叔、同學、朋友、老師	四月14日星期二下午	學校、家中後院、家裡客廳	生日派對、各自回家	蛋糕、禮物、氣球

附錄八：利用文學基本要素寫作

小小故事　北市雙蓮國小 二年級 凌叙倢

姓名：

敘敘的生日派對

有一天敘敘和媽媽說：「媽媽，我生日可不可以請同學來家裡？」媽媽說：「可以啊！」所以在4月12日前天下午，敘敘、姐姐和媽媽去大潤發買派對要用的東西。敘敘說要買蛋糕，姐姐說要買禮物，媽媽說：「買汽球就好了。」最後還是決定買氣球來布置家中的後院和客廳！讓後院和客廳充滿了生日的氣氛。

到了4月14日當天下午，同學、朋友和老師都來了。唱完生日快樂歌之後，一起在客廳吃蛋糕、送禮物，敘敘和同學一起在房間玩，看故事，聽音樂，玩得好快樂！大人們在樓下聊天說笑。到了晚上大家要回家時，我送給大家一人一顆氣球，並祝福大家：「今晚有一個好夢。」洗完澡後就抱娃娃睡著了，果真做了一個好夢。

敘捷：

1.這是故事，還是真實生活呢？

2.氣球有哪些顏色？

年 月 日

附錄九：圖畫書主題寫作

情緒　北市日新國小 四年級 許辰安

情緒是什麼？情緒就是心情、感受，也是對事物喜、怒、哀、樂的表現。

當我生氣時，我會感到指甲深深的刺入掌心，臉上紅得像火一樣，嘴巴說不出話來，只想一個人躲在房間裡，就像一隻心裡已燃起熊熊怒火的噴火龍，只要一有人來煩我，那個人就肯定倒大楣了。

當我心情好時，我會精神飽滿，臉上不忘掛上一抹笑容，第一件想做的事，就是和朋友分享我愉悅的心情，讓我的朋友也和我一起感染到同樣的快樂。什麼樣的時候，我的心情會很好呢？假如第二天是校外教學的日子，我一定會滿心期待的想著校外教學的事，整個晚上都睡不著覺，然後隔天變成一隻沒有好好睡覺的大熊貓。

當我事情一直做不好的時候，我會灰心。這時的心情毛毛躁躁的，什麼事情都不想做，就像洩了氣的皮球似的，全身一點力氣也沒有。此時，唯一想做的事就是倒在床上休息。

大致上來說，一個人有負面的心情是不好的，例如：生氣、灰心、絕望……但是，我們偶爾還是會有一些不好的心情。如果我有這種壞心情，我會想一些好玩、好笑的事情。

雖然情緒反應的結果有好有壞，但是如果人類的情緒消失了，則會產生更多的問題。舉例來說：如果我心裡不高興，而又不能表達出來，別人卻一直在旁邊吵我，那麼便會產生紛爭。所以，適當的處理自己的情緒，可以讓自己天天都很快樂。

附錄十：圖畫書主題寫作

彥勳找記憶　北市中正國小 六年級 黃彥勳

彥勳找記憶

一個過去的印像，一個難忘的經驗？記憶可以充滿快樂，也可以像刀子那樣鋒利，一支支的刺進我的心。難以忘懷的珍貴記憶成為我們心中永遠的那蜂蜜，甜在心頭。人生的悲歡離合，喜怒哀樂盡數在永恆的記憶之書中。

記憶，是苦的，宛如被困在悲傷與痛苦的鐵籠中，空空的、冰冰的。眼前不清，淚水、顫抖。一個人在房間裡，想仰天長嘯，想低聲啜泣，這一切的誤會、一切的不平，我不知該向誰傾訴？

記憶是溫馨的，像溫暖的春風一陣陣吹在我心頭。笑聲、懷抱。冬天的客廳，棉被、熱食、電視還有家人，大家說說笑笑，談話不絕。

記憶，是驚訝的，像心頭上的小鳥突然展翅高飛，緞帶被鬆開的許異感覺，讓人不禁想聞聲起舞。

記憶，是歡樂的。童年的光陰，轉眼飛逝，跟舅舅一起打混，回起嬉鬧的時光現在只留在我難忘的記憶中。

人生，就像海浪一樣，時兒平靜，時兒波濤洶湧。過去的人生，

姓名：黃彥勳　(2)

年　月　日

兒童文學閱讀寫作班

將會刻在永恆無盡的記憶中。

參動：

1.這篇作文很精采，它是散文，也是記敘文，也有點像詩，很棒！文字與技巧都很令人讚賞！

2.結尾如果能對過去下一個結論（你已做到），再對未來做一個展望，結尾將更有力道！試試看！

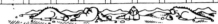

年 月 日

兒童文學閱讀寫作班

附錄十一：編寫故事

燈塔的傳說　北市民生國小 六年級 程于珈

每天，每夜，燈塔總是靜靜的等著，究竟是為了什麼呢？

很久很久以前，在台灣鼻頭角的一個村莊裡，住著一戶很富有的人家，他們有一個獨生女，名叫小紅。小紅生來五官端正，年輕貌美，心也很好，全村的人都很喜歡她。

雖然好多人都來說媒，但小紅都拒絕了。究竟誰是她的心上人呢？那就是替他們家煮飯的廚師——燈塔。

燈塔很喜歡小紅，所以小紅和他常常在一起聊天。

有一天，他們在海邊聊天的時候，小紅說：「如果我父母同意，我們早就可以結婚了。雖然你家境貧窮，雙親早逝，但是你我有緣，不如明日中午，我們在這兒見面，再到別的地方一起生活。」

燈塔答應了，但好景不常，說來簡單，做起來可難了。這件事卻被小紅的父母聽到了，她的父母氣得七竅生煙，隔天立刻收拾好行李，帶著小紅，遷居到大陸河北省。

不知情的燈塔，每天都一直站在海邊等著小紅。日子久了，他還是不死心。到了晚上，他就提著燈籠繼續等。

不久，他變成了一座石頭，這就是我們所說的燈塔。

附錄十二：續寫故事

雨錢(二)　北市民權國小 四年級 白暄

1.人物：秀才、狐仙
2.主題：善有善報
3.環境：山中

姓名：白暄

雨錢(二)

自從狐仙離開之後，秀才就像變了一個人似的，除了更加努力讀書，讀完書還會靜靜的思考書中的意義；另一方面，他也很積極的尋找狐仙，就這樣過了許多年（想要證明自己的改變。日子）……

有一天傍晚，秀才讀書讀累了，便出去外面透透氣，突然他聽到樹林裡傳來低沉的呻吟，起初他有些害怕，但是後來他鼓起勇氣，走到樹林裡去一瞧究竟。

他走了很久，終於找到一隻被捕獸夾夾傷的狐狸，牠用無助的眼神看著秀才，秀才覺得很不忍心，就把牠帶回家包紮傷口並且餵牠吃了一頓飯才將牠放生。

那天夜裡，秀才夢到狐仙對他說：「剛才你救的那隻狐狸就是我，為了答謝你，我決定幫你做一件事，這幾天內，我會去拜訪你。」

果然，七天後的一個下午，狐仙來到秀才家，問他要什麼？秀才說：「我只希望能像以前一樣，過著和樂的日子，並和

87年5月22日

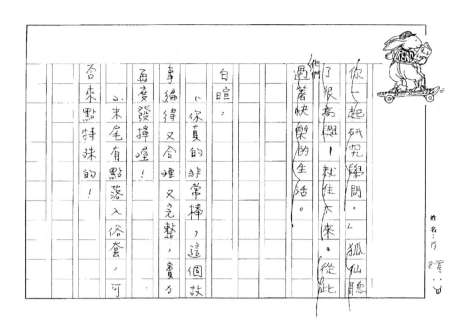

你一起研究學問。」狐仙聽了很高興，就住下來。從此他們過著快樂的生活。

白暄：

「你真的非常棒，這個故事編得又合理又完整，實力再度發揮喔！

小米尾有點落入俗套，可否來點特殊的！

姓名：白暄

附錄十三：讀書報告——從主題發揮感想

做一個真正的我　北市民權國小 五年級 白暄

做一個真正的我

我，是一個平凡的人。我不是貴族，也不是名人的子孫，我只是茫茫人海中的一員。我和大家一樣，追求屬於自己的幸福，也一樣擁有自己的夢想。

當我自己一個人待在一個地方，或在一群人旁邊孤單的走著，我就會開始想自己是如何交朋友；我覺得自己成績不錯，愛笑，熱心助人等優點，讓我擁有不少朋友。可是我也有懶惰、沒耐性、諷刺我討厭的人的缺點。不禁難過起來，怪不得以前好多的朋友都不再理會我，大概都是因為我有這些缺點而討厭我、遠離我吧！如果真的是這樣，那我就該好好反省反省了，還要把其他缺點改正，增加自己的優點，使我再度擁有好多好多的朋友。

我想，以後不要再隨隨便便開口亂罵別人或諷刺別人了。而且，要有自己的主見，不要不經大腦就胡亂答應幫別人做小事，不要看別人怎麼做就跟著做，別人怎麼說就怎麼說

好像長在海中的海草，隨著
海水流動。我要永遠記住自
己是誰，不要因為別人或環
境而忘了自己，要做一個「
真正的我」。

自評：

1.你真的好棒，作文寫得
非常好，用心極了。

2.你很優秀，運用你的智
慧讓自己在各方面更有收穫
，加油！

3.注意「；」的正確用法。

附錄十四：讀書心得報告——從主題發揮感想

有空間的♥　北市健康國小 五年級 羅瑞湄

約瑟夫是一位孤單的小男孩，他有一個院子，但是這個院子沒有蟲，沒有鳥，也沒有貓。只有破銅爛鐵。直到了有一天，他用破銅爛鐵換來一株小樹苗，而這株小樹苗改變了他的一生。

約瑟夫十分寶貝這株小樹苗。有一天，小樹苗開花了。約瑟夫太喜歡這朵花了，所以他把這朵花給摘了下來！沒想到，沒多久後花就枯死了，約瑟夫好傷心。

第二年的春天，小樹又復活了，約瑟夫好高興啊！在這個時候，蟲先來了，鳥兒也被蟲兒吸引而來，接著貓也被鳥兒吸引來了。約瑟夫不想和別人分享花兒的美麗，於是，他用外套把花給蓋了起來。外套遮住了陽光和雨水，花又枯死了。約瑟夫覺得自己好不應該。

第三年的春天，花又開了，約瑟夫這次沒有去動它。不久，小樹愈長愈大，花愈開愈多。花吸引了蟲，蟲吸引了鳥，鳥吸引了貓。約瑟夫的院子好熱鬧，約瑟夫好幸福。

我覺得，愛一個人，要讓他（或她）有自由的空間，要讓他（或她）用自己的方式生活，否則有些人會很受不了的。

我就是那種很需要自由空間的小孩，如果沒有自由的空間，我想……我大概會活得痛苦。此外，我認為貓、狗、植物和任何生物都一樣，大家都需要空間，不然牠們可能就會很不快樂，嚴重的話還有可能會死去。

所以，請記住，愛一個人、一隻小動物、一棵小樹或一朵美麗的花，都要給他（或牠或她）有空間的愛！

附錄十五：讀書心得報告——從角色特質寫感想或聯想

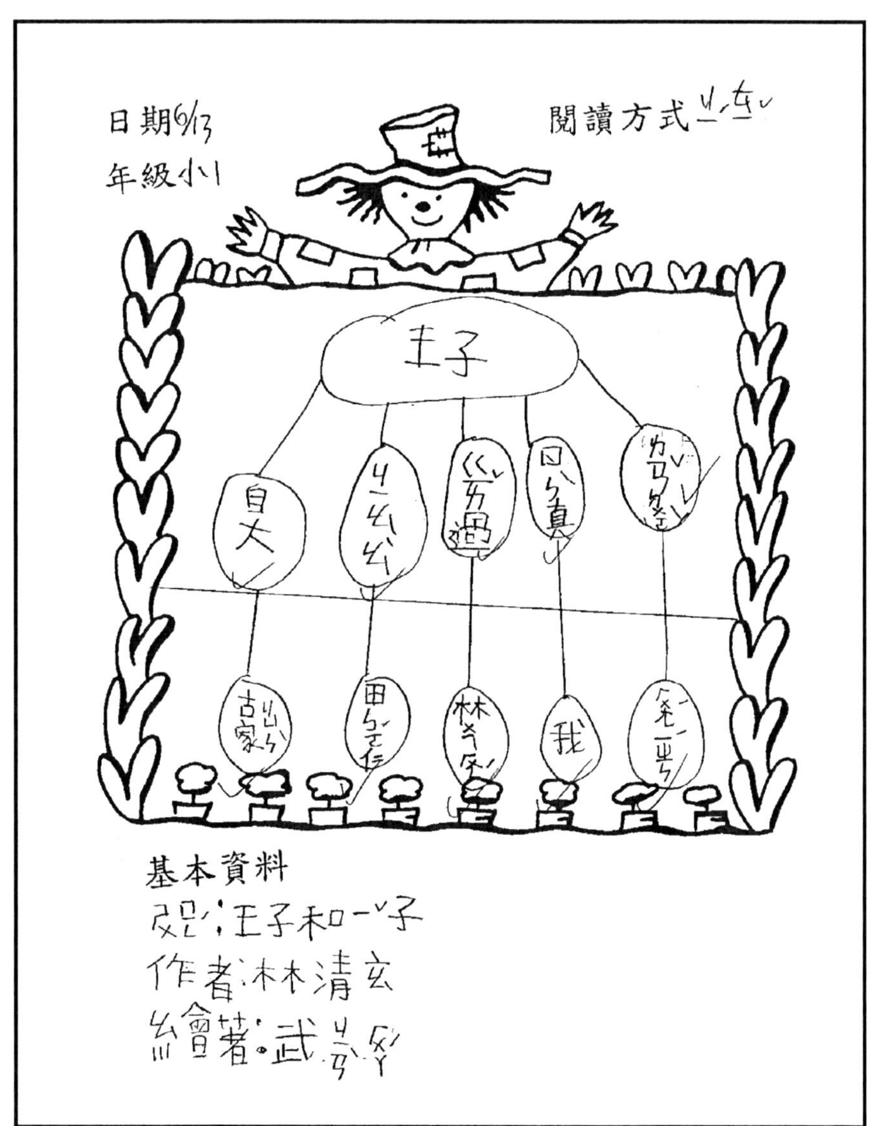

姓名：田瀚夫

王子和椅子

我ㄐㄩㄝˊ得王子很自大，因ㄨㄟˋ他自ㄐㄧˇㄌㄧㄢˊ丟ㄓˇㄒㄧㄝˋ都不會自ㄐㄧˇ。王子還說他是ㄅㄛˊㄒㄩㄝˊㄉㄨㄛㄨㄣˊ的人，只ㄧㄡˇ他的ㄆㄨˊ人ㄒㄧㄢ他做ㄏㄠˇㄕˋ事情。他ㄖㄤˋ我想到古家ㄓㄨㄤ，因ㄨㄟˋ他說他什麼都會。

王子也有ㄕㄅㄞˋ很ㄋㄢˊㄍㄨㄛˋ。有一天他的爸爸想看星星，他就叫王子ㄑㄩˋ他拿椅子，可是王子把他ㄉㄤˋㄦˇ邊風，爸爸就很生氣的自ㄐㄧˇ去看星星。他ㄖㄤˋ我想到哥哥，因ㄨㄟˋ媽媽叫他做ㄐㄧㄚ事，他都不會去做。ㄒㄧㄚ哥哥ㄗㄨㄟˋ後把這個ㄍㄨˋ事ㄒㄧㄝˇㄨㄢˊ。

91年6月20日

附錄十六：讀書心得報告——從情節建構寫感想

評《美女還是老虎》　北市內湖國小 六年級 王怡云

評《美女還是老虎》

《美女還是老虎》這本書有二大特色：

第一：這本書沒有結果，這種寫法可以讓讀者多思考，增加想像力、創造力。讓讀者變成EQ500的金頭腦。

第二：作者運用「一插敘法」——述敘公主極為痛苦的心情。讓讀者置身其中，體會公主矛盾的心情。

這本書帶給我的啟示是：做任何決定一定要仔細考慮，有些事情一決定了，就無法挽回。所以在做決定時要想了再想，慎重考慮才可以做最好的選擇。

例如：小圓明天要考試，小圓的媽媽叫小圓「複習功課」。但是小圓把媽媽的話拋到腦後，自顧自的看電視去了。

第二天考試小圓拿到考卷，一看「好多題都不會寫」。當然，吃了個「鴕鳥蛋」回家也吃紅燒炒屁股」。小圓很後悔，當初為什麼不聽媽媽的「建議」呢？為什麼要「做」這個錯誤的決定呢？

姓名：王怡云

87年9月21日

怡云：很棒，尤其是評論的部分，做得很好！以例子如果能用親身經驗，一定更棒！

附錄十七：書信、日記

給金豆的一封信　北市康寧國小 三年級 蕭妤庭

親愛的金豆：

我是康寧國小三年三班的蕭妤庭。你在故事中遭遇，我覺得你好勇敢喔！雖然你生下來就駝背，但是你並不因此而自暴自棄，我也為你而高興！

我建議你可以常常出來散步，不要天天躲在水泥管裡，這樣對身體不好！而且遇到好朋友的機會也會減少。你會發現世界上還是有許多跟高看看一樣棒的好朋友喔！

如果那些不乖的人再笑你的話，你就不要理他們，如果他們打你的話，你就叫我過去，我會空手道！

另外，我可以教你寫更多的字。所以你一定要常來康寧國小的三年三班喔！這樣，你就會成為一個小博士了！祝

天天開心！

步步高升！

永遠的好朋友

蕭妤庭上

姓名：蕭妤庭

90年10月26日

妤庭：

你的信好有趣又好棒！

小金豆一定很高興有你這麼棒的朋友！

附錄十八：書信、日記

給小丁子的一封信　北市西松國小 三年級 林子珉

給小丁子的一封信

姓名：林子珉

親愛小丁子：

你好嗎？你還有看到小姐姐嗎？如果你沒看到小姐姐，沒關係，你可以到醫院，帶著玩具，拿書和小姐姐一起分享，也可以說一些笑話或謎語給小姐姐聽。

我教你一種讓小姐姐開心、那就是種一棵小樹，下雨時，雨滴滴在葉子上，好像小樹在唱歌，晴天時，在烈日下的小樹個溫暖的家庭。你要天天照顧它，讓小樹可以一天比一天長大，就像小姐姐一天比一天健康了。

你也可以希望燈，那是什麼呢？一個永遠不熄的燈炮。當你開心時，那個燈泡會一直亮著；當你難過時燈，所以小丁子你趕快去找找那種神奇的燈，下次去醫院就把這當小姐姐的禮物吧！

雖然我不認識你但我一直很佩服你的勇氣體諒別人的。

我祝你快點見到小姐姐。祝

健康快樂

子珉上

六月六日

年　月　日

兒童文學閱讀寫作班

子珉：你好棒呀！你的方法和想法都很樂觀！老師很喜歡你的點子。

附錄十九：圖書製作——簡易小書

討厭黑夜的方女巫　北市康寧國小 二年級 方思樺

封面

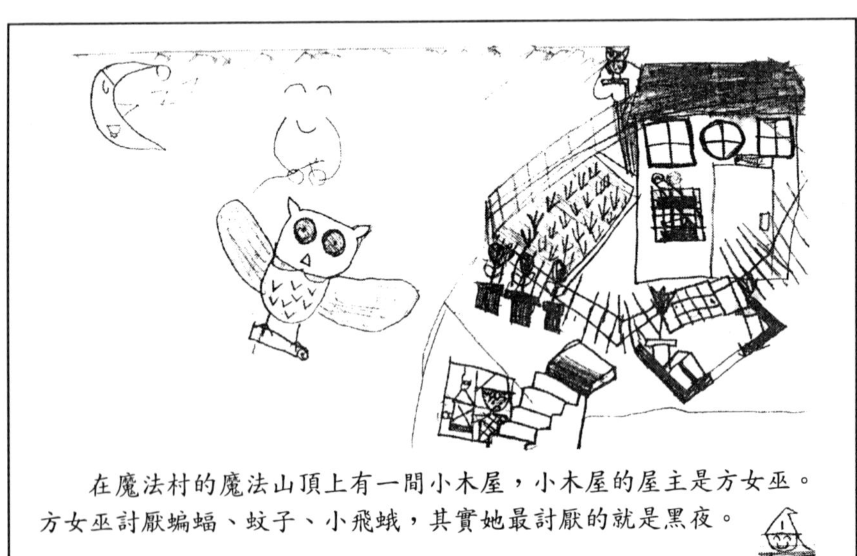

在魔法村的魔法山頂上有一間小木屋，小木屋的屋主是方女巫。方女巫討厭蝙蝠、蚊子、小飛蛾，其實她最討厭的就是黑夜。

第一頁

首先，方女巫拿出她的飛天掃把，還有她的魔杖，然後她騎上掃把，飛到天空上。方女巫使用「昏擊咒」，她東邊射、西邊射。結果，她射到不是貓頭鷹，就是蝙蝠，黑夜哈哈大笑，方女巫氣得都快要從掃把掉下來了。

第二頁

接下來，方女巫煎了一大鍋的溶解液，然後把溶解液通通裝在氣球裡。方女巫帶著一大袋裝有溶解液的水球，再度騎上火閃電，她東射西丟，可是黑夜東扭西閃，怎麼射都射不中。黑夜笑得眼淚都要掉下來了，但是方女巫卻氣得差點把水球掉在樹上。

第三頁

再來，方女巫準備了好多針來射黑夜，可是黑夜拿雲來當盾牌，所以針都插在上面了。黑夜還謝謝方女巫給它這麼多針。讓它可以縫它的舊斗篷呢！

第四頁

終於，方女巫想通了，她看了看天色想：都半夜三點了，居然這麼晚了，那就早早睡覺，明天好早起賣藥了！

第五頁

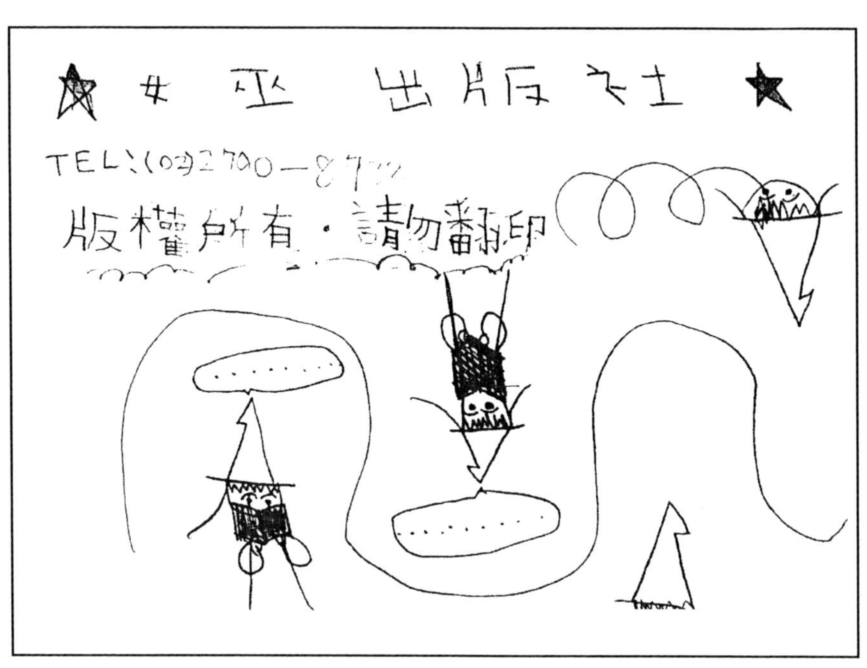

第六頁

第七頁

第八頁

第九頁

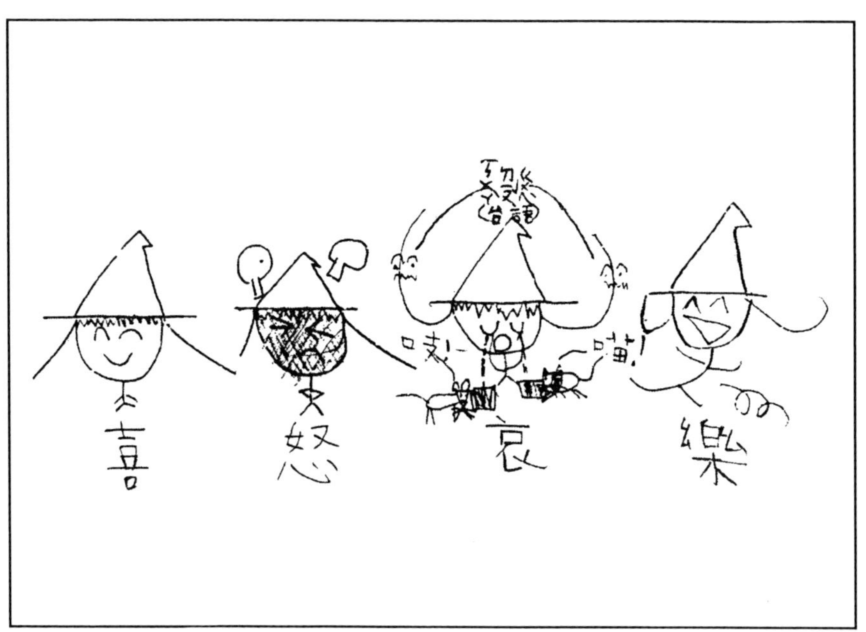

封底

附錄二十：圖書製作——口袋書

我的成長　北市民權國小 四年級 姚思安

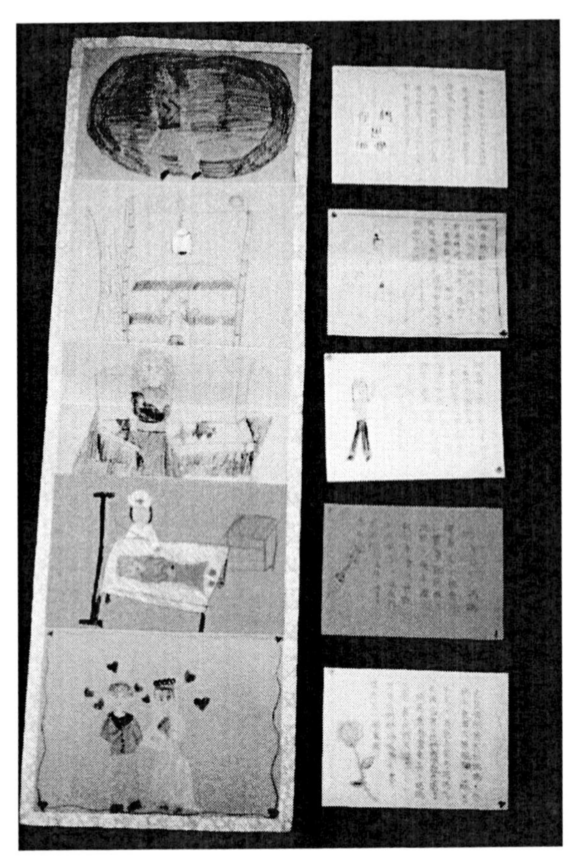

第一張：這是我的爸爸和媽媽，他們在東海大學認識。過了不久，爸爸去當兵，媽媽去美國念書，他們兩個就分開了。但是，爸爸當完兵，媽媽念完書，他們又碰面了。然後，他們結婚成為夫妻，成立了一個家庭。

第二張：過了五年，媽媽懷孕了，裡面的小寶寶就是我。聽說醫生還沒有戴好手套，我就生出來了。媽媽說生我的時候，根本不會痛。

第三張：我已經被生下來了，我住在保溫箱一、二個禮拜，因為我像小猴子一樣輕，也像拇指姑娘一般小。當媽媽把我抱在懷裡好舒服，好有安全感。

第四張：每天早上，奶奶和爺爺都會帶我去幼稚園，但我每次都因為起不來而遲到。到了門口，我就會開始大哭，哭得滿身都濕了。我每天在幼稚園都要認很多字卡。

第五張：現在我已經小學四年級了，我的功課變多了。平日，我常參加比賽，如：英文、演講、田徑、兩百公尺賽跑等，我常得第一名。可能是因為比賽加分吧！我各方面都進步很多喔！

我的成長　北市仁愛國小 四年級 林博威

附錄二十一：連頁書

小種籽的旅行　北市民權國小 三年級 田博仁

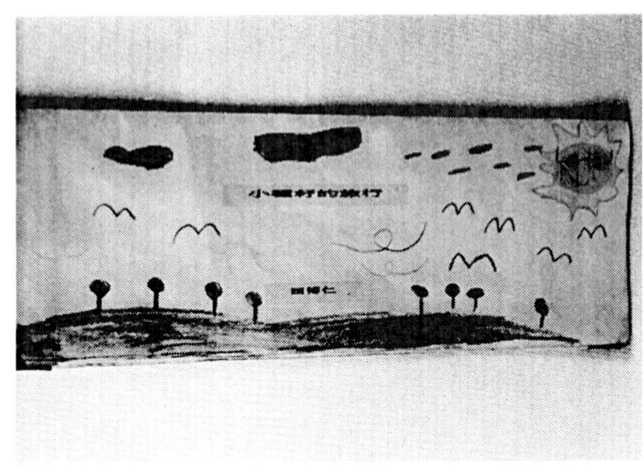

封面

展開圖(一)

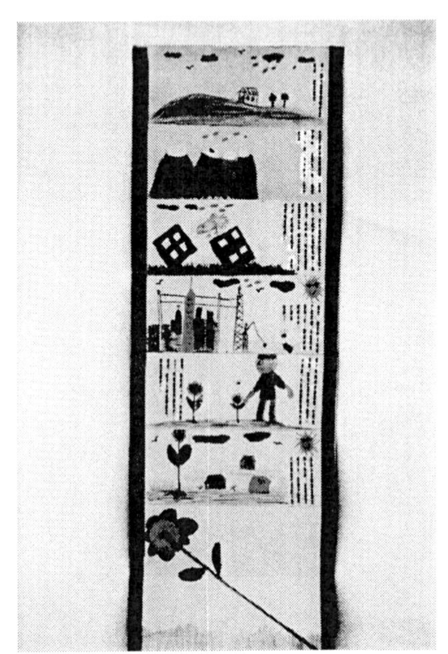

展開圖(二)

小種籽的旅行（內容文字）

有一顆小種籽跟著它的同伴一起去旅行。

小種籽跟著它的同伴一起飛向雪山，結果一顆小種籽掉了下去，匆匆結束了它的生命。

可是，其他的種籽還是很努力的飛，它們和小種籽飛到了田的上空。其中有一顆種籽想要在那裡生活，所以就掉了下去。可是，它被麻雀發現，一會兒就被麻雀吃掉了。

後來，種籽們又飛到了城市裡，可是沒有想到，有一顆種籽掉到河水中，它被魚吃掉了。

剩下的種籽繼續飛，它們很高興，因為看到下面是一片草地，大家都想在那裡生活。後來，種籽們一天天的長大了，很多人來這裡拔花，有些花都死了。

最後，小種籽靠著陽光和水生活，它長得又高又大，比房子還高，大家都說它是巨人花。

附錄二十二：造型書（狗）

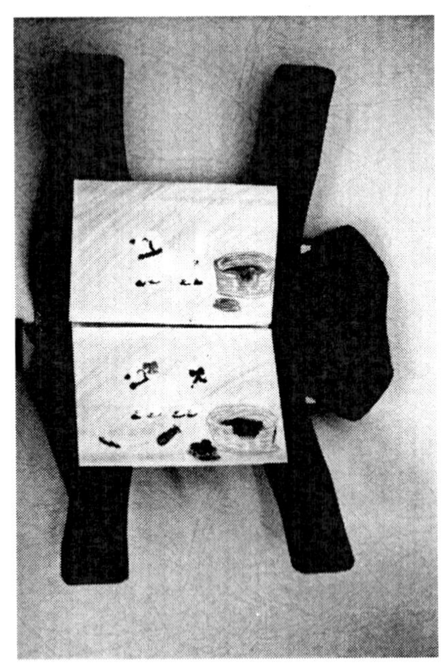

展開圖(一)

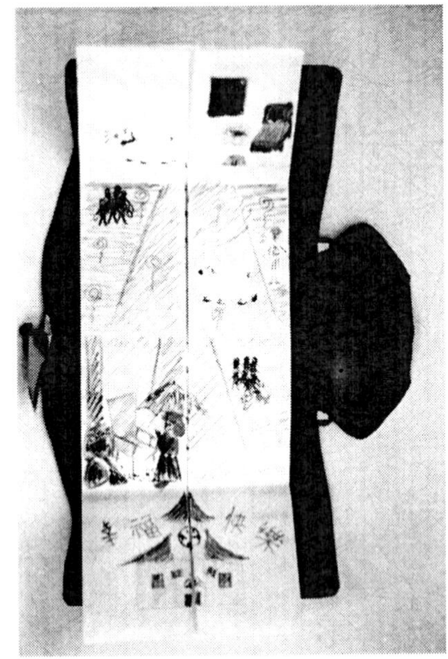

展開圖(二)

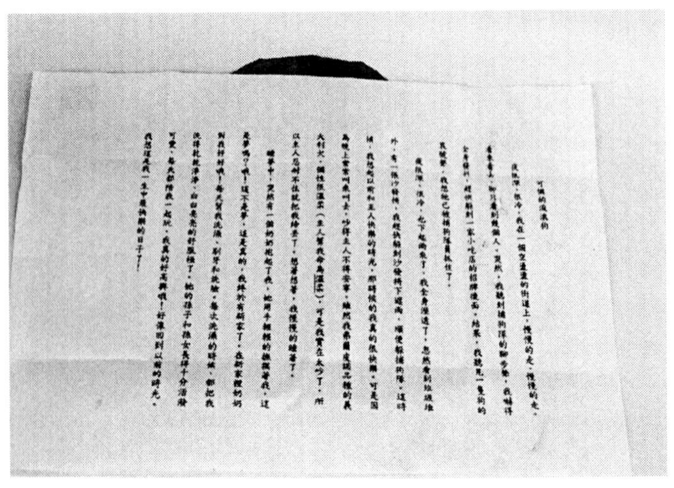

展開圖(三)

外型

可憐的流浪狗（北市民族國小三年級紀佳妤）

夜很深、很冷，我在一個空盪盪的街道上，慢慢的走、慢慢的走。看來看去，卻只看到幾個人。突然，我聽到捕狗隊的腳步聲，我嚇得全身發抖，趕快躲到一家小吃店的招牌後面。結果，我聽見一隻狗的哀號聲，我想牠已被捕狗隊員抓住了。

夜很深、很冷，也下起雨來了，我全身溼透了，忽然看到垃圾堆外，有一張沙發椅，我趕快躲到沙發椅下遮雨，順便躲捕狗隊。這時候，我想起以前和主人快樂的時光，那時候的我真的很快樂。可是因為晚上常常叫來叫去，吵得主人不得安寧。雖然我是弗爾皮諾品種的義大利犬，個性很溫柔（主人幫我命為溫柔），可是我實在太吵了，所以主人忍耐不住就把我給丟了。想著想著，我慢慢的睡著了。

睡夢中，突然有一個奶奶抱起了我，她用手輕輕的撫摸著我，這是夢嗎？哦！這不是夢，這是真的，我終於有新家了。在新家裡的奶奶對我好好哦！每天幫我洗澡、刷牙和洗臉。每次洗澡的時候，她都把我洗得乾乾淨淨、白白亮亮的舒服極了。她的孫子和孫女長得十分活潑可愛，每天都陪我一起玩，我真的好高興哦！好像回到以前的時光。我想這是我一生中最快樂的日子了！

流浪狗的命運（北市民族國小三年級盧婉柔）

天很冷，到處都是白白的一片，今天是聖誕夜，每一戶人的家裡都有很多讓人食指大動的食物，有烤火雞、羊肉爐……可是，我只能在旁邊乾瞪眼。

我的名字叫多多，是一隻愛斯基摩犬，如今流落在街頭真是說來話長。本來，主人很疼愛我，直到有一天，他喝了酒，回到家已經醉了，突然拿起報紙往地上一丟，嚇得我一直叫，他很生氣，就把我丟到十萬八千里以外。

哈啾！現在我不但無家可歸，還得了重感冒呢！那是甚麼？哇！是一塊羊肉！我的口水都要流下來了。我摸摸肚子，我想肚子一定在抗議了。我忍住肚子餓，慢慢的走了過去。忽然，身後有一個黑影，我轉頭一看，他一手拿著網子，準備把我抓起來。還好我跑得快，不然就成了落網之「狗」了！

在這美麗的月光下，我餓著肚子，不知不覺就睡著了，我夢到月亮變成了大大的月餅。還有一個長得高高大大，一臉慈祥的大巨人，他說：「你已經到了天國。」我明白他的意思，這代表人間又少了一隻流浪狗了。

附錄二十三：造型書（貓）

黑金的故事　北市康寧國小 二年級 方思樺

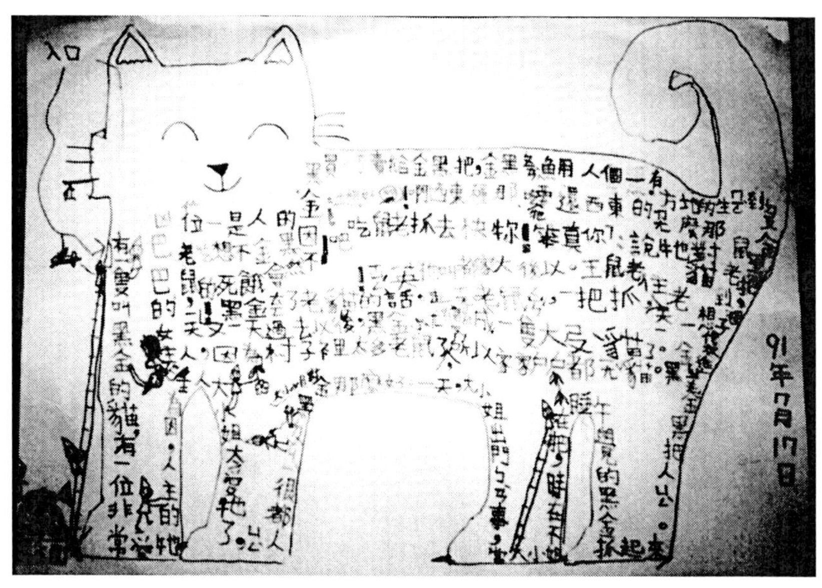

附錄二十四：書籤製作

北市民權國小　六年級 白暄

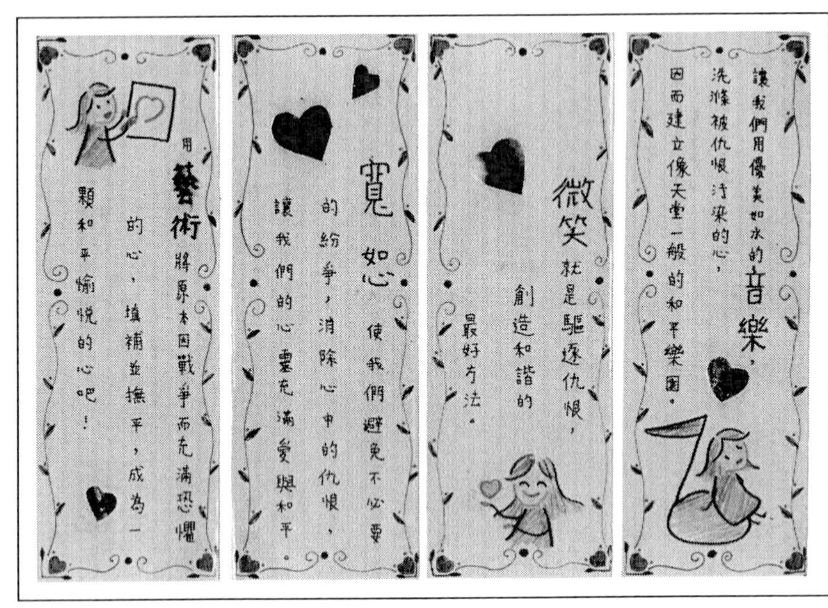

書籤作品（四張）

書籤內容

讓我們用優美如水的**音樂**，
洗滌被仇恨汙染的心，
因而建立像天堂一般的和平樂園。

微笑就是驅逐仇恨，
創造和諧的
最好方法。

寬恕使我們避免不必要
的紛爭，消除心中的仇恨，
讓我們的心靈充滿愛與和平。

用**藝術**將原本因戰爭而充滿恐懼
的心，填補並撫平，成為一
顆和平愉悅的心吧！

北市民權國小　六年級 陳郁融

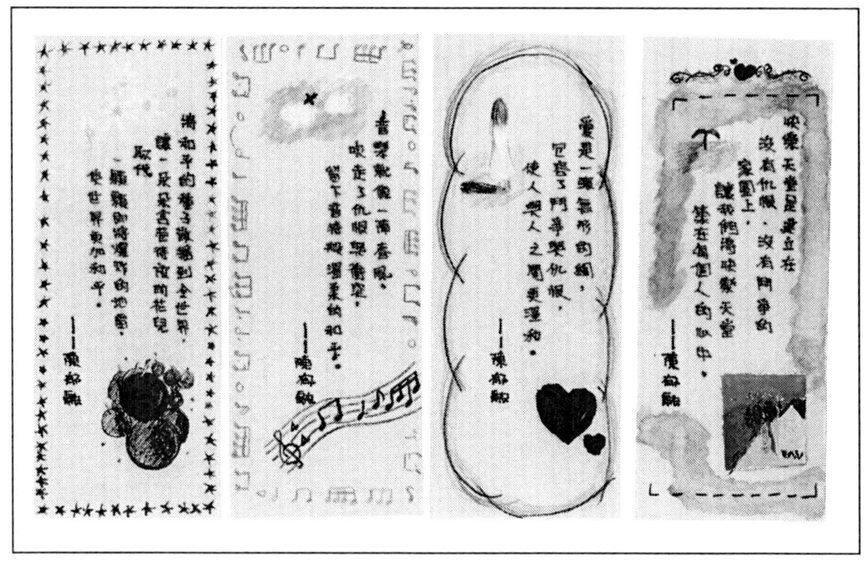

書籤作品（四張）

書籤內容

快樂天堂是建立在
沒有仇恨，沒有鬥爭的
家園上，
讓我們將快樂天堂
築在每個人的心中。
——陳郁融

愛是一張無形的網，
包容了鬥爭與仇恨，
使人與人之間更溫和。
——陳郁融

音樂就像一陣春風，
吹走了仇恨與衝突，
留下音符般溫柔的和樂。
——陳郁融

將和平的種子散播到全世界，
讓一朵朵含苞待放的花兒
取代
一顆顆即將爆炸的地雷，
使世界更加和平。
——陳郁融

附錄二十五：圖畫作文

給小正正的信　北市民族國小 一年級 紀佳妤

小正正：

我的名字是佳妤，你不要難過。你這樣做是對的。因為星星本來就住在天上，你希望星星陪你玩的話，你就叫媽媽買一個星星的枕頭，枕頭的顏色是黑色的，枕頭上面有星星的形狀。晚上，請媽媽讓你用星星枕頭睡覺，這樣就會像天上的星星在一起一樣。

祝你快樂

佳妤　上

附錄二十六：跨科目統整——自然＋藝術＋語文

愛水的河馬　北市西湖國小 四年級 陳盈均

我是一隻可愛也很喜歡水的河馬，你知道為什麼我們喜歡在水裡面嗎？因為我們河馬的身體很乾燥，如果天氣太熱的話我們的皮膚會裂開。還有，你知道嗎？如果，我們從小就長得很好，體重還可以達到三千多公斤呢！只可惜我們只能活到三十幾歲而已。

我本來住在草地上，後來我看到水裡的魚兒游來游去，好快樂，所以我就去求萬物之神恩蓋。請他讓我到水裡，我求了好久恩蓋終於答應了。但是恩蓋叫我不能吃魚，而且到了晚上就要到岸上來吃草。我答應了恩蓋的要求，現在我終於能在水裡了。

附錄二十七：跨科目統整——社會十藝術十語文

快樂做餅乾

做餅乾

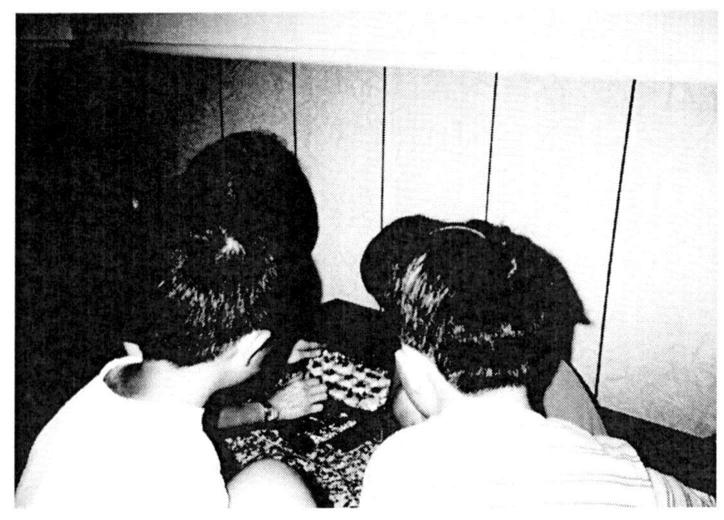

烤餅乾

做餅乾活動紀錄　講解

一、材料：

二、步驟：
1.
2.
3.
4.
5.
6.
7.
8.

三、繪圖：

做餅乾活動紀錄內容

一、材料：以封口袋裝材料（麵粉、砂糖、巧克力粉、蘇打粉……）。

二、步驟：文字或圖示。

三、繪圖：製作餅乾。

附錄二十八：圖畫書內容主題分類網(一)

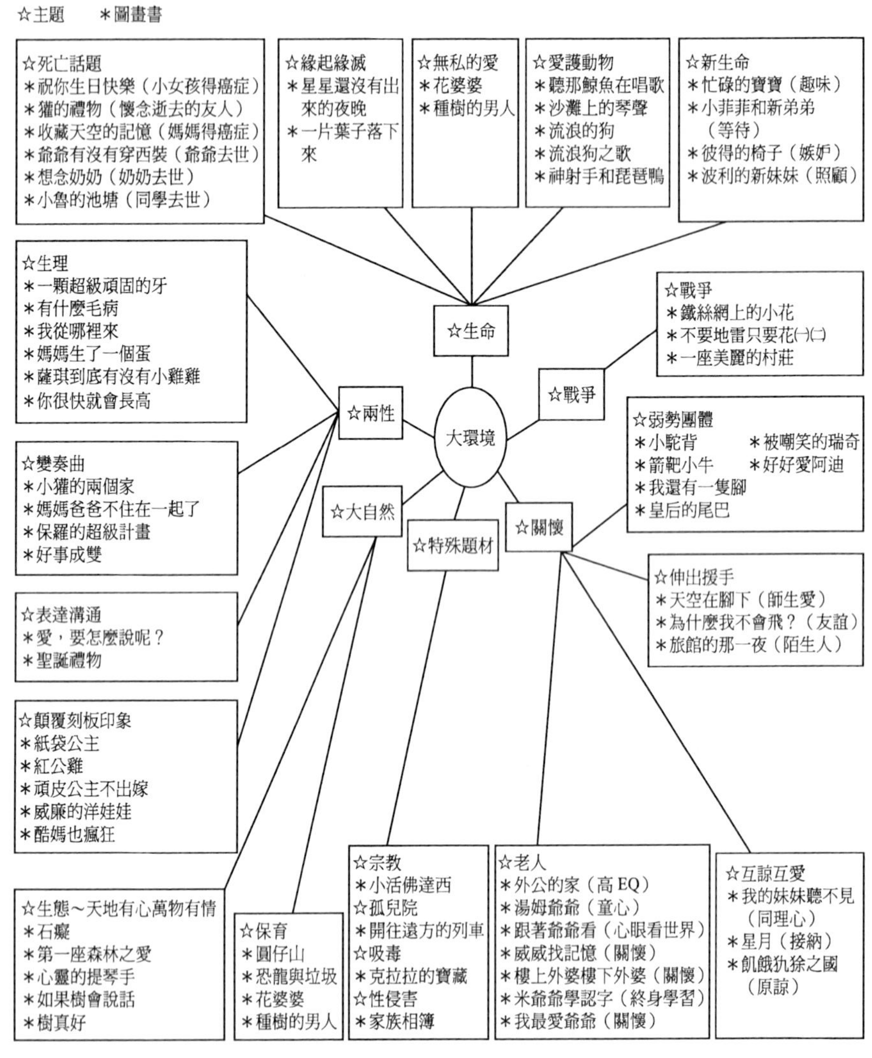
☆主題　＊圖畫書
☆死亡話題
＊祝你生日快樂（小女孩得癌症）
＊獾的禮物（懷念逝去的友人）
＊收藏天空的記憶（媽媽得癌症）
＊爺爺有沒有穿西裝（爺爺去世）
＊想念奶奶（奶奶去世）
＊小魯的池塘（同學去世）
☆緣起緣滅
＊星星還沒有出來的夜晚
＊一片葉子落下來
☆無私的愛
＊花婆婆
＊種樹的男人
☆愛護動物
＊聽那鯨魚在唱歌
＊沙灘上的琴聲
＊流浪的狗
＊流浪狗之歌
＊神射手和琵琶鴨
☆新生命
＊忙碌的寶寶（趣味）
＊小菲菲和新弟弟（等待）
＊彼得的椅子（嫉妒）
＊波利的新妹妹（照顧）
☆生理
＊一顆超級頑固的牙
＊有什麼毛病
＊我從哪裡來
＊媽媽生了一個蛋
＊薩琪到底有沒有小雞雞
＊你很快就會長高
☆生命
☆戰爭
＊鐵絲網上的小花
＊不要地雷只要花(一)(二)
＊一座美麗的村莊
☆兩性
大環境
☆戰爭
☆變奏曲
＊小獾的兩個家
＊媽媽爸爸不住在一起了
＊保羅的超級計畫
＊好事成雙
☆弱勢團體
＊小駝背
＊被嘲笑的瑞奇
＊箭靶小牛
＊好好愛阿迪
＊我還有一隻腳
＊皇后的尾巴
☆大自然
☆特殊題材
☆關懷
☆表達溝通
＊愛，要怎麼說呢？
＊聖誕禮物
☆伸出援手
＊天空在腳下（師生愛）
＊為什麼我不會飛？（友誼）
＊旅館的那一夜（陌生人）
☆顛覆刻板印象
＊紙袋公主
＊紅公雞
＊頑皮公主不出嫁
＊威廉的洋娃娃
＊酷媽也瘋狂
☆生態～天地有心萬物有情
＊石癡
＊第一座森林之愛
＊心靈的提琴手
＊如果樹會說話
＊樹真好
☆保育
＊圓仔山
＊恐龍與垃圾
＊花婆婆
＊種樹的男人
☆宗教
＊小活佛達西
☆孤兒院
＊開往遠方的列車
☆吸毒
＊克拉拉的寶藏
☆性侵害
＊家族相簿
☆老人
＊外公的家（高 EQ）
＊湯姆爺爺（童心）
＊跟著爺爺看（心眼看世界）
＊威威找記憶（關懷）
＊樓上外婆樓下外婆（關懷）
＊米爺爺學認字（終身學習）
＊我最愛爺爺（關懷）
☆互諒互愛
＊我的妹妹聽不見（同理心）
＊星月（接納）
＊飢餓犰狳之國（原諒）

附錄二十九：圖畫書內容主題分類網(二)

☆主題　＊圖畫書

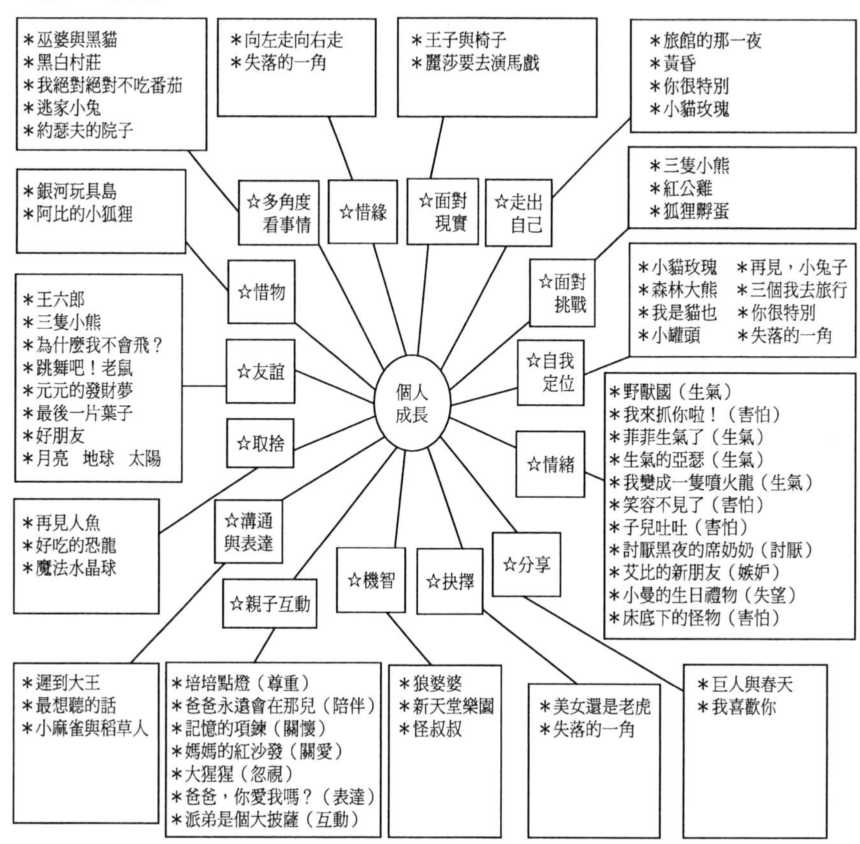
個人
成長
☆多角度
看事情
＊巫婆與黑貓
＊黑白村莊
＊我絕對絕對不吃番茄
＊逃家小兔
＊約瑟夫的院子
☆惜緣
＊向左走向右走
＊失落的一角
☆面對
現實
＊王子與椅子
＊麗莎要去演馬戲
☆走出
自己
＊旅館的那一夜
＊黃昏
＊你很特別
＊小貓玫瑰
☆面對
挑戰
＊三隻小熊
＊紅公雞
＊狐狸孵蛋
☆自我
定位
＊小貓玫瑰　＊再見，小兔子
＊森林大熊　＊三個我去旅行
＊我是貓也　＊你很特別
＊小罐頭　＊失落的一角
☆情緒
＊野獸國（生氣）
＊我來抓你啦！（害怕）
＊菲菲生氣了（生氣）
＊生氣的亞瑟（生氣）
＊我變成一隻噴火龍（生氣）
＊笑容不見了（害怕）
＊子兒吐吐（害怕）
＊討厭黑夜的席奶奶（討厭）
＊艾比的新朋友（嫉妒）
＊小曼的生日禮物（失望）
＊床底下的怪物（害怕）
☆分享
＊巨人與春天
＊我喜歡你
☆抉擇
＊美女還是老虎
＊失落的一角
☆機智
＊狼婆婆
＊新天堂樂園
＊怪叔叔
☆親子互動
＊培培點燈（尊重）
＊爸爸永遠會在那兒（陪伴）
＊記憶的項鍊（關懷）
＊媽媽的紅沙發（關愛）
＊大猩猩（忽視）
＊爸爸，你愛我嗎？（表達）
＊派弟是個大披薩（互動）
☆溝通
與表達
＊遲到大王
＊最想聽的話
＊小麻雀與稻草人
☆取捨
＊再見人魚
＊好吃的恐龍
＊魔法水晶球
☆友誼
＊王六郎
＊三隻小熊
＊為什麼我不會飛？
＊跳舞吧！老鼠
＊元元的發財夢
＊最後一片葉子
＊好朋友
＊月亮　地球　太陽
☆惜物
＊銀河玩具島
＊阿比的小狐狸

附錄三十：主題圖書分類出版介紹資訊

大自然——生態～天地有心萬物有情

石癡（信誼）

第一座森林之愛（大樹）

心靈的提琴手（格林）

如果樹會說話（格林）

樹真好（上誼）

大自然——保育

圓仔山（台英）

恐龍與垃圾（台英）

花婆婆（三之三）

種樹的男人（三之三）

關懷——老人

外公的家（上誼）

湯姆爺爺（上誼）

跟著爺爺看（遠流）

威威找記憶（三之三）

樓上外婆樓下外婆（台灣麥克）

米爺爺學認字（三之三）

我最愛爺爺（漢聲）

關懷——互諒互愛

我的妹妹聽不見（遠流）

飢餓狁狳之國（台灣麥克）

星月（和英）

關懷——伸出援手

為什麼我不會飛（人類文化）

旅館的那一夜（台灣麥克）

天空在腳下（格林）

關懷——弱勢團體

我還有一隻腳（遠流）

皇后的尾巴（信誼）

小駝背（小皇冠）

箭靶小牛（羅慧夫顱顏基金會）

好好愛阿迪（和英）

被嘲笑的瑞奇（艾閣盟）

生命——死亡話題

祝你生日快樂（國語日報）

獾的禮物（遠流）

收藏天空的記憶（星月書坊）

爺爺有沒有穿西裝（格林）

想念奶奶（智茂）

小魯的池塘（三之三）

生命——無私的愛

花婆婆（三之三）

種樹的男人（三之三）

生命——緣起緣滅

星星還沒有出來的夜晚（大田）

一片葉子落下來（經典傳訊）

生命——愛護動物

聽那鯨魚在唱歌（麥田）

沙灘上的琴聲（台英）

流浪的狗（國語日報）

流浪狗之歌（大樹）

神射手和琵琶鴨（國語日報）

生命——新生命

小菲菲和新弟弟（和英）

彼得的椅子（上誼）

波利的新妹妹（台灣麥克）

忙碌的寶寶（三暉）

戰爭

一座美麗的村莊（信誼）

不要地雷只要花(一)、(二)（遠流）

鐵絲網上的小花（格林）

兩性——變奏曲

小獾的兩個家（錦繡）

媽媽爸爸不住在一起了（遠流）

保羅的超級計畫（三之三）

好事成雙（格林）

兩性——表達溝通

愛，要怎麼說呢？（暢通）

聖誕禮物（台灣麥克）

兩性——顛覆刻板印象

紙袋公主（格林）

頑皮公主不出嫁（麥田）

威廉的洋娃娃（遠流）

酷媽也瘋狂（格林）

紅公雞（信誼）

兩性——生理

一顆超級頑固的牙（艾閣萌）

我從哪裡來？（遠流）

媽媽生了一個蛋（親親）

薩琪到底有沒有小雞雞？（米奇巴克）

有什麼毛病？（三之三）

你很快就會長高（三之三）

特殊題材

宗教——小活佛達西（格林）

孤兒院——開往遠方的列車（和英）

吸毒——克拉拉的寶藏（三之三）

性侵害——家族相簿（和英）

個人成長——多角度看事情

巫婆與黑貓（三之三）

黑白村莊（信誼）

我絕對絕對不吃蕃茄（經典傳訊）

逃家小兔（信誼）

約瑟夫的院子（遠流）

個人成長——情緒—害怕

我要來抓你啦！（格林）

床底下的怪物（信誼）

笑容不見了（艾閣萌）

子兒吐吐（信誼）

個人成長——情緒—生氣

生氣的亞瑟（三之三）

我變成一隻噴火龍（國語日報）

野獸國（漢聲）

菲菲生氣了（三之三）

個人成長——情緒—嫉妒

艾比的新朋友（台灣麥克）

個人成長——情緒—失望

小曼的生日禮物（台灣麥克）

個人成長——情緒—討厭

討厭黑夜的席奶奶（遠流）

親子互動

爸爸永遠會在那兒（台灣麥克）

記憶的項鍊（三之三）

媽媽的紅沙發（三之三）

大猩猩（格林）

爸爸，你愛我嗎？（三之三）

派弟是個大披薩（台灣麥克）

培培點燈（三之三）

個人成長——溝通與表達

小麻雀與稻草人（小皇冠）

最想聽的話（信誼）

遲到大王（信誼）

個人成長——分享

巨人與春天（格林）

我喜歡你（遠流）

個人成長

三個我去旅行（遠流）

再見，小兔子（格林）

你很特別（道聲）

小貓玫瑰（信誼）

失落的一角（玉山社）

小罐頭（上堤）

我是貓也（小皇冠）

森林大熊（麥田）

個人成長——惜緣

向左走向右走（格林）

失落的一角（玉山社）

個人成長——惜物

阿比的小狐狸（上誼）

銀河玩具島（格林）

個人成長——友誼

王六郎（信誼）

為什麼我不會飛？（人類文化）

跳舞吧！老鼠（格林）

元元的發財夢（信誼）

最後一片葉子（台灣麥克）

好朋友（信誼）

月亮　地球　太陽（格林）

三隻小熊（信誼）

個人成長——機智

狼婆婆（遠流）

新天堂樂園（格林）

怪叔叔（信誼）

個人成長——取捨

魔法水晶球（智茂）

再見人魚（格林）

好吃的恐龍（人類）

個人成長——面對現實

麗莎要去演馬戲（格林）

王子與椅子（信誼）

個人成長——面對挑戰

三隻小熊（信誼）

狐狸孵蛋（格林）

紅公雞（信誼）

個人成長——抉擇

美女還是老虎？（台灣麥克）

失落的一角（玉山社）

個人成長——走出自我

旅館的那一夜（台灣麥克）

黃昏（台灣麥克）

小貓玫瑰（信誼）

國家圖書館出版品預行編目（CIP）資料

FUN 的教學：圖畫書與語文教學／方淑貞著.
--二版.-- 臺北市：心理, 2010.09
面；　公分.--（語文教育系列；48014）
ISBN 978-986-191-373-5（平裝）

1. 語言教學 2.繪本 3.小學教學

523.31　　99013348

語文教育系列 48014

FUN 的教學：圖畫書與語文教學 (第二版)

作　　者：方淑貞
執行編輯：高碧嶸
總 編 輯：林敬堯
發 行 人：洪有義
出 版 者：心理出版社股份有限公司
地　　址：231 新北市新店區光明街 288 號 7 樓
電　　話：(02) 29150566
傳　　真：(02) 29152928
郵撥帳號：19293172　心理出版社股份有限公司
網　　址：http://www.psy.com.tw
電子信箱：psychoco@ms15.hinet.net
排 版 者：臻圓打字印刷有限公司
印 刷 者：正恆實業有限公司
初版一刷：2003 年 8 月
二版一刷：2010 年 9 月
二版四刷：2020 年 9 月
I S B N：978-986-191-373-5
定　　價：新台幣 350 元